웹 3.0 혁명이 온다

웹 3.0 혁명이 온다

패러다임의 대전환과 새로운 기회

김재필 지음

한스미디어

패러다임 빅뱅을 일으킬
웹의 대전환기가 온다

메타버스Metaverse와 NFTNon-Fungible Token(대체 불가능 토큰) 붐이 끝나가던 2021년 12월 말, 트위터에 올라온 테슬라 CEO 일론 머스크의 글 하나가 온라인을 뜨겁게 달궜다.

　"웹 3.0 본 사람 있어? 난 못 찾겠다Has anyone seen Web 3? I can't find it."

이 트윗으로 웹 3.0은 그 진위를 떠나 일약 대중과 언론의 관심을 받게 되었다. 도지코인Dogecoin의 아버지라고 할 정도로 암호화폐를 지지해온 일론 머스크가 블록체인을 기반으로 한 웹 3.0을 비판함으로써 오히려 '웹 3.0에 무언가 있는 것은 아닐까' 하는 사람들의 관심을 부추겼고, 웹 3.0은 메타버스, NFT에 이은 새로운 트렌드로 급부상하기 시작했다. 일론 머스크는 웹 3.0이 과장된 마케팅 용어Marketing Buzzword라고 비난했지만, 뒤집어보면 웹 3.0에 자본과 인재가 몰리면서 그 영향력이 무시 못 할 정도로 커졌다는 방증이기도 하다.

일론 머스크가 쏘아 올린 웹 3.0 논란으로 갑론을박이 치열한 상황 속에서, 2022년 2월 24일 러시아가 우크라이나 수도 키이우를 미사일로 공습하며 '러시아-우크라이나 전쟁'이 일어났다. 러시아의 압도적 우세가 예상되었지만, 우크라이나는 대통령을 중심으로 강력하게 저항했고 전 세계 사람들은 우크라이나의 항전에 열렬히 지지했다.

우크라이나의 선전善戰이 소셜 네트워크로 확산되면서 우크라이나 활동가 알로나 셰브첸코는 우크라이나를 지원하기 위해 블록체인 기반의 탈중앙화 자율 조직인 'DAODecentralized Autonomous Organization(다오)'를 설립한다. 우크라이나 DAO는 우크라이나 국기를 묘사한 NFT를 경매에 올려 암호화폐 모금 활동을 전개했는데, 경매에서 우크라이나 DAO는 2,258이더ETH, 약 675만 달러(85억 원)를 모금했다. 우크라이나 정부와 정부군을 지원하는 시민 단체에도 암호화폐를 통한 기부가 이루어졌는데, 모금액이 무려 3,380만 달러(약 407억 원)에 달했다. 국제 자선 단체 세이브더칠드런은 우크라이나 현지 아동을 지원하기 위해 암호화폐로 1,900만 달러(약 236억 원)를 모금하였다. 우크라이나 정부는 전 세계로부터 받은 암호화폐 기부액이 1억 달러(약 1,241억 원)에 육박한다고 밝혔다.

DAO와 암호화폐를 통한 기부에 사람들이 몰린 이유는 기존 은행의 해외 송금보다 빠르고 투명한 거래가 가능하다는 특징 때문이다. 스위프트망(세계 주요 은행 상호 간의 지급과 송금 업무 등을 처리하는 데이터 통신망)을 통한 해외 송금은 여러 은행을 거치면서 수일의 시간이 걸리지만, 암호화폐 전송은 몇 분 안에 완료된다. 특히 '전시戰時'라는 특수 상황에서 기부자는 자신의 기부금이 제대로 전달되고 쓰였는지 암호화폐의 전송 내역을 바로 확인할 수 있다. 실제로 모금된 암호화폐는 암호화폐 거래소 '쿠나Kuna'를 통해 미국 달러나 유로로 환전되어 우크라이나군의 방탄조끼, 식량, 헬멧, 야간 투시경, 의료용품 등 비살상 장비 구매에 사용되었다. 국내에서도 많은 사람이 우크라이나에 비트코인 등을 전송하고 소셜 네트워크에 '기부 인증샷'을 올리는 등 웹 3.0을 통한 우크라이나 지원 행렬에 동참하였다. 투자 상품으로만 여겨졌던 암호화폐는 우크라이나 사태와 같은 글로벌 위기 상황에 즉각적으로 대응할 수 있는 새로운 기부 방식으로 자리 잡았다.

웹 3.0에 대한 관심과 기대가 커지던 중, 2022년 5월 하루아침에 가격이 대폭락하며 10만 명 이상의 코인 투자자들을 충격과 공포로 몰아넣은 테라-루나Terra-LUNA 코인 사태가 터졌다. 순식간에 58조 원이 사라지면서 암호화폐 시장 전체가 요동쳤다. 이 사태로 "웹 3.0은 테라노스와 같은 사기다"라고 하는 강도 높은 기사까지 등장하면서 웹 3.0은 다시 논란의 중심에 서게 되었다. (출처: Maxwell Strachan, 〈The Pivot to Web3 Is Going to Get People Hurt(웹 3.0이라는 집단 광기에 여러 사람이 다칠 것이다)〉, 2022. 6. 2. 테라노스는 엘리자베스 홈즈가 설립한 스타트업으로, 몇 방울의 혈액만으로 약 260개의 질병을 진단할 수 있다며 1조 원에 달하는 투자금을 조달했지만 사기극으로 밝혀졌다.)

하지만 테라-루나 사태에도 불구하고 상당수 투자자와 전문가들은 웹 3.0의 성장세가 쉽게 꺾이진 않을 것이라고 전망했다. 과거와 달리 블록체인을 기반으로 다양한 서비스가 제공되고 있고, 무엇보다 MZ세대들이 웹 3.0에 열광하며 돈과 사람이 몰리고 있다는 점에 주목했다. 오히려 루나 사태로 1만 9,000개 코인 시장에서의 옥석 가리기와 함께, 개별 블록체인에 대한 엄격한 경쟁력 평가가 시작되면서 웹 3.0의 성장 기반은 더욱 확고해질 것이라 예상된다.

필자 역시 우크라이나 DAO 뉴스와 테라-루나 사태 등을 접하면서 일론 머스크가 "찾을 수 없다"라고 외친 웹 3.0의 실체와 한계, 가능성을 발견할 수 있었다. 웹 3.0은 온라인 영역을 넘어 현실 세계에까지 영향을 미치며 변화를 만들어냈고, 그 변화는 사회 곳곳에서 일어나 점차 확대되고 있다.

웹 3.0은 기술, 서비스, 조직 혁신의 집합체

웹 3.0이란 무엇일까? 아직까지는 그저 '블록체인에 기반한 탈중앙화된 분산 웹'이라는 막연한 개념만 있을 뿐, 확실한 정의나 뚜렷한 서비스 모델이 있는 것은 아니다. 2.0, 3.0이라고 명확하게 구분하기도 어렵고, 구분을 짓는 것 자체도 큰 의미는 없다. 1990년에 최초의 웹 사이트가 등장한 이후 웹은 다양한 형태로 발전하였고, 현재도 계속 진화 중이다. 그 진화 과정 속에서 특징적인 서비스 등장을 분기점으로 하여 웹 서비스의 흐름이 변하는 시기를 1.0, 2.0, 3.0으로 구분하는 것뿐이다. 지금 우리가 즐기고 사용하는 인터넷 서비스들은 대부분 웹 1.0과 2.0에 속하는 서비스이다. 웹 3.0을 표방한 디앱DApp(분산 앱)이나 디파이Defi(탈중앙화 금융)도 있지만, 완전한 웹 3.0 서비스라고 하기엔 갈 길이 멀다. 지금은 웹 1.0부터 3.0 베타 서비스까지 모두 공존하는, 웹 2.0에서 3.0으로 넘어가려고 준비 중인 과도기라 할 수 있다.

사실 웹 3.0은 갑자기 등장한 개념은 아니다. 1998년 월드와이드웹 WWW의 창시자인 팀 버너스 리Tim Berners Lee는 웹 3.0의 시초라 할 수 있는 '시맨틱 웹Semantic Web'을 처음으로 개발했다. 시맨틱 웹은 컴퓨터가 사람을 대신하여 정보를 읽고 이해하고 가공하여 새로운 정보를 만드는 '차세대 지능형 웹'이다. 그러나 너무 빨리 등장한 차세대 웹 개념은 닷컴 버블 붕괴와 함께 사라져버렸다.

필자가 웹 3.0이란 용어를 처음 접한 것은 2008년에 출간된《웹 3.0 우리들의 생활을 바꾸는 15개의 새로운 세계》(일본 번역서로 원제는《そろそろWeb3.0—僕らの生活を変える15の新しい世界》)라는 책을 통해서였다. 이 책에서도 "웹 3.0은 시맨틱 웹에 기반한 인공지능형 웹"이라고 정의하며 웹 3.0 시대는 컴퓨터의 인공지능화와 다양한 맞춤형 서비스가 가능해지는 시대라고 설명했다. 아이폰이 세상에 등장하고 초고속 인터넷의 발달로 온라인 서비스가 생활 속에 퍼지기 시작한 시점에서, 새로운 웹의 미래상은 막연하나마 공상과학 영화에서 본 듯한 그런 세상이 올 것이라는 기대감을 갖게 만들었다.

2010년에 접어들어 스마트폰이 세상을 지배하고 모바일 웹 시대가 열리면서 세상은 빠르게 변화했다. 사물인터넷IoT, 빅데이터, 인공지능AI, VR/AR, 5G 등 새로운 IT 기술이 쉴새 없이 등장했고, 4차 산업혁명이라는 메가 트렌드가 우리 사회와 산업 전반에 퍼지면서 웹 3.0에 대한 논의보다는 인터넷이 제공하는 편리함과 효율성에 더 집중하게 되었다. 이 과정에서 구글, 아마존, 페이스북(현 메타) 등의 플랫폼 기업들이 급성장하였고, 소위 빅테크라 불리는 이들 기업은 4차 산업혁명을 견인하는 선두 기업으로서 '데이터'라는 엄청난 힘을 얻게 되었다.

하지만 플랫폼 기업들이 데이터 주도권을 갖게 되면서 독점적 시장 지배력과 수익 배분 문제 등이 불거졌다. 또한 해킹 및 개인정보 유출 사태를 비롯해 해당 플랫폼이 사라지면 데이터도 모두 없어진다는 점 등이 논란이 됐다. 그렇지만 이들 빅테크의 플랫폼 독점을 막을 방법이 규제 외에는 별 뾰족한 수단이 없었다. 2017년경에 1차 암호화폐 붐이 일면서 블록체인이 주목을 받았지만, 기술로서의 블록체인은 초기 단계로 보완할 부분이 많아 웹 3.0으로까지는 이어지지 못했다.

인공지능AI 붐에 밀려 잠시 소강상태에 접어들었던 블록체인은 코로나 사태로 새로운 국면을 맞이하게 되었다. 넘쳐나는 유동성 자금이 암호화폐 시장으로 몰려들면서 수많은 토큰 프로젝트들이 생겨났고, 코로나19로 비대면 상황이 늘어나면서 사회 전반에 걸쳐 메타버스가 급속도로 확산되었다. 가상 경제 내 디지털 자산으로 NFT가 주목받으면서 블록체인에 대한 관심은 급속도로 높아졌다. 블록체인이 지닌 분산원장 Distributed Ledger(다수의 네트워크 참여자들이 암호화 기술을 사용하여 거래 정보를 검증하고 합의한 원장) 기술이 새로운 웹의 대안으로 떠오르면서 탈중앙화 웹의 개념이 논의되었고, 데이터의 주권을 사용자에게 가져오자는 '웹 3.0'이 다시금 조명을 받기 시작했다.

다만 웹 3.0을 '블록체인에 기반한 탈중앙화된 웹'이라고만 설명하기엔 다소 부족한 감이 있다. 기술적 정의로는 맞는 설명이지만, 지금까지 웹이 보여준 전방위적인 영향력을 고려한다면 좀 더 폭넓은 변화의 관점에서 웹 3.0을 정의할 필요가 있다.

웹 3.0은 앞으로의 미래 사회에서 세 가지 변화를 일으킬 것으로 예상된다. 하나는 기술의 변화, 즉 블록체인과 인공지능AI으로 인한 데이터의 저장과 활용 방식의 변화이다. 특히 분산원장 기술로 데이터의 위변조가 어려운 블록체인의 속성으로 인해 지금까지 독점해온 플랫폼 기업들의 사업 및 데이터 운용 방식에도 적잖은 영향을 미칠 것이다.

두 번째는 서비스의 변화로, 이로 인해 돈 버는 방식이 변화할 것이다. 웹상에서 전개되는 사용자의 모든 활동에 보상이 주어지는 서비스 모델, 이른바 X2ESomething to Earn가 확산되면서 기업이든 개인이든 기존과 다른 방식으로 돈을 벌 수 있게 된다. 이는 디파이Defi를 비롯 게임파이, 소셜파이 등 산업의 패러다임 변화로까지 이어지면서 자본주의의 혁신, 즉 이해관계자 자본주의를 이끌어내는 동시에, 새로운 수익 창출의 기회를 제공할 것이다.

세 번째는 DAODecentralized Autonomous Organization(분산화된 자율 운영 조직, 다오)를 통한 일하는 방식의 변화이다. 수직적 형태가 아닌 수평적 조직 형태로 구성된 DAO는 스마트 컨트랙트Smart Contract라고 하는 프로그램에 의해 운영된다. 계약 전 서로 합의한 내용을 프로그래밍한 후, 계약의 특정 조건이 충족되면 자동으로 계약된 내용이 실행되는 시스템이다. DAO는 조직 구성원들의 의사 결정이 자유롭기 때문에 진행 과정을 투명하게 열람할 수 있고, 보상 또한 일의 성과에 맞게 구성원에게 돌아간다. 일반적인 직장인이라면 대개는 한 회사에 소속되어 조직에 충성하고 많은 일을 해서 임원으로 승진해 더 많은 보상을 받지만, 웹 3.0 시대에서는 여러 DAO에 동시에 소속되어 자신의 여건에 맞게 다양한 일을 하고 보상을 받을 수 있다.

이처럼 세 가지 변화의 관점에서 본다면 웹 3.0은 단순히 블록체인을 이용한 분산 웹이라고 정의되기보다는, 사용자의 활동에 보상이 제공되는 서비스 방식과 스마트 컨트랙트에 의해 운영되는 조직의 혁신까지 수반하는 웹 서비스로 설명되는 것이 바람직하다. 한마디로 웹 3.0은 '신뢰와 보상을 가치로 한 사용자(창작자) 중심의 새로운 인터넷 철학'이라 말할 수 있다.

웹의 대전환기가 온다

또 하나, 웹 3.0이 갖는 중요한 의미는 바로 '웹의 대전환기'라는 것이다. 세계 최대 헤지펀드 CEO 레이 달리오는 저서 《변화하는 세계 질서 The Changing World Order》에서 "세계적인 변화가 코앞에 다가왔다"라고 강조한다. 지난 500년간 세계 주요 국가의 정치-경제-역사의 패턴을 분석한 결과, 모든 부와 권력의 근저에서 반복되는 '빅 사이클'이 발견되었는데, 구체제가 종말하고 새로운 체제가 들어서는 '세계 질서의 변화'가 눈앞에 와 있다는 것이다. 이러한 '빅 사이클' 현상은 웹에서도 나타난다.

IT 업계에서는 기술이든 서비스든 먼저 혁신이 일어나고 시행착오를 거쳐 대중적으로 확산된 후, 이 성공을 바탕으로 다시 혁신과 대중화를 반복하며 성장해나간다. 1990년에 태동된 웹은 대략 15년 주기로 전환되는 모습을 보여왔다. 그리고 웹 1.0의 혁신과 시행착오(1990~2004년),

웹 2.0의 대중화와 비즈니스 모델 구축(2005~2020년)이라는 '혁신-대중화'의 큰 흐름으로 본다면, 웹은 30년의 큰 주기로 진화하고 있는 셈이다. 개념적으로만 언급되었던 과거와 달리 현재의 웹 3.0은 조금씩 그 실체가 뚜렷해지고 있다. 그리고 실체는 변화를 이끌어내면서 새로운 단계의 웹으로 진화하려 하고 있다. 지금 웹은 30년 주기의 큰 전환을 앞두고 웹 3.0이라는 새로운 혁신을 맞이하고 있는 것이다.

큰 부를 얻고 싶다면 웹의 대전환기를 맞이하고 있는 지금이 최적의 시기이다. 구글의 2004년 상장 당시 주가는 42.50달러였는데, 2022년 5월 말 기준 주가는 2,246달러로 50배나 올랐다. 1997년 5월, 나스닥에 상장한 아마존의 주가는 주당 1.96달러였다. 2022년 5월 말 기준 주가는 2,302달러로 무려 1,174배나 상승했다. (1.96달러는 액면분할 조정가로, 아마존은 상장 이후 3차례 액면분할을 진행했다. 1997년 당시 공모가는 18달러였다.) 새로운 혁신이 시작되는 웹 3.0 초창기에 제2의 구글, 아마존과 같은 기업(혹은 프로젝트)을 찾아낸다면 분명 큰 부를 얻을 수 있을 것이다.

세계의 기술과 자본, 인재는 메타버스에서 NFT를 지나 웹 3.0으로 이동하고 있다. 웹 3.0이라는 웹의 대전환기 속에서 발 빠르게 시장의 흐름을 읽고 기회를 포착해야 한다.

웹 3.0의 거품 논란은 계속되고 해결해야 할 과제는 많겠지만, 패러다임 빅뱅을 일으킬 웹 3.0은 분명하게 다가올 미래이다. 그리고 앞으로 다가올 웹 3.0 시대에 대비해 무조건적인 장밋빛 전망보다는 좀 더 객관적이고 알기 쉽게 웹 3.0을 전달하고 어떠한 미래 변화가 생길지 방향성을 제시해줄 '길라잡이'가 필요하다고 생각했다.

《웹 3.0 혁명이 온다》는 개발자 관점에서만 논의되어 온 웹 3.0의 개념을 사용자인 대중의 관점에서 쉽게 해석하고 정리한 '웹 3.0 입문서'이자, 나아가 앞으로 다가올 웹 3.0 사회가 불러올 변화상을 짚어봄으로써 인플레이션, 금리 인상, 전쟁 등 불확실한 위기 상황을 헤쳐나갈 수 있도록 도와주는 '미래 준비서'라 할 수 있다.

본문은 총 6장으로 구성하였다.

제1장에서는 메타버스, NFT에 이어 새로운 트렌드로 급부상한 웹 3.0의 개요와 각계각층 언론 및 연구 기관에서 정의하고 있는 웹 3.0의 개념에 대해 정리하였다. 그리고 개발자들이 그토록 원하는 탈중앙화된 분산 웹과 이를 구현하는 핵심 기술 IPFS InterPlanetary File System (분산형 파일 저장 시스템)가 무엇인지에 대해 간략하게 설명하였다.

제2장에서는 웹의 역사와 진화 과정에 대해 살펴보았다. '3.0'이 의미하는 세 번째 단계는 어떤 과정을 거쳐 탄생되었고, 해외와 한국의 상황은 무엇이 다른지에 대해 오랜 기간 IT 업계에서 일해온 경험을 바탕으로 분석해보았다. 특히 웹 3.0 실체를 두고 논란이 일어난 배경과 탈중앙화의 한계에 대해 객관적 시각으로 바라봄과 동시에, 암호화폐 시장에 엄청난 파장을 끼친 루나 사태에서 웹 3.0이 배워야 할 교훈은 무엇인지, 사용자 관점에서 바라본 웹 3.0은 어떤 것인지에 대해 나름의 생각을 정리하였다.

제3장에서는 사람들의 최고 관심사인 '돈을 버는 방식'이 웹 3.0 시대에서는 어떻게 달라지고, 변화의 소용돌이 속에서 어떤 부의 기회들이 있는지에 대해 살펴보았다. 온라인상에서의 모든 활동을 토큰 및 코인으로

보상받는 X2E_{Something to Earn} 모델과 이를 토대로 한 토큰 이코노미가 확산되면, 개인과 기업 모두 기존 수익 창출 방식과는 또 다른 방법으로 돈을 벌 수 있게 된다. 금융 산업에서는 이미 디파이_{Defi}(탈중앙 분산 금융)와 덱스_{DEX}(탈중앙 개인 간 거래소) 등의 웹 3.0을 표방한 서비스가 확산되고 있는 가운데 음악, 게임, 미디어 등 타 산업 영역에서도 웹 3.0 서비스 모델이 도입되고 있다. 무엇보다 혁신과 대중화를 큰 주기로 한 IT 산업의 빅 사이클 속에서 웹 3.0은 30년 만에 찾아온 '웹의 대전환기'이자 '부의 대전환기'라 할 수 있다.

제4장에서는 웹 3.0의 핵심 키워드이자 미래 조직의 모습이라고 할 수 있는 탈중앙화 자율조직 DAO_{Decentralized Autonomous Organization}(다오)에 대해 알아보았다. 수평적 조직 형태의 DAO를 통해 일하는 방식이 어떻게 변화하는지, 특히 수직적인 조직 문화의 회사 대신 좋아하는 일에 열정을 쏟는 MZ세대들이 DAO에 관심을 갖고 그 안에서 자신의 역량을 펼치며 가치를 인정받는 과정에 주목하였다.

제5장에서는 전 세계적으로 이슈가 되고 있는 ESG(환경, 사회, 지배 구조)의 각 영역에서 발생하고 있는 여러 문제를 어떻게 웹 3.0으로 해결해 더 나은 사회와 지구를 만들 수 있는지에 대해 살펴보았다.

IT와 ESG 양쪽 모두를 연구해온 필자로서는 웹 3.0의 기반 기술인 블록체인과 ESG를 접목했을 때 발생되는 투명하고 공정한 사회적 가치 _{social value}야말로 기업과 사회가 웹 3.0을 받아들여야 하는 가장 중요한 이유라고 생각한다. '이해관계자 자본주의'라는 공통의 지향점을 가진 웹 3.0과 ESG가 결합해 환경, 사회, 지배 구조의 문제를 해결해나가는 사례들은 웹 3.0이 그려나갈 미래 사회의 모습이기도 하다.

블록체인과 DAO를 통한 탄소 중립과 해양 오염 방지, 공급망 문제 해결, 조직 내 갈등 해소, 그리고 투명한 지배 구조 확립 등 차별화된 ESG 경영을 추진하고자 하는 기업에 있어 웹 3.0은 확실한 경쟁력을 제공할 것이다.

끝으로 제6장에서는 웹 3.0으로 달라질 우리의 생활과 다가올 미래상에 대해 전망하였다. 특히 자신이 만든 콘텐츠에 대해 정당한 보상과 권리를 제공받는 '크리에이터 이코노미' 시대가 도래함으로써, 상상력과 창의력으로 무장한 수많은 스타트업과 창작자들이 글로벌 시장에서 활약하게 될 것이다.

갑작스럽게 터진 테라-루나 사태와 경기 침체 여파에 따른 암호화폐 가치 하락으로 한껏 부풀어 오른 웹 3.0 시장이 다소 위축된 것은 사실이다. 하지만 "비 온 뒤 땅이 굳는다"라는 속담처럼 테라, 루나가 야기한 일련의 사태를 통해 웹 3.0의 거품이 사라지고 제대로 된 비즈니스 모델과 생태계가 구축된다면 웹 3.0은 더 큰 성장을 이뤄낼 수 있다.

전쟁과 인플레이션, 새로운 질병 등으로 미래가 불확실하고 걱정스러운 요즘, 웹 3.0은 위기 상황을 돌파하고 나아가야 할 방향을 제시하는 하나의 대안이자 뉴노멀New Normal이 될 수 있다. '신뢰'와 '책임'이 뒷받침된 웹 3.0의 혁신은 과거 웹 1.0과 2.0에서 그랬듯이 분명 우리에게 새로운 기회를 제공해줄 것이다. 이 책이 웹 3.0이라는 망망대해에서 새로운 부와 기회를 찾는 사람들에게 올바른 방향과 인사이트insight를 제시하는 '안내서'이자 '나침반'과 같은 역할을 했으면 한다.

이번 책도 집필함에 있어 많은 분들의 도움을 받았다. 현대원 교수님, 유웅환 부사장님, 이성춘 상무님, 김현경 팀장님, 서재필 대표님, 무민원 팀장님께 감사의 말씀을 드린다. 현재 같은 팀에서 일하고 있는 심규선 팀장님, 이미현 차장님, 이자원 과장님, 홍현지 대리님, 김윤호 상무님께도 많은 도움 주셔서 감사하다는 말씀을 드리고 싶다.

아들의 건강을 항상 챙겨주시는 어머니와 아버지께는 언제나처럼 고맙다는 말씀을 드린다. 책이 나올 때마다 마지막 페이지까지 재밌게 읽어주셔서 그저 감사할 따름이다.

그리고 나의 아내와 세상에서 제일 소중한 아들 서진이에게 책을 쓸 용기와 힘을 줘서 정말로 고맙고 사랑한다는 말을 전한다. 서진이가 앞으로 세상을 살아가는 데 아빠가 쓴 이 책이 도움이 되었으면 좋겠다. 이 책을 사랑하는 아내와 아들 서진이에게 전한다.

끝으로 《웹 3.0 혁명이 온다》에 관심을 가져주신 모든 독자분께 진심으로 감사드린다. 이 책으로 많은 분들이 원하는 만큼의 부와 행복을 얻었으면 하는 바람이다.

지은이 김재필

CONTENTS

제3장 웹 3.0 부의 대전환과 새로운 기회

제6장 우리의 생활과 웹 3.0

제1장

새로운 미래,
웹 3.0이 온다

WEB 3.0
A REVOLUTION
IS COMING

메타버스, NFT, 그다음은 웹 3.0이다

2022년의 핵심 트렌드, 웹 3.0

2021년은 전 세계적으로 메타버스와 NFT_{Non-fungible token}(대체 불가능 토큰)가 지배한 한 해였다. 200년 전통으로 권위를 인정받는 영국의《콜린스 사전_{Collins Dictionary}》이 2021년의 '올해의 단어'로 'NFT'를 선정할 정도였다. 콜린스 측은 2021년 한 해 동안 NFT 용어 사용량이 전년 대비 1만 1,000% 증가했고, 특히 예술과 금융, 갤러리, 소셜미디어 플랫폼 등에서 많이 쓰였다고 선정 배경을 설명했다.

글로벌 기업들은 메타버스와 NFT 사업 분야에 앞다투어 진출했고, 유명 연예인이나 아티스트들 역시 NFT 작품을 발표하거나 투자에 적극적으로 나섰다. 2021년 3월 디지털 아티스트 비플(본명 마이클 빈켈만)의 비디오 클립 NFT 작품 〈매일: 첫 5000일〉이 크리스티 경매에서 6,930만 달러(약 785억 원)에 낙찰되면서 NFT에 대한 대중들의 관심은 폭발적으로 증가하였다.

　이렇듯 메타버스와 NFT는 2021년에 사회와 산업계를 관통한 가장 중요한 트렌드가 됐고, 사람들은 자연스럽게 다음 트렌드에 주목하게 되었다. 그런 가운데 미국 데이터 분석 기업 메사리Messari와 글로벌 가상 자산 투자사 그레이스케일Grayscale Instruments 등은 보고서를 통해 '웹 3.0'이 2022년의 핵심 트렌드로 부상할 것이라고 전망했다. 메사리Messari는 '크립토 디지즈Crypto Theses 2022'에서 2022년에는 웹 3.0 트렌드가 더욱 심화되고, 웹 3.0과 메타버스가 결합한 시장이 크게 발전하며, 웹 3.0에서 이루어지는 가상 세계 경제 생태계에서 거래 수단으로 NFT나 디지털 토큰의 역할이 증가할 것으로 예상했다. 그레이스케일은 웹 3.0 메타버스 게임의 수익 규모가 2021년 1,800억 달러에서 2025년 4,000억 달러로 증가할 것으로 내다봤다. 에이미 웹 미래 예측 연구소 Future Today Institute의 에이미 웹 대표도 2022년의 핵심 트렌드로 메타버스, NFT 그리고 웹 3.0을 꼽았다.

그레이스케일이 발표한 〈The Metaverse report: Web 3.0 and virtual cloud economy〉

출처: 그레이스케일(Grayscale), techtaalk.com

일론 머스크, 웹 3.0을 대중에게 알리다

웹 3.0이라는 용어가 업계를 넘어 대중에게 알려진 계기는 테슬라 CEO 일론 머스크가 온라인상에 올린 웹 3.0에 대한 트윗tweet이었다. 2021년 12월, 머스크는 트위터에 "웹 3.0은 실체가 없는 마케팅 용어에 더 가깝다. 웹 3.0을 본 사람이 있나. 나는 그걸 찾을 수 없다"라는 글을 올려 웹 3.0 개념 자체가 공허하고 마케팅 용어에 불과하다며 그 의미를 평가절하했다. 머스크는 "웹 3.0은 없다"라고 비판했지만, 아이러니하게도 사람들은 오히려 머스크가 웹 3.0이라는 단어를 썼다는 사실에 더 주목했다. 이 사건을 계기로 여러 언론들도 본격적으로 웹 3.0이란 용어를 언급하기 시작했다.

구글 트렌드 분석 결과를 봐도 2021년 말부터 국내든 해외든 웹 3.0에 대한 검색량이 급격하게 증가하고 있음을 알 수 있다. 2022년 시

일론 머스크가 트위터에 올린 웹 3.0 비판 글

Elon Musk
@elonmusk

I'm not suggesting web3 is real – seems more marketing buzzword than reality right now – just wondering what the future will be like in 10, 20 or 30 years. 2051 sounds crazy futuristic!

트윗 번역하기

오전 10:46 · 2021년 12월 20일 · Twitter for iPhone

2,344 리트윗　　**397** 인용한 트윗　　**3.7만** 마음에 들어요

출처: 언론 종합

구글 트렌드 'WEB3(전 세계)', '웹 3.0(한국)' 키워드 검색량 추이

WEB3

시간 흐름에 따른 관심도 변화

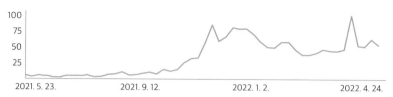

웹 3.0

시간 흐름에 따른 관심도 변화

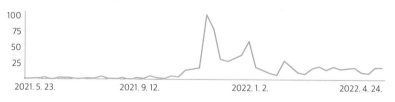

출처: 구글 트렌드

작과 함께 메타버스에서 NFT로, 그다음은 웹 3.0으로 기술과 자본 그리고 투자자의 관심이 빠르게 이동하고 있음을 잘 보여주고 있다. 한쪽에서는 실체가 없다며 비판하는 반면, 다른 한쪽에서는 메타버스, NFT를 뛰어넘는 미래 트렌드로 주목하면서 IT 업계 전체를 들썩거리게 하는 '웹 3.0'은 대체 무엇일까?

웹 3.0이란 무엇인가

코끼리를 봤어야 코끼리를 그리지

웹 3.0을 설명하기에 앞서 코끼리 얘기를 잠깐 할까 한다. 조선 시대에 만들어진 〈백자상준白瓷象尊〉이라는 미술품이 있다. 상준象尊은 제사에서 술을 담는 그릇이다(한자 '尊'은 '존중尊重'과 같이 높인다는 뜻일 때는 '존'으로 읽고, 술잔을 의미할 때는 '준'이라고 읽는다). 재미있는 것은 상준象尊이라는 명칭이 코끼리를 닮았다고 해서 붙여졌는데, 실제로 미술품을 보면 우리가 알고 있는 코끼리의 모습과는 거리가 멀다. 자세히 보면 코끼리를 표현하고자 했음을 알 수 있지만, 그 모양이 코끼리라고 하기엔 우스꽝스럽기 그지 없다. 다리가 짧아서 차라리 돼지나 두더지처럼 보이기까지 한다.

〈백자상준〉에서 코끼리가 이렇게 만들어진 이유는 '조선 사람들이 코끼리를 본 적이 없기 때문'이다. 실물을 본 적이 없는 조선 사람들이 기록이나 풍문으로 전해 들은 모양을 표현하다 보니 코끼리 같지 않은 코끼리가 탄생한 것이다. (한국에 처음 코끼리가 들어온 것은 1411년(태종 11년)으로 일본 국왕 원의지가 선물로 코끼리를 바쳤다. 하지만 인명 사고와 먹이 문제 등으로 1년 후 전라도 섬으로 귀양을 보냈다.)

〈코끼리문☆ 청화백자병〉이라는 작품에 그려진 코끼리도 이상하기는 마찬가지다. 상아와 긴 코가 있는 것으로 보아 코끼리를 묘사한 것임은 분명하지만, 이상하게 보인다. 그 이유는 코끼리를 직접 보고 그린 것이 아니라 단편적으로 알려진 내용을 토대로 상상해서 그렸기 때문이다. 실제로 코끼리를 본 적 없는 조선 시대의 일반인들은 코끼리 다리가 다섯 개라고 하기도 하고 코끼리 눈이 쥐와 같다고도 하였다. 그나마 관심이 코와 어금니에 집중된 탓에 코끼리를 표현할 때 핵심적인 특징인 코와 어금니만이 두드러지게 강조되었다.

웹 3.0 설명을 하려는데 왜 뜬금없이 코끼리 얘기를 꺼냈을까? 지금의 웹 3.0이 조선 시대 코끼리와 상황이 비슷해 보이기 때문이다. 아직 현실

성균관대학교 박물관이 소장한 〈백자상준☆☆〉, 〈코끼리문☆ 청화백자병〉에 그려진 코끼리

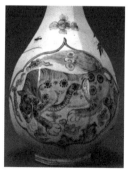

출처: 《연합뉴스》, 경희대학교 중앙박물관

화되지 않은 웹 3.0을 아직 아무도 본 적도 경험한 적도 없다. 따라서 우리는 웹 3.0을 단편적인 지식에 의존하여 상상력을 동원해 그려내야 한다. 코끼리의 코와 어금니처럼 핵심적인 특징은 명확하지만 웹 3.0의 개념은 백이면 백, 보는 사람마다 그 의미가 다를 수 있다. 코끼리를 누구나 볼 수 있는 지금은 다섯 살 어린이도 정확하게 코끼리를 그릴 수 있듯이, 웹 3.0의 정확한 정의는 그것이 현실화되고 우리가 경험할 수 있어야 가능해질 것이다.

먼 훗날, 웹 3.0을 경험한 후손들은 지금의 우리가 그린 웹 3.0을 보고 박장대소拍掌大笑하며 상상력 부족을 지적할지도 모른다. 그렇다고 다가올 미래인 웹 3.0을 외면할 수는 없다. 그저 현시점에서는 웹 3.0의 특징과 속성을 이해하고, 이 개념이 실제로 현실에 등장했을 때 어떤 영향과 효과가 있을지 막연하나마 그 미래상을 그려보는 데 의미를 두어야 한다.

웹과 3.0

웹 3.0을 파악하기 위해서는 '웹'과 '3.0', 이 두 가지 개념을 먼저 이해할 필요가 있다. '웹'은 영어로 'web', '거미줄, 거미집'을 의미한다. IT 용어로서의 '웹'은 '월드와이드웹World Wide Web, WWW, W3'을 뜻하는데 인터넷에 연결된 컴퓨터를 통해 사람들이 정보를 공유할 수 있는 전 세계적인 정보 공간을 말한다. 많은 정보가 서로 얽혀 있어 정보의 그물망이라 할 수 있다. 웹에는 수많은 웹 사이트가 있고 각각의 웹 사이트는 웹 페이지로 이루어진다. 네이버나 구글, 아마존 등의 사이트에서 보이는 화면이 다 웹 페이지다. 웹 페이지는 글, 그림, 동영상 등 수많은 정보를 담고 있고 마

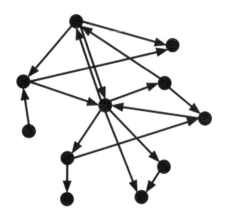

출처: '더나은웹지기', 〈(1) 웹이란 무엇인가〉, 2013. 12.

우스로 클릭하면 해당 웹 페이지로 이동하는 링크들이 있다. 이러한 링크들을 통해 각각의 웹 페이지들이 서로 연결되어 있다. 웹 페이지를 점으로 찍고 링크로 서로 연결된 웹 페이지들을 선으로 이으면 흡사 거미집처럼 표현된다. 이렇게 온라인상에 다양한 정보가 서로 연결되어 있는 것을 '웹'이라고 한다.

'웹'과 '인터넷'을 같은 의미로 사용하는 경우도 많은데, 사실 인터넷은 전 세계 컴퓨터 네트워크를 연결하는 거대한 글로벌 시스템이다. 인터넷은 여러 통신망을 하나로 연결한다는 의미의 'Inter Network'라는 말에서 유래했으며, 전 세계 컴퓨터들을 하나로 연결하는 거대한 컴퓨터 통신망을 의미한다. 즉 수많은 클라이언트 컴퓨터와 서버 컴퓨터, 그리고 이들로 구성된 네트워크 집합체가 인터넷이다.

인터넷상에는 여러 가지 서비스가 있는데, 그중 가장 많이 사용하는

서버: 여러 컴퓨터를 연결한 통신망에서 사용하는 정보를 저장하거나, 사용 빈도수가 높은 프로그램들을 한곳에 모아놓은 컴퓨터
클라이언트: 서버와 정보를 주고받는 단말. 일반적으로 이용자 컴퓨터

것이 바로 웹 서비스이다. 웹 서비스란 인터넷에 연결된 전 세계 컴퓨터의 모든 문서를 연결하여 언제 어디서든지 정보 검색을 가능하게 해주는 서비스이다. GUI(그래픽 사용자 인터페이스graphical user interface, 사용자가 편리하게 사용할 수 있도록 입출력 등의 기능을 알기 쉬운 아이콘 등의 그래픽으로 나타낸 것. 윈도우가 대표적)를 사용하기 때문에 초보자도 쉽게 사용할 수 있으며, 다양한 컴퓨팅에서 사용 가능하다. 웹은 인터넷 서비스 중 가장 인기 있는 서비스이다. 현재는 웹과 서로 혼용되어 사용될 만큼 인터넷의 가장 큰 부분을 차지하고 있다. 다시 말해 웹은 인터넷 서비스 중 하나이고, 인터넷은 웹보다 더 큰 상위 개념이다.

웹은 수많은 인터넷 서비스 중 하나

서비스 이름	기능	프로토콜	포트
웹(WWW)	웹서비스	HTTP	80
이메일(Email)	이메일 서비스	SMTP/POP3/MAP	25/110/143
FTP	파일 전송 서비스	FTP	21
Telnet	원격 로그인 서비스	TELNET	23
DNS	도메인 이름 변환 서비스	DNS	53
News	인터넷 뉴스 서비스	NNTP	119

출처: dopic, 〈웹의 동작(HTTP프로토콜 이해), 2021. 1.

1.0은 읽기, 2.0은 쓰기, 3.0은 소유

그다음으로 '웹 3.0'에서의 '3.0'은 이러한 웹 서비스의 세 번째 단계를 의미한다. 그렇다면 당연히 첫 번째, 두 번째 단계인 웹 1.0과 웹 2.0이 존 재한다는 뜻이다. 이에 대한 개념 구분은 글로벌 가상 자산 투자사 그레 이스케일이 발간한 보고서에 잘 정리되어 있다.

사실 웹 1.0, 웹 2.0이라는 명칭과 시기는 언제부터 언제까지라고 무 자르듯 정확하게 나눌 수 없다. 기관이나 학계에 의해 정해진 것도 아니 다. 웹의 역사적 흐름에서 비춰보았을 때 큰 변화가 있었던 시기를 기준 삼아 1.0, 2.0으로 업계 내에서 합의해 사용하는 것이다.

웹 1.0에는 월드와이드웹www의 개념이 등장한 1990년부터 2004년 까지 있었던 대부분의 웹 사이트가 해당된다. 웹 1.0의 가장 큰 특징은 텍스트 기반의 읽기 중심, 일방향성의 정보 제공이라는 점이다. 콘텐츠 공급자와 콘텐츠 사용자가 분리되어, 유저는 웹상에 올라와 있는 정보를 찾고 보고 즐기는 일방적인 행동만 할 수 있었다. 지금처럼 개인 사용자가

웹 발전 단계에 따른 주요 특징

구분	웹 1.0	웹 2.0	웹 3.0
시기	1991~2003년	2004~2016년	2017년~현재
정보 수용 방식	읽기 전용	읽기-쓰기	읽기-쓰기-소유
조직 형태	기업 중심	플랫폼 중심	개인 중심
인프라	PC	클라우드 및 모바일	블록체인 클라우드
통제 방식	탈중앙화	중앙집권적	탈중앙화

자료: 그레이스케일, KB증권

직접 이미지나 영상을 제작하고 이를 다른 사람들과 공유하며 의견을 나눌 수 있는 환경이 마련되지 않았기 때문이다.

웹 2.0은 2004~2005년에 소셜 네트워크 서비스SNS, 소셜 미디어가 생겨난 시기부터 현재까지의 웹 세상이라 할 수 있다. (그레이스케일에서는 암호화폐 붐이 일어나기 직전인 2016년까지를, 메사리에서는 2020년까지를 웹 2.0 시기로 봤다.) 읽기-쓰기가 자유로워지면서 양방향 소통이 중요시되는 시대이다. 사용자는 단순히 정보를 수용하는 것에 그치지 않고 직접 정보를 만들고 퍼뜨리는 주체가 되었다. 웹 2.0의 핵심은 서비스의 개방과 데이터의 공유이다. 사용자들은 웹 2.0 환경에 맞추어 능동적인 콘텐츠 공급자가 되었다. 전 세계적으로는 트위터와 페이스북 등 SNS의 영향력이 커졌다.

웹 2.0 시대에는 웹의 범위가 확대되고 유통되는 데이터의 양도 방대해지기 시작했다. 거대 IT 기업들, 즉 빅테크들은 축적된 유저들의 데이터가 돈이 될 수 있음을 깨닫고 이를 마케팅에 이용하거나 개인정보를 원하는 타 업체들에 판매하며 이익을 얻었다. 플랫폼 경제가 구축된 것이다. 하지만 몇몇 빅테크가 플랫폼을 독점하면서 데이터 권력화 문제가 불거졌다. '재주는 사용자가 넘고 돈은 빅테크가 챙기는' 현상이 심화되면서 웹 2.0의 문제점을 기술적으로 해결하고자 하는 노력이 나타났다.

웹 3.0의 핵심은 '데이터의 소유'를 통한 탈중앙화이다. 특정 기업의 서버에 집중되어 있던 방대한 데이터들을 웹 사용자들에게 분산시켜 '소유'하도록 해, 본래 웹의 취지였던 '웹의 권리는 이용 주체인 사용자에게 있다'를 실현하고자 하였다. 그리고 기업의 서버를 벗어나 탈중앙화된 저장 공간에 데이터를 축적하고자 한 웹 3.0 개념은 블록체인이라는 기술의 탄생으로 현실화되기에 이르렀다. 분산원장Distributed Ledger(다수의 네트워 크 참여자들이 암호화 기술을 사용하여 거래 정보를 검증하고 합의한 원장) 기술을 바탕으로 한 블록체인을 기반으로 데이터는 암호화되고, 소유자가 누구 인지도 명확히 증명되어 '데이터 소유'가 가능해졌다. 더 나아가 사용자 가 거대 플랫폼 기업을 벗어나 직접 만든 콘텐츠로 수익을 창출할 환경도 마련되었다.

하지만 웹 3.0의 시대는 아직 본격적으로 도래하지 않았다. 웹 3.0에 대한 추상적인 개념만 존재할 뿐, 웹 3.0의 구체적인 모습은 아직 실현되 지 않았다. 웹 3.0이 대중화되고 보편화되기까지는 더 많은 시간이 필요 할 것으로 보인다. 한 가지 확실한 것은 그 어느 때보다 웹 3.0에 대한 대 중의 관심이 높아지고 있고, 이를 실현하고자 하는 개발자들의 노력이 점 점 가속화되고 있다는 점이다. 여기에 투자자들의 투자 열기까지 더해지 면서 실루엣처럼 희미했던 웹 3.0은 점점 그 형상이 뚜렷해지고 있다.

웹 3.0에 대한
다양한 생각과 공통점

웹 3.0에 대한 정확한 정의가 없는 상황에서 학계와 산업 전반에서는 웹 3.0을 다양한 관점에서 해석하려는 논의들이 이루어지고 있다. 한 번도 본 적 없는 코끼리를 몇 가지 핵심 특징과 나름의 상상력을 기반으로 각자가 생각한 대로 그려내듯이, 웹 3.0도 저마다의 관점에서 설명하고 있다.

• 위키피디아 Wikipedia

웹 3.0이란 컴퓨터가 시맨틱 웹 기술을 이용하여 웹 페이지에 담긴 내용을 이해하고 개인 맞춤형 정보를 제공할 수 있는 지능형 웹 기술을 말한다. 지능화, 개인화된 맞춤형 웹이다.

- **네이버 지식백과**

'탈중앙화'와 '개인의 콘텐츠 소유'을 주요 특징으로 하는 차세대 인터넷

- **이더리움 공동 창시자 개빈 우드**Gavin Wood

웹 3.0은 블록체인·암호화폐 기술을 바탕으로 실현될 것이라고 내세운 차세대 인터넷 비전

- **웹3 재단**Web3 Foundation

모든 데이터와 콘텐츠를 블록체인에 등록하고, 토큰화하며 또는 P2P 분산 네트워크에서 관리 및 액세스하는 공공 인터넷

- **실리콘밸리 벤처캐피털**VC **안드레센 호로위츠의 크리스 딕슨 매니저**

웹 3.0이란 만든 사람(개발자)과 사용자가 함께 소유하고 조율하는 인터넷

- **암호화폐 전문 데이터 분석 및 리서치 기업 메사리 대표 라이언 실키스**Ryan Selkis

'Read-Only'(웹 1.0) 'Read-Write'(웹 2.0) 'Read-Write-Own'(웹 3.0)

웹 3.0은 사용자가 소유한 네트워크라는 점이 포인트

- ## 세계 최대 암호화폐 자산 운용사 그레이스케일Grayscale

중앙집권 체제의 웹을 웹 2.0이라 정의하고 블록체인 등을 이용해 비중앙집권형 네트워크를 실현하는 시도를 가리켜 웹 3.0이라 정의(출처: 〈Metaverse Report〉, 2021. 11.)

- ## KB증권

웹 3.0이란 약속된 프로토콜로 특정 문제를 해결하는 새로운 인터넷
(출처: KB증권, 〈디지털 자산의 빅픽처, 웹 3.0〉)

('중앙화된 인프라 대신 약속된 프로토콜로 특정 문제를 해결하는 새로운 인터넷 형태'를 의미한다. 블록체인은 분산 데이터 저장 기술이며, 블록체인마다 프로토콜이 정의되어 있다. 프로토콜은 약속, 규약 등을 의미하는 용어로 데이터를 교환할 때 사전에 정해놓은 규칙, 즉 하나의 시스템으로 이해할 수 있다.)

- ## 일본 집권 자민당의 싱크 탱크 '디지털 사회 추진 본부 산하 NFT 정책 프로젝트팀'

웹 3.0은 플랫폼이 중앙집권하는 현재의 웹 2.0 시대에서 진화한 웹 생태계를 의미. 블록체인 기술을 기반으로 분산화된 네트워크상에서 개인이 직접 데이터를 소유하는 구조를 지향(출처: 자민당 디지털 사회 추진 본부 NFT 정책 프로젝트팀, 《웹 3.0 시대를 맞은 일본의 대체 불가 토큰NFT 전략 백서》)

- **웹 설계 기업 레이더 네트웍스**_{Radar Networks}**의 창업자 노바 스 피백**_{Nova Spivack}

웹 3.0은 보다 실행적이며 전지전능한 기능적 플랫폼에 기반해 서비스를 제공하고 보다 지능적으로 추론하고 지능적인 서비스를 제공한다. 또한 3차원의 웹을 구현하고 가상 세계와 실제 세계를 연결하는 웹을 지향. 웹 3.0에서는 사람이 아닌 기계나 사물들에 의해 심어진 센서들이 수집, 축적한 지식을 바탕으로 더 많은 지식을 창출하고 세상의 모든 사물이 인터넷에 연결되는 플랫폼을 기반으로 매우 다양한 서비스들이 실현된다(2010. 4.).

- **웹의 창시자 팀 버너스 리**_{Tim Berners-Lee}

"웹은 탈중앙화가 구현되도록 설계되었다. 모두가 각자의 도메인과 웹 서버를 보유한 채 참여할 수 있기를 희망했지만, 실패했다…. 사람들은 웹 3.0_{web3}이 무엇인지 묻는다…. 내 생각엔 시맨틱 웹에 대한 접근에서 사용자는 어마어마한 데이터 자원에 접근할 수 있을 것이다." (출처: Tim Berners-Lee, 《Weaving the Web(더 혁명적인 웹)》, 2006.)

공통의 키워드는 '탈중앙화(분산)', '소유', '지능형 웹'

여러 전문가와 기관 등이 설명하는 웹 3.0을 살펴보면 관점의 차이는 있지만 공통되는 키워드들이 존재한다. 바로 '탈중앙화(분산)', '소유', '지능형 웹'이다. '소유'는 콘텐츠, 데이터(개인정보 및 기록), 인프라 등을 포함한 웹 전반에 대한 권리를 플랫폼 기업이 아닌 사용자가 갖는다는 의미다.

이 키워드를 토대로 웹 3.0의 개념을 정리해보면 '블록체인 기술을 기반으로 한 탈중앙화(분산화)된 인터넷'이라고 정의할 수 있다.

모든 자료와 정보를 분산화하여 현재 빅테크에 집중된 권력과 데이터를 개인에게 되돌려주는 차세대 네트워크 구조를 의미하며, 블록체인 기술을 기반으로 하여 '탈중앙화된 웹' 구현을 목표로 한다. 여기에 팀 버너스 리가 얘기한 웹 3.0 개념을 더하면 '컴퓨터가 웹 페이지에 담긴 내용을 이해하고, 사용자에게 맞춤화된 서비스를 제공하는 지능화, 개인화된 맞춤형 웹'까지를 웹 3.0의 범주에 포함할 수 있다.

다시 정의하면 웹 3.0은 '블록체인 기술을 기반으로 탈중앙화(분산화)된 차세대 지능형 웹'이라고 할 수 있다. 웹 2.0과 웹 3.0을 구분하는 게 큰 의미는 없겠지만, 굳이 나누어 설명한다면 '블록체인' 기술 혹은 그에 상응하는 IT 기술에 기반하여 데이터베이스를 분산시켰는지(탈중앙화) 여부가 웹 3.0을 구분하는 하나의 기준이 될 수 있을 것이다.

최근에는 메타버스와 NFT가 핫 트렌드로 부상하면서 AR/VR 기술과 블록체인 플랫폼, 가상 세계와 현실 세계를 하나로 연결하는 메타버스 웹 환경을 웹 3.0으로 정의하는 전문가가 많아졌다. 맞고 틀리고의 정답은 없다. 웹 3.0은 아직 정의되지 않은 개념이기 때문이다. 지금의 웹 3.0은 개발자가 구축할 수 있는 기술 스택Tech Stack이라기보다는 '미래에 이런 모습으로 구현될 것'이라고 그리는 이상적인 개념에 가깝다. 이러한 모호함은 웹 3.0에 대한 논란을 불러일으킨다. 옹호자들은 웹 3.0이 웹을 원래의 취지대로 되돌리는 혁신적인 방법이라고 하는 반면, 비판론자들은 벤처 투자자들이 좌지우지하는 또 다른 마케팅 유행어라고 일축하고 있다. 몇 년 뒤 혁신적인 IT 기술이 등장해 진정한 탈중앙화를 실현하는 새로운 웹 3.0 개념이 등장할지도 모른다. 진짜 코끼리를 볼 때까지 우리는 그저 상상의 나래를 펼치며 나만의 코끼리를 신나게 그려나갈 뿐이다.

개발자가 바라보는
웹 3.0

웹 개발자들의 꿈, 자유를 위한 탈중앙화

개발자들이 그리는 웹 3.0의 모습은 한마디로 '분산 웹Decentralized Web, Dweb'이라 할 수 있다. 중간 개입자 없이 모든 자료와 정보가 분산화, 분권화, 탈중앙화된 이상적인 인터넷 네트워크가 개발자들이 꿈꾸는 웹 3.0의 미래이다. 현재의 웹 서비스는 거대 IT 기업이 정보에 대한 접근권을 관리하는 만큼 표현의 자유와 개인정보 사이에 구조적 문제를 안고 있다. 이를 기술적 관점에서 해결하려는 것이 바로 관리자가 필요 없이 개개인이 네트워크로 연결된 분산 웹이다.

개발자들은 웹 2.0의 한계를 극복하고자 오래전부터 분산 웹에 대해 구상하고 논의해왔다. 2018년 7월, 미국 샌프란시스코에서는 DWeb 서밋Decentralized Web Summit이 개최되었다. 이 자리에 웹의 창시자 팀 버너스리를 비롯해 개발자와 그룹 800명이 참석해 분산 웹에 대한 아이디어를

왼쪽부터 크리스토퍼 앨런Christopher Allen, 테드 넬슨Ted Nelson, 팀 버너스 리Tim Berners-Lee, 빈트 서프Vint Cerf, 브루터스 케일Brewster Kahle

출처: https://blog.oceanprotocol.com/ by Fang Gong (photo Dimitri De Jonge)

공유했다.

웹 개발자들은 웹 2.0이라는 용어가 등장할 때부터 구글과 페이스북(현 메타), 마이크로소프트, 아마존 같은 대기업이 제공하는 플랫폼 서비스가 구조적으로 문제가 있음을 지적했다. 개인끼리 서로 연결해주는 소셜 네트워크 서비스 역시 페이스북 등의 플랫폼을 통해 이어진 형태이다. 중앙집권적 웹 세상에서 개인정보는 중앙에 저장되기 때문에 해킹으로 인한 사이버 공격에 취약하다. 개인정보 유출 위험이 커질 수밖에 없다. 또한 중앙집권적 서비스가 멈추면 의사소통 수단이나 저장 데이터가 손실될 위험도 있다. 정부 등에 의한 검열 위험 역시 크고, 수집된 개인정보를 광고로 이용하는 개인정보 판매도 문제이다.

개발자들은 이러한 웹 2.0의 폐해를 해소하고자 분산 컴퓨팅을 웹에 접목한 구조를 생각해냈다. 기존 웹과 분산 웹의 차이는 단말끼리 연결한 P2P_{Peer to Peer} 통신이 기본이라는 점이다. 또한 P2P로 연결된 단말은 서비스를 요구할 뿐 아니라 제공도 한다. 다시 말해 사용자 자신이 분산된 데이터를 제공하는 매개체 역할도 한다는 의미다.

이런 분산 웹을 가능하게 하는 배경 기술은 블록체인이다. 블록체인에서 정보는 네트워크로 연결된 개인 단말을 통해 전송되고 공유된다. 블록체인은 정보를 그물망처럼 연결해 정보 흐름을 분산시킨다. 중앙집권적 시스템이라면 정보가 집중된 서버만 공격하면 시스템이 작동하지 않는다. 하지만 블록체인은 외부 공격에 강한 안정적 시스템이라는 특징을 지닌다. 블록체인상에서 정보는 컴퓨터에 의해 선택되어 블록으로 알려진 시계열 정보를 지닌 데이터 체인으로 모든 정보가 축적된다.

개발자들은 분산원장 기술로 암호화폐를 가능하게 한 블록체인을 웹에 접목하고자 고심했다. 분산 웹이 가능해지면 특정 기업이 정보에 대한 접근을 제한하는 것은 불가능하기 때문이다.

백엔드를 분산화하다

웹 구조를 개발자 관점에서 보면 크게 프론트엔드_{front-end}와 백엔드_{back-end}로 나눌 수 있다.

프론트엔드는 사용자가 웹 사이트를 접속할 때 마주하게 되는 인터페이스_{User Interface, UI} 화면이다. 예를 들어 네이버로 가기 위해 웹 브라우저에 www.naver.com 주소를 입력해 해당 사이트로 이동하면 등장하는 네이버의 메인 페이지가 프론트엔드이다. 사용자가 웹 사이트에서 늘 접하는 화면은 대부분이 프론트엔드 개발자가 만든 페이지이다.

프론트엔드는 사람들이 웹 서비스를 쉽게 사용할 수 있도록 기술적으로 구현되어 있어야 한다. 그래야 사람들이 많이 사용할 것이고, 많이 사용하는 서비스가 곧 시장에서 경쟁력 있는 서비스가 되기 때문이다. 프론트엔드 개발자 역시 사용자 인터페이스와 사용자 경험User Experience, UX 최적화에 초점을 맞추어 서비스를 개발한다.

프론트엔드가 웹 서비스를 편하게 이용할 수 있도록 사용자의 인터페이스를 다룬다면, 백엔드는 실질적으로 사용자들이 원하는 정보를 제공할 수 있도록 데이터를 관리하거나 서버를 운영하는 일을 맡는다. 즉 웹 서비스에서 사용자가 보지 못하는 영역인 서버나 데이터베이스를 관리하는 기술 분야이다. 백엔드는 프론트엔드에 있는 사용자들이 하고자 하는 행동을 처리하는데, 백엔드 개발자는 시스템 컴포넌트 작업, APIApplication Programming Interface(프로그래머를 위한 운영체제나 프로그램의 인터페이스) 작성, 라이브러리 생성, 데이터베이스 통합 등 다양한 개발을 맡는다.

개발자들이 일반적으로 말하는 탈중앙화는 백엔드 영역, 즉 백엔드와 데이터베이스의 분산화를 의미한다. 백엔드 영역에 블록체인 기술을 적용하여 백엔드는 스마트 컨트랙트로, 데이터베이스는 블록체인으로 대체한다. 여기서 쓰이는 블록체인은 이더리움Ethereum이다. 이더리움을 쓰는 가장 큰 가장 이유는 스마트 컨트랙트Smart Contract를 구현할 수 있다는

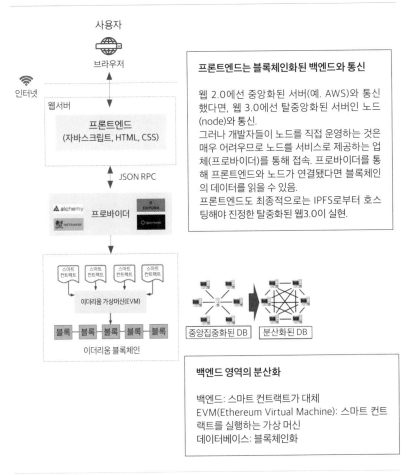

프론트엔드는 블록체인화된 백엔드와 통신

웹 2.0에선 중앙화된 서버(예. AWS)와 통신했다면, 웹 3.0에선 탈중앙화된 서버인 노드(node)와 통신.
그러나 개발자들이 노드를 직접 운영하는 것은 매우 어려우므로 노드를 서비스로 제공하는 업체(프로바이더)를 통해 접속. 프로바이더를 통해 프론트엔드와 노드가 연결됐다면 블록체인의 데이터를 읽을 수 있음.
프론트엔드도 최종적으로는 IPFS로부터 호스팅해야 진정한 탈중화된 웹3.0이 실현.

백엔드 영역의 분산화

백엔드: 스마트 컨트랙트가 대체
EVM(Ethereum Virtual Machine): 스마트 컨트랙트를 실행하는 가상 머신
데이터베이스: 블록체인화

출처: Preethi Kasireddy, 〈[Web3.0 dApp의 구조] Web3.0 탈중앙이 도대체 무엇인지 기술적으로 간략하게 알아보자〉, CoinEasy, 자료 재작성.

점 때문이다. 스마트 컨트랙트는 특정 계약 조건을 만족할 경우 자동으로 계약이 실행되는 기능을 의미한다. 프로그램에 따라 자동적으로 실행되는 계약이라 할 수 있다. 계약 조건이 블록체인에 기록되면 임의로 변경이

불가능하며, 자의적인 계약 이행이 어렵다. 이더리움 시스템이 파괴되지 않는 한 부정행위가 일어날 수 없다. 제3자에 의한 규제나 모니터링 없이도 코드 한 줄에 의해 얼마든지 계약이 가능해졌으며, 계약 조건이 충족되면 암호화폐가 지급된다. 이러한 스마트 컨트랙트 기능으로 인해 금융에 특화되어 있던 블록체인이 다양한 분야로 확장 가능해졌다. (프로젝트에 따라 비트코인 블록체인 기반으로 웹 3.0 서비스를 개발할 수도 있다.)

한편 블록체인이 데이터베이스 역할을 하기는 하지만 모든 데이터를 좁은 공간에 다 저장할 수는 없다. 따라서 탈중앙화된 오프체인Offchain(메인 블록체인 밖에 데이터를 저장하는 것) 스토리지 솔루션이 필요한데, 대표적인 것이 IPFS나 스웜SWARM이다.

IPFSInter Planetary File System란 분산형 파일 시스템을 의미하는데, 데이터를 분산해 저장하는 탈중앙 프로토콜 방식으로 보안, 안전, 비용 면에서 기존 HTTP 프로토콜에서 한 단계 진화한 형태라고 할 수 있다. (IPFS에 대해서는 뒤에서 자세히 설명한다.) 스웜Swarm은 분산형 스토리지를 생성하는 P2P 네트워크 노드 시스템으로, 이더리움 블록체인의 스마트 컨트랙트를 통해 실행되며 경제적이고 독립적인 특징을 가지고 있다.

IPFS로부터 호스팅(서버의 일정 공간을 임대)하는 일까지 구현된다면 개발자들이 그리는 이상적인 웹 3.0의 탈중앙화는 완성된다. 다만 그것이 기술적으로 언제쯤 완벽히 구현될지는 미지수이다. 게다가 기술적으로 이상을 실현하기 위해 들여야 하는 현실적 비용과 노력이 적지 않다. 과연 '탈중앙화'가 (사용자 입장에서) 지금의 편리성과 효율성을 희생하면서까지 이뤄내야 하는 것인지에 대해서는 저울질해볼 필요가 있지 않을까.

웹 3.0을 실현시키는
IPFS와 파일 코인

글로벌 스케일의 새로운 파일 시스템 IPFS

6,900만 달러라는 엄청난 금액에 낙찰된 디지털 아트 작품 〈매일: 첫 5000일Everydays: The First 5000 Days〉은 여러 개의 디지털 그래픽을 모아놓은 NFT 콘텐츠이다. NFT 블록체인상에는 해당 NFT 블록이 보증하는 디지털 콘텐츠의 위치 정보와 창작자, 현재 소유자 및 최초 등록 후 이루어진 거래 내역이 저장되어 있다. NFT 상에 현재 소유자로 등록되어 있으면 해당 디지털 자산을 소유하고 있음을 확실하게 보장받을 수 있다. 그런데 NFT 블록에는 실제 디지털 자산인 그림이나 동영상, 음악, 사진 등 원본 데이터 파일은 존재하지 않는다. 6,900만 달러나 하는 디지털 작품이 NFT 상에는 없다. 다만 어디에 존재하고 있는지에 대한 링크 정보만이 포함되어 있을 뿐이다. 그렇다면 대체 이 작품 파일은 어디에 저장되어 있는 것일까?

6,900만 달러의 이 작품 원본 파일은 NFT 블록에는 없다. 대체 어디에 저장되어 있을까?

출처: Beeple, 〈Everydays: the First 5000 Days〉, beeple-crap.com

사실 NFT 블록에 해당 디지털 데이디를 지장하기린 쉽지 않다. 사진, 영상 등의 멀티미디어 데이터 파일 용량이 매우 크기 때문이다. 아마존이나 구글 클라우드 서비스를 이용할 수 있지만 용량이 커지면 유료 서비스를 이용해야 한다. 중앙에서 관리하고 있어 해킹 사고나 데이터 독점의 문제도 있다. 한 번 저장하면 절대로 사라지지 않고 전 세계 어디에서든 언제나 접속이 가능한 무한의 데이터 저장 공간이 있으면 좋겠지만 과연 현실적으로 가능할까? 그런 생각에서 만든 것이 디지털 데이터 파일을 전 세계 PC에 분산하여 저장하고 공유할 수 있도록 고안된 파일 시스템 IPFS, 즉 Interplanetary File System이다. IPFS는 데이터를 수많은 노드node에 호스팅하고 백업할 수 있는 P2PPeer to Peer 분산 네트워크로, 수많은 공간에 데이터가 분산되고 복제, 저장된다. 한 곳의 데이터가 삭제되더라도 언제나 같은 데이터에 접근할 수 있다.

IPFS는 쉽게 생각하면 2000년대 초반 유행했던 P2P 프로그램인 토렌트Torrent 파일 다운로드나 소리바다 서비스와 유사하다. 스트리밍이나 OTT 서비스가 대중화되기 이전이었던 당시에는 이 '불법적인' 방법을 통해 영화나 음악을 검색하고 다운로드할 수 있었다. 토렌트 프로그램을 실행한 뒤 찾고자 하는 음악이나 영화명을 검색하면 전 세계에 있는 토렌트가 설치된 PC의 정보를 검색하여 찾아준다. 원하는 음악이나 영화 파일의 다운로드를 시작하면 데이터 파일을 다운로드하는데 하나의 PC로부터 데이터를 받는 것이 아니라 잘게 쪼개진 작은 파일 단위로 분산하여 수많은 PC로부터 동시에 데이터를 전송받는다. 다시 말해 전 세계 PC에 조각조각 저장된 파일을 다운로드해 하나의 온전한 파일로 합쳐 완성하는 구조이다. 데이터를 전송하던 어느 한 PC가 종료되어도 다른 PC로

HTTP와 IPFS의 차이

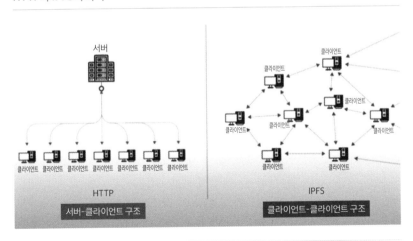

출처: https://findmaster.tistory.com/

부터 계속해서 데이터를 다운받을 수 있다. 중앙 서버도 관리자도 없이 완전히 분산돼, 자율적으로 운영되는 시스템이었다.

이처럼 토렌트가 가진 분산 데이터 저장 및 다운로드 기능에 블록체인 기술이 가진 추적성과 유일성을 추가하여 파일 하나하나에 고유한 해시 값을 부여하여 저장하고, 관리 및 조회와 검색 기능을 결합한 것이 바로 IPFS이다.

IPFS 생태계를 유지해주는 파일 코인

IPFS는 2014년 프로토콜 랩스Protocol Labs를 창업한 프로그래머 후안 베넷Juan Benet이 고안한 아이디어이다. 스탠퍼드대학에서 컴퓨터공학을 전공한 후안 베넷은 기존의 비트토렌트, 냅스터와 같은 프로토콜을 기반으로 HTTP를 대체할 수 있는 아이디어를 IPFS에 적용했다.

IPFS에 저장된 데이터는 작게 분할되어 여러 컴퓨터와 저장 공간 등에 분산되는데, 이때 사용자가 데이터를 찾을 수 있도록 해시Hash가 할당된다. 해시란 다양한 길이를 가진 데이터를 고정된 길이를 가진 데이터로 매핑하는 것을 의미한다. 기존에는 '찾을 위치'를 시스템에 전달하는 방식으로 URL 혹은 데이터 서버가 있는 위치인 IP 주소를 통해 데이터를 찾는 방식이었지만, IPFS는 '찾고 있는 대상'을 시스템에 전달해야 한다. 데이터나 콘텐츠와 같이 찾고 있는 대상 자체가 주소의 역할을 하는 것이다.

'https://ipfs-search.com'을 활용해 검색할 수 있는데, 검색창에 Cat이라는 단어를 넣으면 문서, 오디오, 이미지, 비디오, 디렉토리 등으로 구분된 결과를 얻을 수 있다. 이때 IPFS에 저장된 데이터를 종류에 따라 분류한 결과를 보여준다. 검색창에 해시를 넣어도 데이터를 동일하게 불러온다.

흥미로운 사실은 IPFS가 블록체인은 아니라는 점이다. 단지 블록체인의 분산 스토리지 저장 개념을 이용한 시스템일 뿐이다. 기존 인터넷 프로토콜 방식을 보완하여 정보를 암호화한 후 분할해 전 세계에 분산된 서버에 저장한 것이다. 덕분에 데이터의 프라이버시와 안전은 보장된다.

블록체인 기반의 암호화폐도 아니고 코인도 아니므로 채굴할 수도 없다. 하지만 IPFS에 참여자를 끌어들이고 생태계를 유지하기 위해서는 무언가 보상이 필요하다. 그래서 개발사인 프로토콜 랩스는 IPFS 생태계 유지를 위해 파일 코인이라는 인센티브 코인을 만들었다.

프로토콜 랩스는 IPFS 시스템을 사용하고 유지하는 데 드는 비용을 현금이 아닌 파일 코인으로만 받고 실행하도록 설계했다. IPFS를 유지하고 관리하는 데 필요한 파일 코인은 2017년 7월에 미국 증권거래위원회

IPFS와 파일 코인의 관계

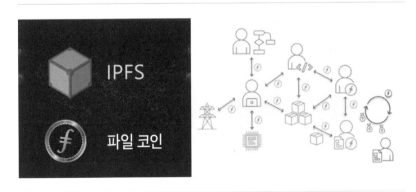

출처: 도요한, 〈파일 코인, 토큰 이코노미 모델 보고서 발간〉, 토큰포스트, 2020. 9. 4.

SEC 승인을 받아 ICO에서 약 3,000억 원의 투자 유치에 성공했다. 파일코인 총발행량은 20억 개로, 이 중 채굴 보상으로 14억 개, 투자자에게 2억 개, 기술 개발에 3억 개 등이 사용되었다.

IPFS로 데이터 독점을 막다

IPFS가 웹 3.0에서 중요한 역할을 하는 이유는 플랫폼 기업들의 데이터 독점을 기술적으로 막을 수 있기 때문이다. 메타(구 페이스북)나 구글 등의 플랫폼 기업들은 개인 사용자의 데이터를 수집하고 이를 광고주와 같은 제3자에게 마음대로 판매했다. 또한 사용자가 생성한 데이터를 플랫폼 기업이 마음대로 검열하고 규정을 위반했다고 제재를 가하거나 데이터를 삭제하기도 한다. 데이터를 만든 주체가 아님에도 불구하고 마음대로 검열하는 권한을 갖게 된 것이다.

IPFS는 특정 기업에 종속되지 않고 데이터의 저장이나 변경에 대한 주권을 사용자가 갖게 한다. 웹 3.0 웹 브라우저인 브레이브Brave와 오페라Opera는 IPFS 링크 기능을 지원하는데, 웹 브라우저에서 IPFS 링크를 입력하면 바로 사이트나 파일로 이동할 수 있다. 브레이브는 자체 노드를 통해 IPFS 데이터에 바로 접근할 수 있는 옵션을 제공하기도 한다. 크롬이나 엣지 같은 웹 2.0 브라우저는 사용자의 모든 접속 및 활동 내용이 기록되고 관리된다. 편리한 측면도 있지만 개인의 일거수일투족을 감시당하는 느낌도 없지 않다. IPFS는 사용자의 기록이 어디에도 남지 않기 때문에 플랫폼 기업의 검열로부터 자유롭다.

NFT의 원본 데이터를 저장하고 백업하는 데에도 IPFS는 최적이다.

저장 공간이 해킹당하거나 데이터가 삭제되면 NFT의 가치에 심각한 훼손이 발생하는데, 이를 방지하기 위해 IPFS의 수요가 증가하는 추세이다. 대표적인 NFT 마켓플레이스 오픈씨OpenSea와 블록체인 메인넷인 솔라나Solana는 데이터 저장에 알위브Arweave라는 IPFS를 활용하고 있다.

블록체인 기반 음악 스트리밍 서비스인 오디우스Audius도 음악의 자유로운 표현과 배포를 위해 검열하지 않는 IPFS를 사용한다.

IPFS의 장점은 명확하다. 저장 공간은 완전히 분산되어 있고 높은 확장성과 효율성을 보여준다. 항상 데이터에 접근해 불러올 수 있고 해킹 공격에도 강하다. IPFS는 소스 코드가 공개돼 있어 무료 소프트웨어 라이선스에 따라 누구나 IPFS에 새로운 기능을 적용하는 것이 가능하다.

물론 플랫폼 기업들이 제공하는 웹 2.0의 편의성에 익숙해진 사용자는 당연히 IPFS 사용에 어려움을 느낄 것이다. 또한 IPFS를 이용하기 위해서는 노드 다운로드 등 운영상 준비도 해야 해 30여 년간 이어져 온 HTTP 웹 이용 방식에도 변화가 필요하다.

IPFS 이용에 필요한 파일 코인에도 개선할 점들이 있다. 파일 코인을 채굴하기 위해서는 프로토콜 랩스에 담보금으로 파일 코인을 예치해야 하는데, 담보금은 540일 뒤에 받을 수 있다. 담보금은 채굴 과정 중에서 발생할 수 있는 귀책 사유 등에 대비한 것인데, 담보금으로 묶여 있는 파일 코인이 많다 보니 거래소에 물량이 없어 채굴하기 쉽지 않은 아이러니한 상황이 발생해버렸다.

또한 데이터가 유실되거나 연결이 끊기는 등 저장 공간의 관리가 제대로 이루어지지 않을 경우, 프로토콜 랩스의 규정에 따른 페널티(벌금)가

적용되고 이 페널티는 담보금으로 맡긴 파일 코인에서 지불된다. 그런데 이 페널티가 꽤 커서 이용에 부담을 느끼는 업체들도 적지 않다. (참고로 파일 코인의 프로젝트 안전성 지수는 Good에 해당되는 C등급을 받았다.)

아직은 표준 웹 사이트만큼 매끄럽지는 않지만, IPFS가 웹 3.0 시대를 견인할 중심 시스템으로 작용할 것임에는 이견의 여지가 없다. 사용의 편의성이나 복잡한 문제점들은 점차 개선될 것이다. 이미 IPFS 데이터를 나타내는 문자열이 너무 길고 복잡하다는 문제를 해결하기 위해 도메인 주소를 쉬운 URL 형태로 제공하는 언스토퍼블 도메인Unstoppable Domains이라는 서비스도 생겨났고, 많은 웹 브라우저에서 이를 지원하기 시작했다.

IPFS와 파일 코인이 추구하는 분산화, P2P 연결 등은 정보의 접근성을 높이는 동시에, 사용자의 데이터 주권을 되찾고 소유권과 공유의 활성화, 이를 통해 수익 창출이 가능한 기반을 제공할 것이다. 여기에 기술 개발로 향상된 속도와 효율성이 더해지면 더 많은 관련 서비스들이 생겨날 것으로 기대된다. 앞으로 IPFS 기반의 프로젝트가 많아지고 IPFS 프로토콜을 사용하는 사용자가 많아질수록 파일 코인 생태계도 점점 확대될 전망이다.

2022년 5월에 파일 코인 재단Filecoin Founation은 미국의 방위산업체인 록히드마틴Lockheed Martin과 협력하여 우주 인프라 구축에 IPFS를 배치하기 위한 프로그램을 개발하겠다고 발표했다. 우주인이 달에서 콘텐츠를 검색할 때, 중앙 집중 서버 방식이라면 매 클릭마다 몇 초간의 지연이 발생하지만 IPFS를 사용하면 신속하게 사용할 수 있어 우주에서의 장기적 거주를 염두에 두고 IPFS 프로그램을 개발하기로 한 것이다. 이처럼

글로벌 기업들과 선진국들은 발 빠르게 IPFS 저장 방식을 채택하고 있어 파일 코인의 효용성은 계속 높아질 것이다. 웹 3.0 세상은 생각보다 빨리 우리 앞으로 다가오고 있다.

제2장

웹 3.0은
왜 지금 등장했나

WEB 3.0
A REVOLUTION
IS COMING

웹의 탄생,
세상 모든 정보와 연결되다

웹의 아버지 팀 버너스 리, 정보의 거미집을 만들다

웹 3.0의 기원이라 할 수 있는 월드와이드웹World Wide Web, WWW은 CERN(유럽입자물리연구소)의 연구원이자 영국 출신의 컴퓨터 과학자 팀 버너스 리Tim Berners-Lee에 의해 개발됐다. 1980년 6월, CERN은 팀 버너스 리에게 전 세계 학자들의 연구 정보를 빠르고 간편하게 모으고 나누는 프로그램을 요구했다. 당시 전 세계 물리학자들은 입자 가속기 연구에 참여하고 있었지만, 이들은 서로 다른 컴퓨터와 운영체제로 일을 하다 보니 소통이 되지 않아 매우 불편했다. 이에 팀 버너스 리는 컴퓨터와 운영체제에 상관없이 소통할 방법을 찾기 시작했다. 정보의 소유권은 소유자에게 그대로 둔 채 활용도만 극대화하는 방법으로, 언제 어디서 누구나 접근할 수 있는 획기적인 방식이었다.

팀 버너스 리는 1989년 3월, 문자뿐 아니라 사진과 음성, 동영상 등을 주고받을 수 있는 멀티미디어 정보 교환 시스템을 개발한다. 그렇게 만들어진 개념이 월드와이드웹World Wide Web이었다.

그리고 1991년 8월 6일, 그는 자신이 구상했던 월드와이드웹 개념을 도입해 최초의 웹 사이트 'Info.cern.ch'를 만들었다. 인터넷이라는 망 망대해에 인류 최초로 나 혼자 '온라인on-line' 접속한 이 웹 페이지에는 WWW의 개념과 하이퍼 텍스트 응용 기술, 웹 서버 생성과 정보 검색 방법 등을 설명하는 내용이 수록됐다. 많은 개발자는 이때를 웹 1.0의 출발점으로 보고 있다. (물론 이 당시엔 웹 1.0이라고 표현하지 않았다. 후에 웹 2.0이 등장하면서 2.0 개념과 구분하기 위해 1.0이라고 한 것이다.)

월드와이드웹의 가장 큰 특징은 바로 하이퍼 텍스트Hyper Text 기능이다. 하이퍼 텍스트는 'hyper(초월한)'와 'text(문서)'의 합성어로, 1960년대 미국 철학자 테드 넬슨Ted Nelson이 구상한 용어이다. 일반적으로 책이나 문서를 읽을 때 처음부터 끝까지, 위에서 아래로 읽어 내려간다. 이를 선형적 구조 혹은 선형적 내러티브라고 한다. 그런데 이 방식은 사용자의 필요나 생각의 흐름과는 무관하게 일정한 정보를 순서대로만 제공한다. 만약 책을 읽는 중 잘 모르거나 관심 있는 내용이 나왔을 때 그것에 관한 문서를 추가로 열어 읽을 수 있다면 정보를 습득하는 데 편리할 것이다. 하이퍼 텍스트Hypertext는 이런 필요에서 등장한 원리다. 컴퓨터나 다른 전자 기기로 한 문서를 읽다가 다른 문서로 순식간에 이동해 읽을 수 있는 비선형적 구조이다. 문서 하나의 내용을 처음부터 끝까지 읽을 때는 불편하지만, 정보를 검색하고 습득하는 데는 이상적인 구조이다. 하이퍼 텍스트의 등장은 정보 습득 방식의 혁명이었다. 링크를 클릭하여 다른 페이지와 연결되는 하이퍼 텍스트는 웹 브라우저를 통해 텍스트, 비디오, 이미지, 멀티미디어를 하이퍼 링크Hyper Link를 통해 서로 연결한다. 지금은 너무 익숙한 기술이지만 당시에는 혁신적이었고, 30년이 지난 지금까지 매우 편리하게 사용되고 있다. 팀 버너스 리는 웹과 함께 URL, HTTP, HTML 등도 최초로 설계했다. 그야말로 '웹의 아버지'인 셈이다.

팀 버너스 리는 'World Wide Web, 즉 세계를 연결하는 망'이란 이름을 붙이면서, 이 웹을 누구나 마음껏 활용할 수 있도록 하였다. 특허권으로 본인의 아이디어를 보호하고 막대한 부를 거머쥘 수 있었음에도 그는 흔들리지 않았다. '누구에게나 평등한 정보 공유'를 꿈꿨던 그의 신념 덕분에 오늘날 인류는 인터넷 혁명을 통해 편리하고 가치 있는 수많은 서비스를 누리며 살고 있다.

처음 등장한 웹 1.0의 특징은 읽기 전용Read Only, 일방향성으로 정보가 제공된다는 것이다. 인터넷 여명기였던 1990년대에는 전화 접속, ISDN, ADSL 등 인터넷 회선이 진화하던 중이었다. 인터넷 속도도 느렸고 당연히 전송할 수 있는 데이터 용량도 적을 수밖에 없었다. 웹 사이트를 제작하는 기술 역시 한정되었고, 제작 금액도 높아 정보를 제공할 수 있는 발신자 자체가 그렇게 많지 않았다. 일반 이용자들이 인터넷상에 정보를 올리고 제공하는 일은 쉽지 않았다. 기업이나 개발자들은 인터넷상에 웹 사이트를 공개해 정보나 서비스를 '일방적'으로 발신하였고 이용자는 이를 보거나 읽던 때가 바로 웹 1.0 시대였다. 사이트 구축 기술을 가진 일부 개발자를 제외한 대부분 사람은 웹 페이지의 텍스트를 '읽는' 시대였다. 콘텐츠는 거의 모두가 읽기 전용이었고, 양방향성의 정보 교환에는 한계

출처: http://info.cern.ch/hypertext/WWW/TheProject.html

가 있었다.

웹 1.0의 기본적인 개념은 디렉토리 검색으로 모든 자료는 체계적으로 분류되어 있으며, 사용자들은 해당 카테고리를 통해 자료를 검색하였다. 당시 대표적인 사이트가 야후Yahoo였는데, 체계적인 카테고리 분류로 상당한 인기를 끌었다.

웹 2.0 시대,
개방과 소통의 플랫폼 경제가 완성되다

참여, 공유, 개방의 새로운 웹 시대를 논하다

2000년대에 접어들면서 인터넷 속도는 광케이블 기반의 FTTHFiber To The Home의 등장으로 비약적인 발전을 했고, 웹은 신세계를 맞이하였다. 또한 검색 및 광고 모델 기반의 구글과 전자상거래 기업 아마존의 괄목할 만한 성장에 힘입어, 웹 기술과 인터넷 산업 전반에 대해 새롭게 고찰하기 위한 시도들이 진행되었다.

그리고 2003년, 미국 최대 IT 출판사인 오라일리 미디어의 공동 창업자이자 부사장인 데일 도허티Dale Dougherty는 세계 최초로 '웹 2.0'이라는 개념을 발표했다. 이후 2004년에 열린 오라일리 미디어O'Reilly Media와 미디어라이브 인터내셔널MediaLive International의 컨퍼런스 브레인스토밍 세션에서 닷컴 버블 붕괴 이후 구글, 아마존 등 지속적인 성장세를 보이는 회사들의 공통점을 표현하는 말로 '웹 2.0'을 제안했다. 이 브레인스토밍 세션에서 "웹에 일종의 전환점을 찍은 닷컴 붕괴와 새 시대의 등장을 어떻게 표현할 수 있을까?"라는 논의가 이루어졌고, 이를 "웹 2.0으로 부르는 것은 어떨까?"라는 의견에서 웹 2.0이라는 용어가 등장하였다. (용어의 첫 등장만 놓고 보면, 1999년 작가이자 웹 디자이너였던 다시 디누치Darcy DiNucci가 《프린트 매거진Print Magazine》에 기고한 〈Fragmented Future〉 기사에서 웹 2.0이란 단어를 쓴 것이 시초라고 할 수 있다. 다만 이때 언급한 웹 2.0은 마케팅 용어로써 이용된 측면이 있었고 개념도 명확하지 않아 크게 이슈가 되지는 못했다.)

당시 등장한 웹 2.0은 초기의 웹 사용과 구별되는 새로운 형태의 웹 사용을 통틀어 일컫는 말로서, 어떤 특정한 기술을 지칭하는 용어는 아니었다. 차세대 웹을 경제적인 관점에서 접근해 만든 용어로, 기술적 관점에서 웹 1.0과 완선히 구분하기는 어려운 부분노 있었다.

웹 2.0의 핵심은 '참여, 공유, 개방'이라고 할 수 있는데, 이는 기업이 공간과 도구를 제공하고 사용자 스스로 적극적으로 참여하여 타인과의 공유를 통해 새로운 서비스를 창조해나가는 것을 의미한다. 다시 말해 웹

팀 오라일리가 제시한 웹 2.0 특징: 닷컴 붕괴에서 생존한 기업들의 일곱 가지 원칙

① 웹은 플랫폼이다. (The Web As Platform)
② 집단 지성을 활용한다. (Harnessing Collective Intelligence)
③ 데이터가 차별화의 열쇠다. (Data is the Next Intel Inside)
④ 소프트웨어 배포 주기가 없다. (End of the Software Release Cycle)
⑤ 가볍고 단순하게 프로그래밍한다. (Lightweight Programming Models)
⑥ 웹은 단일 디바이스(PC)를 넘어선 소프트웨어이다. (Software Above the Level of a Single Device)
⑦ 사용자들에게 풍부한 사용자 경험을 제공한다. (Rich User Experiences)

출처: https://visualize.tistory.com/267 〈시각화를 배우고 정리합니다〉, 티스토리.

2.0에서의 사용자는 웹 사이트와 애플리케이션의 콘텐츠를 '읽고 쓰기 read-write'가 가능하며 사이트 간에 배포도 할 수 있다. 공급자 위주의 웹 1.0과 비교하면 웹 2.0은 사용자 중심으로 정보의 양방향 교류를 강조한다. '참여, 공유, 개방'을 표방하는 웹 2.0은 인터넷을 통해 풍부한 정보가 생성되고 유통될 수 있는 환경으로 변화하였다. '플랫폼으로서의 웹'은 많은 사람이 모여 상호작용을 할 수 있는 기반을 제공하기 시작했고, 웹 2.0은 인터넷 영역을 넘어 경제활동과 산업 전체로 적용 범위가 빠르게 확산되었다. 생산자이자 소비자인 프로슈머Prosumer로 이용자의 역할이 확대되었고, 사용자의 참여 기회 증가로 인해 정보의 다양성 역시 증대되며 신속한 배포, 융합 및 재창조를 이루며 진화, 발전하였다.

페이스북, 유튜브, 트위터가 만든 웹 2.0 세상

이러한 '참여, 공유, 개방'의 웹 2.0 개념을 서비스로 실현한 기업이 2004년에 등장하는데 바로 페이스북(현 메타)이다. 2004년 2월 4일 당시 19세이던 하버드대학교 학생 마크 저커버그와 에두아르도 세버린은 학교 기숙사에서 'thefacebook.com' 사이트를 개설하며 소셜 네트워크 서비스를 제공하기 시작했다. 이전까지 웹상에서 단순히 정보만 검색하던 이용자들은 페이스북을 통해 자신들이 가진 정보와 각종 콘텐츠를 올리고 공유하기 시작했다. 현재 28억 명 이상의 이용자를 보유한 페이스북(현 메타)은 뉴스피드, 타임라인 등 다양한 기능을 제공하며 웹 2.0을 대표하는 기업으로 자리매김하였다.

2005년에는 이용자가 직접 만든 동영상을 웹상에 올릴 수 있는 플랫폼이 등장하는데, 당시 페이팔 직원이었던 채드 헐리, 스티브 천, 자베드 카림(퇴사)이 공동으로 창립한 유튜브Youtube이다. 2005년 4월 23일에 최초의 동영상 'Me at the zoo'가 업로드되면서 본격적인 서비스를 시작했고 2006년 10월에는 16억 5,000만 달러의 가격으로 구글에 인수되면서 화제에 올랐다. 유튜브가 등장하기 이전에는 일반 컴퓨터에서 동영상을 올려 다른 사람들에게 보여주는 것이 쉽지도 흔하지도 않았다. 유튜브는 사용하기 쉬운 환경을 강점으로 컴퓨터를 사용하는 이용자라면 누구나 동영상을 올릴 수 있도록 해 미디어의 '읽기 쓰기read-write'를 가능하게 했다. 동영상을 업로드하면 몇 분 안에 수백만 명이 볼 수 있고 일반인도 스타가 될 수 있는 환경이 마련되면서, 유튜브는 '참여, 공유, 개방'의 웹 2.0이 경제적·사회적 영역으로까지 확대될 가능성을 보여주었다. 2006년 말 미국의 《타임》은 올해의 발명품으로 동영상 사이트 '유튜브www.youtube.com'를 선정하였고, 올해의 인물로는 'You'를 선정했다.

2006년 3월 21일에는 또 하나의 소셜 네트워크 서비스인 '트위터Twitter'가 등장했다. '단문형 메시지를 통한 빠른 소통'을 장점으로 내세우며 게시물의 글자 수를 140자로 제한해 '단문短文의 미학'이라고까지 불렀다. 이 트위터 역시 '읽기-쓰기read-write'의 웹 2.0 속성을 잘 살린 웹 서비스라 할 수 있다. (2016년에 트위터 글자 수 제한은 해제되었다.)

페이스북, 유튜브, 트위터 3인방의 등장은 개념에 머물렀던 웹 2.0을 서비스로 구현시켜 웹 1.0에 실망을 느낀 이용자들을 다시 인터넷 세상으로 끌어들이는 데 큰 역할을 했다. 이용자가 늘어나면서 플랫폼의 규모가 커지고, 이를 기반으로 한 플랫폼 생태계가 구축되면서 '진짜 플랫폼

출처: 언론 종합

비즈니스'가 가능해졌다.

스마트폰으로 완성된 웹 2.0 플랫폼 경제

2007년 인류 역사상 최고의 혁신적인 물건이 세상에 등장하면서, 웹 2.0은 진화를 가속화한다. 바로 스티브 잡스가 만든 '아이폰'이었다. 스마트폰의 폼 팩터Form factor(제품의 구조화된 형태, 사양)를 새롭게 제시하며 모바일 인터넷 시대를 연 아이폰의 등장으로 웹 2.0은 언제 어디서든 인터넷에 상시 접속할 수 있는 이동성을 지닌 모바일 웹으로 개념이 확장된다. 특히 2009년에 유선 인터넷 속도와 맞먹는 4세대 이동통신인 LTELong-Term Evolution(롱텀 에볼루션)가 상용화됨으로써 문서, 음악은 물론 동영상과 같은 대용량의 미디어 콘텐츠까지 수월하게 주고받을 수 있게 되면서 사용자가 직접 정보를 생산하여 양방향으로 소통하는 웹 2.0의 발전 속도를 높였다.

출처: www.cultofmac.com

PC와 스마트폰을 기반으로 한 플랫폼 비즈니스 모델 구축으로 구글, 아마존, 애플, 페이스북, 넷플릭스 등 혁신적인 IT 기업들은 급성장하기 시작했다. 그리고 우버나 에어비앤비와 같은 공유 경제 스타트업들도 탄생해 제2의 IT 벤처 붐이 불기 시작했다. 여기에 인공지능AI, 클라우드 cloud 기술이 가세하면서 웹 2.0은 그동안 꿈꿔왔던 편리하고 개인에게 맞춤화된 최적의 서비스를 제공하며 '참여, 공유, 개방'이 구현된 이상형의 인터넷 세상을 만들어냈다.

IT 투자에 막대한 예산을 들였던 기업 입장에서도 이제는 소프트웨어 독자 개발을 하지 않아도 클라우드를 통해 편리하고 저렴하게 소프트웨어를 이용할 수 있게 되었다. 대규모 설비 투자를 하지 않고도 AI나 클라우드 환경을 이용할 수 있게 되었고, 연계할 수 있는 서비스도 늘어났다. 이러한 웹 2.0 기술의 진보는 대기업은 물론 중소기업 및 소규모 사업자라도 간편하게 IT를 도입할 수 있게 되어 업무 효율화 및 생산성 향상을 가속화시켰다. (이를 '4차 산업혁명'이라고 한다.)

초고속 인터넷과 스마트폰, 소셜 네트워크 서비스, AI와 클라우드, 그리고 다양한 플랫폼 서비스들로 이루어진 웹 2.0 세상에서 현재 우리가 살고 있다. 기술적 한계로 낮은 품질의 서비스와 읽기에만read only 머물렀던 웹 1.0에 등을 돌렸던 것과는 달리, 웹 2.0은 이렇게 우리 일상생활에 없어서는 안 되는 존재가 되었다.

스마트폰의 등장은 '개방, 소통, 참여'의 이념을 지닌 웹 2.0을 급속도로 확산시켰고, 플랫폼 생태계를 기반으로 한 비즈니스 모델을 구축해 웹 1.0에서 보였던 수익화의 한계를 극복했다는 점에서 큰 의미가 있다.

하지만 아이러니하게도 스마트폰은 웹 3.0을 탄생시키는 계기를 마련하게 된다. PC 기반의 웹 2.0이 제한된 시간과 서비스에서만 데이터가 유통된 반면, 스마트폰 기반의 모바일 웹 2.0은 24시간 언제 어디서나 인터넷에 접속되어 데이터를 주고받을 수 있게 했다. 게다가 4G LTE를 거쳐 5G가 상용화되면서 대용량의 미디어 콘텐츠도 빠른 속도로 전송이 가능해졌다. 텍스트 수준에 머물렀던 콘텐츠는 이미지, 음성뿐만 아니라 동영상에 이르기까지 종류가 다양해졌다. 또한 스마트폰의 대중화로 금융, 유통, 엔터테인먼트, 운송, 헬스케어, 제조 등 전 산업 분야에서 데이터 유통이 가능해지면서 플랫폼 기업으로 모이는 데이터의 양도 기하급수적으로 늘어났다. 이러한 현상은 결국 플랫폼 기업의 중앙집중화와 데이터 독점, 남용으로 이어졌다.

데이터 독점으로 거대해진
플랫폼 빅테크 기업들

웹 2.0, 중앙집중화로 데이터 독점 문제가 발생하다

'참여, 공유, 개방'을 바탕으로 인류에게 편리함을 제공한 웹 2.0은 시간이 흐르면서 심각한 문제점을 드러내기 시작했다. 가장 큰 문제는 거대 IT 기업들이 인터넷과 데이터의 통제권을 갖게 되는 '중앙집중화'였다. 빅테크 플랫폼을 통해 유통되고 기록되는 수많은 데이터는 빅테크 기업의 중앙 서버에 모이고, 플랫폼 기업이 이 데이터의 통제권을 지니게 되면서 개인정보 침해, 시장 독점, 정보 손실 가능성 등의 문제가 발생하기 시작했다.

'양방향 커뮤니케이션'을 내세웠던 '웹 2.0'은 페이스북, 구글, 유튜브 등과 같은 플랫폼 기업들을 탄생시켰고, 이들 플랫폼 기업은 이용자들의 데이터를 통해 수익을 얻는 비즈니스 모델을 확립했다. 유튜브를 예로 보자. 유튜버들은 콘텐츠를 만들고 유튜브에 동영상 콘텐츠를 올린다. 그러면 많은 사람이 이 동영상을 조회하고, 그 과정에서 유튜버는 콘텐츠 광고료를, 유튜브는 플랫폼 수수료를 버는 수익 구조가 형성된다.

문제는 플랫폼에 이용자들의 데이터가 축적되면서 몇몇 특정 플랫폼 기업들이 웹 2.0 세상을 통제하고 독점적 지위를 갖게 되었다는 것이다.

오늘날 세계 경제를 지배하고 있는 빅테크 기업은 'GAFAM'으로 불리는 구글, 애플, 페이스북(현 메타), 아마존, 마이크로소프트이다. 이 기업들이 세계 경제를 어떻게 지배하고 어느 정도 영향력을 행사하는지에 대해 2018년 영국의 《파이낸셜 타임스》는 다음과 같이 설명했다. "구글과 애플은 당신의 관심사가 무엇인지 알고 있고, 페이스북은 당신이 누구인지를 알고 있으며, 아마존은 당신이 무엇을 구매하는지를 알고 있다."

GAFAM이 세계 경제를 지배할 수 있는 이유는 '플랫폼Platform'의 최강자이기 때문이다. 이들이 만들어놓은 플랫폼에서 다양한 상품과 서비스들이 유통되고 사람과 사람, 기업과 기업이 연결되어 인터넷 생태계Ecosystem를 구축한다. 편리하고 사용하기 쉬운 플랫폼을 만든 GAFAM은 거기에 모인 사람들이 누구인지, 무엇에 관심 있는지, 무엇을 어떻게 얼마나 사는지를 속속들이 알 수 있는 '빅데이터'를 얻는다. 그리고 AI를 통해 이 빅데이터를 분석해 이용자에게 다시 개인화된 맞춤형 서비스를 제공하여 독점적 지위를 계속 유지한다. 플랫폼 비즈니스는 '승자 독식의 법칙'이 적용될 수밖에 없고 결국 막강한 플랫폼을 보유한 몇몇 기업만이 웹 2.0 세상을 지배하게 된다.

거대 플랫폼 기업들의 독점적 영향력을 규제로 막으려는 움직임은 오래전부터 있었다. 2018년 6월 유럽연합EU 집행위원회는 구글이 스마트폰 운영체제 시장에서 지배적 지위를 남용했다며 사상 최고인 43억 유로(약 5조 5,062억 원) 벌금을 부과했다. 구글은 인터넷 트래픽 변화와 모바일 기기로의 트래픽 이동을 보면서 검색엔진 구글 서치의 지배적 지위를 보호하려 했다. 2020년 10월에는 미 법무부가 구글에 소송을 제기했고, 2021년 6월에는 프랑스가 구글에 온라인 광고 시장에서 지배적 지위를 남용한 혐의로 벌금 2억 2,000만 유로(3,000억 원)를 부과했다. 페이스북은 2020년 12월 FTC로부터 소송을 당했는가 하면, 미국 워싱턴DC 검찰은 2021년 5월 아마존에 대한 반독점 소송을 제기했다.

2022년 1월 20일에는 유럽의회가 구글, 메타Meta(옛 페이스북), 아마존, 애플과 같은 빅테크들에게 불법 콘텐츠 삭제와 광고의 적정한 표시를 의무화하는 법안을 가결했다. 아동 포르노, 혐오 발언Hate Speech, 테러를 유발하는 동영상 등 위법 콘텐츠의 배제나 금지를 의무화하고, 광고 표시 규칙도 엄격해진다. 특히 이용자의 인터넷상 행동을 추적, 분석해 타깃 광고에 활용하기 위한 개인정보의 이용을 규제하는 것과 미성년자를 이러한 광고의 대상으로 하지 않는 것 등을 포함함으로써 데이터 독점에 대한 강력한 규제를 시사했다. 이를 어길 경우 최대 연간 매출액의 6%의 벌금이 부과된다. 법률로 책임을 명확화하여 이용자 보호로 연결한다는 방침이다.

미국도 2021년 6월, 미국 하원에서 온라인 플랫폼 기업을 대상으로 자사 서비스 우대, 잠재적 경쟁자 인수, 지배력 확장 등을 규제하는 반독점 규제 5개 법안, 이른바 '반GAFA법'이 민주당과 공화당 공동으로 발의되었다. 규제 대상은 이용자 수와 시가총액을 기준으로 지정되는데,

주요 M&A

G 구글

2005년 안드로이드
5,000만 달러
2006년 유튜브
16억 5,000만 달러
2011년 모토로라
125억 달러

래리 페이지

f 페이스북

2012년 인스타그램
10억 달러
2014년 왓츠앱
190억 달러

마크 저커버그

a 아마존

2009년 지포스닷컴
9억 3,000만 달러
2014년 트위치
9억 7,000만 달러
2017년 홀푸드
137억 달러
2021년 MGM
84억 5,000만 달러

제프 베이조스

출처: 《중앙선데이》, 〈약탈적 가격으로 경쟁자 없애.. GAFA 규제 칼 빼든 미·EU〉, 2021. 8. 28.

4대 빅테크인 GAFA(구글, 애플, 페이스북, 아마존)가 이에 해당된다. 독과점적인 플랫폼 지위를 이용한 빅테크의 시장 지배력 확대와 빅데이터의 남용을 막아야 한다는 목소리는 여러 국가에서 커져왔고 구체적인 규제로 이어지고 있다. 하지만 규제만으로 점점 거대해져만 가는 빅테크의 영향력을 막기에는 한계가 있다.

카이사르의 것은 카이사르에게

웹 2.0이 지닌 또 다른 문제는 프라이버시 침해와 보안이다. 데이터가 중앙 서버에 집중화된 웹 2.0에서는 개인의 프라이버시가 존중되지 않는다. 사용자들은 상호 연결된 디지털 경험에 접근하는 대가로 개인 데이터에 대한 권리를 포기할 수밖에 없다. 페이스북, 아마존, 구글 등의 서버에 플랫폼상에서 우리가 하는 모든 활동이 기록되고 분석된다. 플랫폼 기업들은 사용자에게 무료로 서비스를 제공하는 대신 방대한 사용자의 빅데이터를 수집한다. 이를 분석하여 맞춤형 타깃 광고가 가능해지며 이를 통해 수익을 창출한다. 구글 검색창에서 한 번 검색한 적 있는 상품이 다른 사이트에서 몇 번이나 광고로 뜬 경험을 한 적이 있을 것이다. 게다가 AI의 발전으로 데이터 처리 능력이 비약적으로 향상되어, 나보다 나를 더 잘 아는 AI가 더욱 정교하고 맞춤화된 광고를 제공한다. 결국 웹 2.0 상에서의 데이터들은 기업의 중심이 되어 있고, 개인들의 프라이버시는

매년 증가하고 있는 전 세계 사이버 범죄 피해 규모

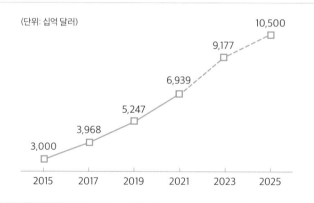

(단위: 십억 달러)

- 3,000 (2015)
- 3,968 (2017)
- 5,247 (2019)
- 6,939 (2021)
- 9,177 (2023)
- 10,500 (2025)

안전하게 보장받지 못하는 문제점이 발생하였다.

보안 문제 역시 심각하다. 해킹에 따른 피해 규모도 천문학적으로 커지고 있다. 미 정보 보안 사이트 '사이버시큐리티 벤처스'에 따르면 전 세계 사이버 범죄 피해 규모는 2021년 6조 9,390억 달러(약 7,754조 원)에서 2025년에는 10조 5,000억 달러(약 1경 1,745조 3,000억 원)까지 커질 전망이다.

빅테크라고 해서 해킹 위협으로부터 안전하지는 않다. 2021년 1월 마이크로소프트의 이메일·메시지 플랫폼인 익스체인지가 해킹 공격을 당했다. 마이크로소프트는 "소프트웨어를 신속히 갱신해달라"라고 이용자에게 촉구했지만 속수무책이었다. 해커가 전술을 변경해 수정 프로그램을 적용하지 않은 시스템에 대한 폭넓은 공격을 단행했기 때문이다. 결국 미국 내에서만 3만여 곳이 피해를 봤다. 문제는 이 시스템을 사용하는 고객이 기업부터 지방 정부, 주 정부, 군수 업체 등을 망라한다는 점이다. 해커들이 악성 코드를 설치해 주요 기술 정보 등 핵심 내용을 훔치고 감시까지 할 수 있다는 뜻이다.

해킹에 의한 사이버 테러는 첨단 기술 등 지식재산권을 훔치는 것에서부터 올림픽을 겨냥한 테러, 원자력발전소 등 에너지 시설에 대한 테러, 특정 기업을 아노미 상태로 만들어 국가 권력을 무력화하려는 시도 등 전방위로 확산되고 있다. 혼다, 캐논 등은 악성 코드의 일종인 랜섬웨어에 감염돼 공장이 멈춰서는 피해를 봤고, 테슬라도 러시아 해커가 돈을 노리고 전기자동차 공장을 해킹하려다 적발되기도 했다. 코로나로 인해 재택근무가 확산되고 있는 것도 사이버 테러에 대한 취약성을 높이는 요인이다. 미국에서는 화상 회의 플랫폼인 줌ZOOM을 통한 해킹이 빈발하고 있다.

소셜 미디어가 생겨나고, 양방향 소통을 강조한 웹 2.0은 그야말로 '웹의 르네상스 시대'를 열었다고 해도 과언이 아니다. 사용자는 단순히 정보를 얻는 것에서 그치지 않고 직접 정보를 만들고 퍼뜨리는 주체가 되어 능동적인 콘텐츠 공급자로 진화했다. 전 세계적으로는 트위터와 페이스북 등 소셜 미디어의 영향력이 증가했고, 유튜브와 같은 UCCUser Created Contents(사용자가 직접 창작한 콘텐츠) 열풍도 불었다.

하지만 웹의 범위가 점차 넓어지고 유통되는 데이터의 양이 방대해지면서 플랫폼 기업을 둘러싼 웹 2.0의 문제점들이 하나둘 수면 위로 드러나기 시작했다. 그리고 "카이사르의 것은 카이사르에게"라는 성경 구절처럼 데이터의 권리를 원래 주인인 사용자에게 돌려주기 위한 오랜 고민이 혁신적 기술을 만나 마침내 새로운 웹의 형태로 구현되기에 이르렀다.

웹 3.0,
블록체인을 만나다

블록체인으로 데이터 권력을 분산시키다

'웹 3.0'은 사실 2000년대 중반부터 차세대 웹에 대한 연구가 이루어지면서 등장한 개념이다. 초창기에 나온 '시맨틱 웹Semantic Web'은 월드와이드웹의 창시자인 팀 버너스 리가 1998년 처음 제안한 개념이다. 기계가 사람의 인지 과정을 학습해 인간의 사고 흐름에 따라 데이터를 처리하는 웹을 가리킨다. 시맨틱 웹은 '의미론적인 웹'이라는 뜻인데, 기존 웹을 포함하는 더 큰 개념으로서 컴퓨터가 이해할 수 있는 잘 정의된 의미를 기반으로 상황과 맥락에 맞는 정보를 추가적으로 제공해주는 지능형 웹을 뜻한다. 다만 이 당시의 웹 3.0은 웹 2.0의 한계를 극복하기 위해서라기보다는 웹이 처음부터 지향했던 바를 실현하는 것에 초점을 맞추어 연구된 측면이 강했다.

웹 3.0이 다시금 주목받게 된 것은 2017년 비트코인 붐이 불기 시작한 때였다. 웹 2.0의 플랫폼 기업들이 거대화되면서 이들이 지닌 문제점, 즉 중앙집권, 프라이버시의 침해, 소유권의 독점을 기술적으로 해결하려는 논의들이 계속되었다. 그러던 중 비트코인 열풍으로 기반 기술인 블록체인이 대중들의 관심을 받으면서 웹 2.0의 한계를 극복할 혁신적인 기술로 주목받기 시작했다. 블록체인의 분산원장 기술로 데이터가 중앙 저장소가 아닌 개인 네트워크에 분산돼 저장되고, 개인 데이터에 대한 소유권이 개인에게 돌아가는 분산화된 웹은 팀 버너스 리가 2000년대에 구상했던 차세대 웹의 모습을 복원하였다.

그러나 1차 암호화폐 붐이 일었던 2017~2018년에는 블록체인 기술이 초창기 단계로 대중들이 사용할 만한 다양한 서비스 개발로까지는 이어지지 못했다. 가상 자산 공개ICO 붐과 함께 투자 자산으로서의 암호화폐에만 관심이 높았고, 블록체인 기술의 효용성에 대해서는 여전히 의구심HYPE이 존재했다. 그러다 암호화폐 가격이 급락하면서 자연스럽게 블록체인에 대한 관심은 줄어들었고 웹 3.0은 빛도 보지 못한 채 묻혀버리고 말았다.

2017년 비트코인 광풍 이후 잠잠했던 암호화폐 시장은 2020년 초 코로나19 사태를 맞아 요동치기 시작했다. 코로나로 무너진 경제를 회복하기 위해 정부는 막대한 돈을 풀었고 이로 인해 시중에는 유동성 자금이 넘치기 시작했다. 이 자금은 주식과 암호화폐 시장으로 흘러들었고, 막대한 유동성을 바탕으로 암호화폐 시장은 급격하게 커졌다. 투자가 몰려들고 시장이 커지면서 다양한 암호화폐들이 등장하고 기반 기술인 블록체인에 대한 개발도 다시 활기를 띠기 시작했다.

여기에 디파이Defi(탈중앙화 금융)나 NFTNon-Fungible Token(대체 불가 토큰) 처럼 블록체인 기술의 효용성을 입증하는 서비스가 등장하면서 블록체인의 가능성에 공감하는 사람들이 늘어났다. 또한 3~4년 전 비트코인 붐 때만 해도 기술적 한계에 부딪혔던 스토리지 프로젝트들이 시간이 지나면서 개선됨에 따라 '분산화된 저장 환경'이 현실화되었고, 블록체인을 기반으로 한 웹 3.0의 현실화에 대해 많은 사람이 이야기하기 시작했다.

NFT로 대중화 가능성을 보여준 웹 3.0

2021년, 전 세계적으로 유행했던 NFT는 웹 3.0 시대의 '콘텐츠'이자 '증명' 및 '거래 수단'의 역할을 담당할 것이라는 기대를 받으며 웹 3.0의 등장을 부채질하였다.

웹 3.0이 웹 2.0과 다른 점은 개인의 데이터와 디지털 자산이 보호된다는 것인데, 개인은 자신이 제공한 콘텐츠 및 데이터의 경제적 가치를 누릴 수 있다. 데이터의 경제적 가치나 소유권은 블록체인상 기록을 통해 증명할 수 있다. 이때 블록체인상 기록을 통해 경제적 가치를 증명할 수 있는 게 NFT다. 블록체인 기반 글쓰기 플랫폼 '미러Mirror'에서는 업로드한 글을 NFT로 발행할 수 있고, 해당 NFT로 다른 사용자들에게 펀딩을 받는 것도 가능하다.

한편 트위터에서는 웹 3.0 지지 커뮤니티를 중심으로 NFT를 프로필 사진으로 지정하는 것이 보편화됐다. 보유한 NFT를 통해 자신의 정체성을 '증명'하는 것이다. 웹 3.0 생태계인 디센트럴랜드나 더샌드박스 같은 가상 공간에서는 아바타도 NFT이며 아바타가 착용하는 웨어러블

Wearable 아이템도 모두 NFT다. 세계 최대 NFT 거래 플랫폼인 '오픈씨'의 거래 기록, 즉 지금까지 어떤 NFT를 구매해왔는지 보여주는 것으로 정체성을 표현하기도 한다.

2017년 당시와 달리 블록체인 기반의 웹 3.0을 지향하는 다양한 서비스들이 등장하면서, NFT가 '디지털 신분증'과 '콘텐츠' 역할을 함에 따라 웹 3.0은 개념 단계에서 벗어나 비로소 그 틀을 갖출 수 있게 되었다.

블록체인 정보 분석 업체인 메사리Messari의 〈웹 3.0이란 무엇인가What is Web3?〉 보고서는 아마존 웹 서비스AWS, 드롭박스 같은 웹 2.0 기반 클라우드나 저장 공간은 앞으로 웹 3.0 시대에는 파일 코인, 아르위브Arweave 같은 분산형 스토리지로 진화할 것이라고 전망하였다. 이미 분산형 스토리지 프로젝트인 파일 코인이나 시아Sia 등은 콘텐츠를 저장할 수 있도록 하는 서비스를 제공하고 있다.

암호화폐에서 비롯된 블록체인은 디앱, 디파이를 거쳐 NFT, 메타버스 영역으로 확대

출처: itmanual, 〈웹 3.0 개념 (2) 이더리움 등 웹 3.0 코인 및 웹 3.0 NFT 전망〉, 2022. 4.

아직 오지 않은 웹 3.0, 논란의 중심에 서다

실리콘밸리의 뜨거운 감자로 떠오른 웹 3.0

메타버스와 NFT 광풍이 휩쓸고 간 2021년이 끝나갈 무렵, 미국 실리콘밸리에서는 '웹 3.0'이 뜨거운 감자로 떠올랐다. 그전까지 주로 개발자들 사이에서 얘기되어왔던 웹 3.0이 대중의 관심을 끌게 된 것은 테슬라의 CEO 일론 머스크가 올린 트윗 때문이다. 머스크는 2021년 12월 20일, 자신의 트위터 계정에 "나는 웹 3.0web3이 현실이라고 말하는 게 아니다. 지금은 현실보다 마케팅적 유행어buzzword가 더 많이 보이는 것 같다. 단지 10, 20, 30년 후 미래가 어떨지 궁금할 뿐이다. 2051년은 비현실적인 미래 같다"라고 말했다. 그리고 다음 날에도 "웹 3.0Web3을 본 사람이 있나? 난 찾을 수가 없다"라고 거듭 지적하자, 대중들은 '웹 3.0'이라는 단어에 주목하기 시작했다. 트위터의 창업자 잭 도시 역시 "당신들 네티즌들은 웹 3.0을 소유하고 있지 않다"라며 "벤처캐피털과 그들에게

돈을 대는 투자자들이 가지고 있을 뿐"이라고 웹 3.0 비판에 가세하면서 웹 3.0은 메타버스, NFT의 뒤를 잇는 새로운 트렌드로 급부상했다.

 일론 머스크와 잭 도시가 공개적으로 웹 3.0을 언급하며 공격한 이유는 실체도 명확하지 않은 웹 3.0 관련 기업과 서비스에 대해 벤처캐피털이 적극적으로 투자하고 있기 때문이다. 무분별한 벤처캐피털의 투자 행태가 웹 3.0의 기본 정신인 '탈중앙화'를 훼손하고 있다고 비판한 것이다. 탈중앙화 인터넷을 표방한 '웹 3.0'이 실제로는 새로운 알트코인(비트코인 외 암호화폐) 가격을 띄우기 위한 마케팅 홍보 수단에 불과하다는 점과 실제로는 자본에 잠식된 또 다른 중앙집중형 웹에 불과할 수 있다는 지적이다.

 웹 3.0에 주도적 영향력을 미치는 실리콘밸리 벤처캐피털VC의 대표 주자로 안데르센 호로위츠가 이끄는 A16z가 있는데, A16z는 조 단위의 펀드를 운용하며 웹 3.0 투자에 집중하고 있다. 웹 3.0에 대한 투자를 위해 22억 달러(약 2조 7,000억 원) 규모의 벤처 투자 펀드를 조성하는가 하면, 2021년 10월에는 FWM라는 이름의 DAO_{Decentralized Autonomous Organization}(탈중앙화 자율 조직) 토큰에 1,000만 달러(약 123억 7,000만 원)를 투자해 화제가 되기도 했다. 스카이 모비스_{Sky Mavis}와 같은 웹 3.0 프로젝트에 4억 5,000만 달러를 투자하기도 하고, 메타_{Meta}의 전직 직원 4명이 시작한 웹 3.0 스타트업인 미스틴랩스_{Mysten Labs}에도 3,600만 달러를 투자했다. 또한 A16z는 아티스트에 대한 투자와 로열티 공유를 제안하는 웹 3.0 서비스인 로열_{Royal}에도 투자해 실리콘밸리의 웹 3.0 흐름을 주도하고 있다.

일론 머스크와 잭 도시가 우려 섞인 시선으로 웹 3.0에 대해 경고의 메시지를 날렸지만, 뒤집어 생각하면 '돈 냄새'에 누구보다 민감하게 반응하는 벤처캐피털들이 웹 3.0에 막대한 금액을 투자했다는 것은 웹 3.0이 지닌 잠재적 영향력과 그 가치가 어마어마하다는 얘기가 된다. (엄밀히 말하면 일론 머스크도, 잭 도시도 웹 3.0 자체를 비판했다기보다는 웹 3.0에 대한 이해 없이 무차별로 투자하는 벤처캐피털을 비난한 것이다. 트위터 공동 창업자인 잭 도시도 2021년 11월에 암호화폐 사업에 전념하기 위해 트위터 CEO직을 사임하였다.) 벤처캐피털 같은 자본이 웹 3.0 관련 암호화폐와 블록체인 플랫폼 개발 스타트업에 대규모로 투자하는 만큼 이들이 누릴 선점 효과는 결코 무시하기 어렵다.

실리콘밸리에서는 NFT 붐으로 웹 3.0이 트렌드로 떠오르면서 '웹 3.0 프로젝트'를 표방한 블록체인 기반 서비스들이 다수 등장하고 있었다. 이는 예전부터 블록체인 서비스들이 내세워온 마케팅 방식이다. 이전

에는 블록체인 기술이 가진 강점, 예를 들면 분산화나 보안 강화 등을 내세워 서비스를 홍보했다면, 지금은 '웹 3.0'이라는 키워드에 맞춰 홍보하고 있다. 디파이De-fi(탈중앙화 금융)를 웹 3.0 금융 서비스라고 하는가 하면, NFT를 활용한 서비스를 '웹 3.0 콘텐츠'라고 부르는 식이다. 블록체인 기반 서비스라는 점은 이전과 크게 달라진 게 없는데, 웹 3.0 용어만을 강조해 마케팅으로 이용한다는 것이다. 일론 머스크는 이 점을 지적하며 "웹 3.0은 마케팅용"이라고 비판의 글을 남긴 것이다.

웹 3.0 금맥을 찾아 떠나는 빅테크 인재들

일론 머스크가 웹 3.0을 공격한 배경에는 벤처캐피털의 투자뿐만이 아니라 실리콘밸리 핵심 인재들의 이동에 따른 위기의식도 있다. 구글에서는 2021년 들어서면서 임원 회의 때마다 비상이 걸린다고 하는데, 유능한 직원들이 구글을 퇴사하고 웹 3.0 기업으로 이직하기 때문이다. 심지어는 일반 직원들뿐만 아니라 임원들까지도 웹 3.0 스타트업으로 자리를 옮기고 있다.

아마존 클라우드 컴퓨팅 부문 부사장인 샌디 카터Sandy Carter는 2021년 12월, 블록체인에 기반하여 웹 사이트 주소를 제작, 판매하는 도메인 기업 '언스토퍼블 도메인Unstoppable Domains'에 합류했다. 더 놀라운 사실은 2018년에 설립된 신생 웹 3.0 스타트업 언스토퍼블 도메인에 들어가기 위해 이틀 동안 인터넷 대기업 임원 350여 명이 이 회사 링크를 클릭했다는 것이다.

메타로 사명을 바꾼 페이스북에서 가상 자산(암호화폐) 사업을 총괄했던 데이비드 마커스David Marcus 부사장 역시 웹 3.0과 관련된 사업을 하기 위해 회사를 그만두었다. 2014년 페이팔Paypal에서 페이스북으로 건너온 뒤 페이스북 메신저 사업과 가상 자산 리브라Libra 프로젝트 등을 총괄해왔던 마커스 부사장은 "디지털 지갑 노비Novi 출시 후 지불 및 금융 시스템의 변화에 대한 필요성을 더 강하게 느꼈다. 기업가적 DNA가 되살아남을 느꼈다"라면서 퇴사 후 창업의 뜻을 내비쳤다. 그와 같이 리브라 프로젝트를 이끌었던 메타 내 핵심 인력 상당수도 대부분 퇴사했다.

NFT 거래소 오픈씨OpenSea는 승차 공유 앱 리프트Lyft 출신 브라이언 로버츠를 최고재무책임자CFO로 영입했다. 웹 3.0을 대표하는 NFT 시장이 급속도로 성장하는 가운데 IPO(기업공개)를 통한 대규모 자금 조달로 1위 자리를 확고하게 한다는 계획이다. 듄애널리틱스 데이터에 따르면 오픈시는 2021년 8월 이후 거래가 급증하여 이더리움ETH 기반 NFT 거래소 중 점유율 1위를 기록하고 있다. 브라이언 로버츠 CFO는 마이크로소프트 글로벌 기업 개발 총괄, 월마트 인수합병M&A팀 총괄을 거쳐 2014년부터 리프트에서 CFO로 근무하였는데, 오픈씨 합류에 대해 "새롭게 떠오르는 웹 3.0Web3과 NFT 부문이 1990년대 중반의 이베이eBay를 떠오르게 한다"고 이유를 밝혔다.

웹 3.0이라는 거대한 물결이 도래하면서 그동안 독점적 영향력을 행사해왔던 빅테크 기업들은 심각한 위기에 직면하게 되었고, 새로운 인터넷 세상의 왕좌를 차지하기 위해 기회를 잡으려는 웹 3.0 스타트업들은 투자자와 인재들을 무서운 속도로 끌어들이고 있다. 웹 3.0 스타트업들이 벤처캐피털의 투자에 힘입어 확보한 인재들에게 충분한 급여를 제공하면서, 빅테크 노하우를 보유한 기술 경영진과 엔지니어들의 긍정적인 경험과 사고방식은 더 많은 인재를 끌어들이는 동기를 부여한다. 웹 3.0 스타트업이 힘을 얻는 동안 빅테크 기업들은 경쟁력을 잃어 가고 있다. 구글,

실리콘밸리의 빅테크 인재들이 웹 3.0 벤처 프로젝트에 합류하고 있다는 기사

Big Tech Workers Joining The Digital Adventure Of Web3

Companies Such As Google, Meta, And Microsoft See Their Engineers And Executives Quit Their Jobs to Participate "In The Rebirth Of The Internet"

by **Sarah Messaoud** — December 29, 2021 in **Society**, **Start-up**, **Tech**

출처: https://impakter.com/big-five-workers-joining-the-digital-adventure-of-web3-with-start-ups/

메타, 아마존, 마이크로소프트 등은 자신들을 번영으로 이끌었던 엔지니어와 경영진들이 웹 3.0이라는 '인터넷의 재탄생'에 참여하고자 퇴사하는 뒷모습을 그저 바라만 볼 수밖에 없었다.

한국의 인터넷 역사로
바라본 웹 3.0

웹의 탄생은 해외에서 이루어졌지만, 웹 서비스와 인프라의 개발에 있어서만큼은 한국이 글로벌 시장에서 한발 앞서 나아갔다. 2000년 이후 정부의 강력한 IT 정책 추진과 함께 기업들의 차별화된 글로벌 경쟁력 강화 노력으로 한국은 세계 IT 경쟁력 순위에 늘 상위권을 차지했다. 그러다 보니 국내에서의 웹 진화 방향은 해외와 비슷하면서도 조금은 다른 양상으로 발전하는 모습을 보였다.

특히 한국의 인터넷 역사를 따로 다룬 이유는 웹 3.0의 탄생 배경이 해외와 국내가 다소 다르기 때문이다. 해외에서는 거대 플랫폼 기업들의 데이터 주도권 지배와 횡포, 그에 따른 수익 독점 등을 기술적으로 해결하기 위해 웹 3.0이 등장한 반면, 국내는 투자 관점에서 암호화폐 생태계 확장 및 가치 증대라는 목적이 더 크게 작용하고 있다.

읽기만 해도 행복했던 하이텔, 천리안의 PC 통신 시대

1982년 5월, 전길남 카이스트 전산학과 명예교수가 서울대학교 컴퓨터공학과와 구미 전자기술연구소KIET에 있는 두 개의 중형 컴퓨터에 IP 주소를 할당받아 전용선으로 연결하고 이를 패킷 교환 방식으로 연결하는 데 성공한 것이 한국 웹의 시작이라고 할 수 있다.

이후 데이콤(현 LG유플러스)이 1986년 PC 통신 '천리안' 서비스를 시작하고 1988년 유료 가입자를 유치하기 시작하면서 PC 통신의 대중화가 시작됐다. 이어 하이텔, 나우누리, 유니텔 등 4대 서비스가 등장하면서 PC 통신 가입자가 350만 명을 돌파하는 등 전성기를 맞았다.

PC 통신이라는 용어에서 알 수 있듯이 웹 1.0은 PC, 즉 개인용 컴퓨터를 통한 인터넷 접속 서비스였다. 당시의 PC 통신은 텍스트 기반 서비스가 주류였는데, 필자가 주로 이용했던 서비스는 동호회와 지금의 웹 소설

PC 통신 하이텔의 접속 화면

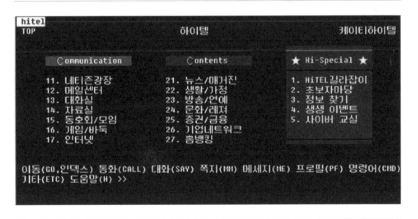

선배 격인 게시판 소설이었다. 이때 PC 통신상에 게재되어 선풍적인 인기를 끌었던 소설이 이우혁 작가의 《퇴마록》이었다. 《퇴마록》은 1993년에 직장인이었던 이우혁 작가가 하이텔 '공포/SFsummer란'에 심심풀이로 올렸던 소설이었는데, 엄청난 인기를 얻어 글이 올라올 때마다 센세이션이라 할 정도의 큰 붐을 일으켰다. 《퇴마록》을 읽기 위해 하이텔에 가입하는 이용자가 생겨날 만큼 《퇴마록》은 PC 통신 붐에 지대한 영향을 끼쳤던 것으로 기억된다. 비록 텍스트이긴 하지만 PC 통신 이용자들은 이렇게 자신의 글을 게시판에 쓸 수 있었고, 동호회를 통해 회원끼리 의견을 주고받기도 하였다. 이때부터 웹 2.0의 기반은 마련되어 있었던 것이다.

싸이월드가 열고 네이버, 다음이 키운 웹 2.0 세상

2000년대 초반은 PC 통신에서 초고속 인터넷 서비스로 급속히 전환되던 시기였다. 2003년 '하이텔'이 기존 VT(가상 터미널) 기반 PC 통신 서비스와 단절된 완전 인터넷 기반 커뮤니티로 거듭난다고 선언하였고, PC 통신과 인터넷을 병행하던 '천리안'과 '나우누리'도 이어 인터넷으로 완전 전향하면서 PC 통신 시대가 막을 내렸다. 하나로통신을 비롯해 한국통신, 드림라인, 데이콤 등도 ADSL 초고속 인터넷 서비스를 상용화하면서 1990년대 말에서 2000년대 초반까지 수많은 '닷컴 1세대' 기업들이 등장했다. 그리고 초고속 인터넷의 등장으로 인터넷 대중화 시대가 열리면서 '참여, 개방, 소통'의 웹 2.0이 탄생할 수 있는 환경이 구축되었다. (또한 이 시기에는 1998년에 국내 출시된 전략 시뮬레이션 게임 《스타크래프트》의 엄청난 인기로 초고속 인터넷과 IT 인프라의 확산이 더욱 가속화되었다.)

해외에서는 웹 2.0이 시작된 시점을 소셜 네트워크 서비스인 페이스북이나 트위터가 등장한 때로 보고 있는데, 이 기준으로 따지면 한국은 훨씬 이전부터 웹 2.0 시대를 맞이했다. 1999년에 클럽 커뮤니티 서비스인 '싸이월드'가 등장했기 때문이다.

싸이월드는 1999년, 카이스트 전산학과 학생인 서광식의 졸업 논문 프로젝트를 토대로 이동형, 형용준 등 카이스트 경영대학원 동기들이 의기투합해 공동 창업한 인터넷 회사이다. 처음에는 프리챌, 아이러브스쿨 등에 밀려 빛을 보지 못하다가 2001년 미니홈피를 기반으로 하는 개인 홈페이지 서비스로 바뀌면서 폭발적인 인기를 끌었다. 특히 미니홈피에 마련된 미니룸은 작고 아기자기한 인터페이스로 이용자들을 사로잡았다. 2003년 SK커뮤니케이션즈에 인수된 뒤에는 검색, 뉴스, 타운, 광장 등 다양한 기능이 더해지면서 대표적인 소셜 네트워크 서비스로 성장했다. 2004년 기준으로 싸이월드 회원 수는 1,000만 명을 돌파하며 페이스북이 등장하기 전까지 명실공히 국내 최고의 소셜 네트워크 서비스로 군림했다. 2000년대 중후반 대한민국 인터넷 문화를 이끈 아이콘적인 소셜 네트워크 서비스이며 대중성으로는 역대 어떤 플랫폼도 따라갈 수 없을 만큼의 높은 대중적 이용도를 자랑했다. 2000년대 초반이 국민PC로 대표되는 1세대 포털 사이트와 PC 통신의 공존기였다면, 2000년대 중후반은 싸이월드로 대표될 만큼 대한민국 IT 역사에 큰 획을 그은 플랫폼이었다.

싸이월드 내 문화는 단순한 인터넷 유행으로 그치지 않고 2000년대를 상징하는 시대의 아이콘 그 자체가 되었으며 웬만한 유명인들과 정치

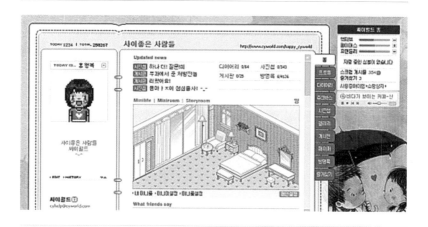

인들까지 미니홈피를 개선해 활동하는 등 영향력이 어마어마했다. 싸이
월드 내 미니홈피 배경 음악 서비스는 2000년대 중후반 유행하던 가요
들의 인기 척도 역할을 하기도 했다. 웹이 온라인 영역을 넘어 현실 세계
의 정치, 경제, 사회, 문화에까지 영향을 끼치며 완전히 새로운 웹의 시대
를 연 것이다.

한편 초고속 인터넷이 상용화되면서 네이버, 다음 등의 포털 서비스가
등장했는데 각 포털은 이용자들을 끌어들이기 위해 소통과 참여를 중시
한 서비스들을 선보였다. 바로 네이버의 블로그, 다음의 카페 서비스이다.
이것이 웹 2.0의 본격적인 시작이라 할 수 있다.

블로그blog는 웹web에서 따온 알파벳 'b'와 항해 일지(여행 일기)라는 뜻
을 가진 로그log의 합성어로 개인이 운영하는 웹 사이트를 말한다. 사용
자들이 게시판 형식의 미니 홈페이지에 자신들의 관심사에 따라 자유롭

게 칼럼이나 일기, 기사, 정보 등을 올리는 웹 사이트이다. (최초의 블로그는 미국의 RSS 개발자 데이브 와이너Dave Winer가 1997년에 작성한 '스크립팅 뉴스http://scripting.com'로 알려져 있다. 놀랍게도 이 블로그는 2022년 현재까지도 운영되고 있다.)

국내에서는 2002년 11월에 최초의 상업 블로그 사이트www.blog.co.kr가 개설되었는데, 초기의 블로그는 간이 홈페이지나 개인의 공개된 일기장 정도로 사용되었다. 이후 블로그가 본격적으로 대중화된 계기는 네이버 블로그의 등장이었다. 2003년 6월 '페이퍼'라는 서비스를 오픈한 것이 시초이며, 2003년 10월 12일에 블로그라는 이름으로 정식 서비스를 시작했다. 국내 최대 포털 사이트에서 운영하는 블로그인 만큼 유저 인터페이스UI가 편리해 사진과 글을 올리기에 수월하고, 스킨이나 폰트가 다양하다는 점에서 이용자들에게 큰 인기를 얻으며 1인 미디어로 자리매김

최초의 네이버 블로그 게시글

영화처럼
[매트릭스2] 이번주에 봐요~~~ㅋㅋㅋ

2003. 5. 20. 18:47

출처: https://m.blog.naver.com/anne101/20000000001

하기 시작했다. 또한 가입에 별다른 제한이 없어 네이버만 가입하면 블로그가 자동으로 만들어진다는 점도 대중화에 큰 기여를 하였다. (당시 경쟁 서비스인 이글루스는 연령 제한이 있었고, 태터툴즈는 설치형 블로그여서 접근성 측면에서의 진입 장벽이 있었다.)

2020년 12월 기준으로 개설된 네이버 블로그 수는 약 2,800만 개이고 시밀러웹 방문 수를 기준으로 전 세계 1위 블로그인 만큼, 전문 지식 (요리, 리폼, DIY, 액세서리 제작, 다이어트 등)에 대해서는 그 어떤 블로그보다 방대한 자료와 알찬 지식을 접할 수 있다. 웹 1.0에서는 게시판에 글을 올리며 개인 일기장 역할이나 하던 웹 사이트들이 블로그를 통해 상호 간 교류를 하기 시작하면서 각종 의사소통의 장이 마련되었다.

네이버 블로그를 필두로 한 포털 사이트들의 블로그 서비스 제공은 웹 2.0의 가장 큰 특징인 '쓰기write'를 대중화시키며, 이후에 등장하는 유튜브, 인스타그램, 틱톡 등 1인 미디어 서비스의 기반을 마련하였다.

아이폰 상륙과 카카오톡으로 진화한 모바일 웹

싸이월드의 선풍적인 인기와 네이버, 다음의 블로그, 카페 서비스로 해외보다 일찍 웹 2.0 시대를 맞이한 한국은 2005년 100Mbps 속도의 광케이블 인터넷 FTTHFiber To The Home를 상용화하면서 새로운 웹 시대 등장을 기대하기 시작했다. (실제로 2008년에 IT 칼럼니스트인 김중태 원장은 자신의 블로그를 통해 〈웹 3.0 시대〉라는 칼럼을 게재해 웹 3.0이라는 용어를 국내에 선보이기도 했다. 지금의 웹 3.0 개념과는 다소 차이가 있지만 인간의 개입 없이 스스로 생각하고 움직이는 지능형 웹을 웹 3.0이라고 생각했다는 점에서 큰 방향성은 비슷하다고 할 수 있다.)

그런데 애플의 아이폰이 세상에 등장하면서 웹은 완전히 새로운 방향으로 진화하기 시작했다. 스마트폰을 중심으로 한 모바일 웹의 시대가 열린 것이다. 그리고 2년 후인 2009년 11월에 한국에서도 아이폰이 출시되면서 그동안 PC를 중심으로 성장해온 국내 웹 2.0 생태계는 한순간에 모바일로 옮겨가게 되었다. 급작스럽게 변화한 스마트폰 환경에 적응하지 못한 국내 웹 2.0 서비스들은 우왕좌왕하다가 아이폰 급류에 휩쓸려 사라지고 말았다. 싸이월드가 대표적이었다.

당시 국내에 처음 아이폰을 들여온 통신사는 KT였는데, 경쟁사였던 SK텔레콤과 같은 SK그룹 계열사였던 싸이월드는 아이폰 앱을 올릴 수

2009년 11월 마침내 한국에서 첫 출시된 아이폰 3GS

출처: 언론 종합

가 없었다. 싸이월드를 주력으로 사용했던 20대 사용자들은 아이폰에 많은 관심을 가졌지만, 싸이월드를 아이폰에서 쓸 수 없게 되자 대체 소셜 네트워크 서비스를 찾기 시작했고 때마침 등장한 해외 서비스인 페이스북으로 자연스럽게 넘어갔다. 여기에 트위터까지 가세하면서 토종 소셜 네트워크 서비스로 군림했던 싸이월드는 그 지위가 흔들리기 시작했다. 2010년 이후부터 스마트폰이 전 세계적으로 유행을 타기 시작하면서, 모바일 웹 서비스에 전혀 대비하지 않았던 싸이월드는 치명타를 맞았다. 2011년부터 스마트폰이 급격히 대중화되면서 국내 시장 점유율 1위를 트위터에 빼앗겼고, 2015년 이후부터는 페이스북과 인스타그램에 밀려 이용자가 거의 사라졌다. 결국 2015년 10월에 방명록과 쪽지, 일촌평 등 주요 서비스를 종료했다.

반면 애플 앱스토어 및 구글스토어 등의 앱 플랫폼과 페이스북, 트위터 등 글로벌 소셜 네트워크 서비스는 급속하게 성장하면서 모바일 플랫폼 경제가 구축되었고, 스마트폰 환경에 적응한 구글, 아마존, 애플, 페이스북 등의 웹 2.0 기업들은 전성시대를 맞이하였다. 이런 상황 속에서 국내에서도 스마트폰에 최적화된 국민적 서비스가 등장하는데 바로 '카카오톡'이었다.

2010년 3월에 아이폰용으로 처음 발표된 카카오톡은 스마트폰의 데이터 통신 기능을 이용하여 문자 과금 없이 사람들과 메시지를 주고받을 수 있는 모바일 인스턴트 메신저로, 한국에서 피처폰 시대의 막을 내리고 스마트폰의 보급률을 폭발적으로 끌어올린 1등 공신이었다. 당시에 스마트폰을 사는 이유 1위가 다른 콘텐츠는 필요 없고 친구나 지인들과의 소

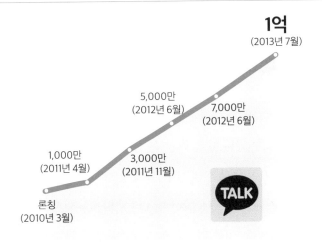

1억
(2013년 7월)

5,000만
(2012년 6월)

7,000만
(2012년 6월)

1,000만
(2011년 4월)

3,000만
(2011년 11월)

TALK

론칭
(2010년 3월)

출처: 《이투데이》

통 때문에 카카오톡 하나만 필요해서, 카카오톡을 사용하기 위해서라고 할 정도였다.

대한민국에서의 점유율은 무려 94.4%(2018년 기준)로, 사실상 전 국민이 사용하고 있는 카카오톡은 한국인들의 일상과 사회를 완전히 장악했다. 메신저를 중심으로 한 이 모바일 플랫폼은 콜택시, 지도와 내비게이션, 대리운전, 간편 결제, 모바일 은행 서비스로까지 확산했다.

2014년에는 카카오가 인터넷 포털 기업 다음과 합병하면서 그 영향력을 PC로까지 확대하였고, 네이버와 함께 명실상부 양대 포털 기업으로 자리매김하게 되었다. 이후 간편 결제 서비스인 카카오페이를 비롯하여 카카오TV, 검색과 카카오채널 서비스 등을 출시하면서 모바일 메신저를 넘어 콘텐츠 플랫폼으로 변신하였다.

모바일 웹의 탄생은 웹 2.0의 플랫폼 경제를 더욱 공고히 해주었고, 플랫폼 기업들이 제공하는 편리한 서비스에 익숙해진 국내 사용자들은 더는 새로운 웹 서비스를 기대하지 않게 되었다. 이 부분이 해외에서의 웹 3.0 등장 배경과 국내가 조금 다른 지점이다.

새로운 투자 트렌드로 주목받은 웹 3.0

해외에서 웹 3.0이 등장한 데는 구글, 페이스북, 아마존 같은 거대 빅테크들의 데이터 독점 및 횡포에 맞서 데이터 주도권을 되찾아오고자 하는 목적이 강했다. 그리고 이를 기술적으로 해결하고자 한 것이 웹 3.0의 탄생 배경이었다. 하지만 한국은 데이터 독점 기업이라고 해야 네이버와 카카오 두 군데 정도이고 이 기업들에 대해서는 정부가 강력하게 규제하고 있다. (물론 해외에서도 빅테크 기업의 데이터 독점에 대해 전방위적으로 규제하고 있지만 소비자 단체와 개발자들은 여전히 처벌 수위가 약하다고 지적한다. 구글, 애플 등

"2021년 9월 10일 더불어민주당 변재일 의원 '전기통신사업법 일부 개정 법률안' 대표 발의"

카카오와 네이버의 문어발식 확장에 대한 비판이 이어지고 있는 가운데 대형 플랫폼 기업의 데이터 독점을 막는 취지의 법안이 발의됐다. 현행 제도에서는 이용자가 자신과 관련된 데이터를 플랫폼으로부터 직접 제공받기 힘들고, 대다수 중소 사업자들도 데이터에 대한 적시 접근성 확보가 쉽지 않다. 이번 개정안에는 이용자 수, 매출액, 제공 서비스 등이 일정 기준에 해당하는 전기통신 사업자의 경우 보유한 특정 데이터에 대한 이용자 및 사업자의 접근을 의무적으로 허용하도록 하는 내용을 담았다. 법안이 통과되면 이용자는 자신이 제공·생성한 데이터에 대해 접근할 수 있게 될 것으로 보인다.

출처: 국회 의안정보시스템, 언론 종합

빅테크가 자본력으로 전 세계 주요국에서 규제 정책을 저지할 때 한국만 유일하게 인앱결제 강제 금지법이나 인터넷망 사용료 회피 방지법 등 입법에 성공해 글로벌 공조 요청이 있을 정도로 한국의 규제 정책은 강력하다.)

게다가 국내 IT 기업들은 구글, 페이스북 등과 같이 데이터로 수익을 창출하고 개인을 통제할 만큼의 빅데이터 기술 수준이 아직은 충분하지 않은 것이 현실이다. 빅데이터에 활용할 정제된 데이터 양도 많지 않다. 오히려 소비자들은 해킹 문제로 인한 개인정보 유출이 제일 큰 걱정이었고, 이에 정보를 관리하는 포털 및 대기업들에 데이터 관리 강화를 더 요구하였다.

한국의 빅데이터 분야 기술 수준은 최고 기술 보유국(미국) 대비 79.0%로 1.6년의 기술 격차 발생
- 일본(82.8%), 유럽(87.0%) 등 선진국뿐만 아니라 중국(82.5%)에도 기술이 열위한 상황
- 빅데이터 분석·예측 기술은 타국 대비 상대적으로 기술 수준이 낮게 나타남

출처: 김문구·박종현, 〈빅데이터 플랫폼의 산업 생태계 현황과 주요 이슈〉,《ETRI Insight Report》, 2019. 11.

지속적인 공공 데이터 개방에도 불구하고 활용도가 높은 데이터는 양적으로 부족
- 한국 2.5만 개, 미국 23.3만 개, 영국 4.4만 개(2018. 3.)
- 빅데이터 활용과 분석 수준은 63개국 중 56위(IMD, 2017). 국내 기업의 빅데이터 이용률은 7.5%로 데이터 경쟁력이 현저히 낮은 수준

출처: 김수현, 〈데이터 기술(Data Technology) 시대를 대비한 주요 기술 동향 및 시사점〉,《NIPA 이슈리포트》제47호, 2018. 11. 19.

2022년 1분기 기준 랜섬웨어 해킹 피해 2020년 대비 3배 증가
- 2022년 1분기 랜섬웨어 해킹 피해 건수는 63건으로 동 분기(35건)보다도 2배 증가
- 2021년 말 기준(223건)으로 보면 2020년(127건) 대비 76% 급증

출처: 과학기술정보통신부

그러다 보니 국내에서는 해외와 달리 빅테크 기업으로부터 데이터 주도권을 되찾아 와야 할 명분도 약하고, 그것을 기술적으로 해결하는 웹 3.0이 등장할 이유가 사실상 없었다. 하지만 한국도 전 세계적인 코로나 팬데믹 사태와 함께 불어닥친 암호화폐 붐에 휩싸였고, 국내 암호화폐 시장에도 막대한 유동 자금이 몰려들었다. 2021년 말 기준 국내에서 거래된 암호화폐의 시가총액은 약 55조 2,000억 원으로 현대차의 2021년 말 종가 기준 시가총액 44조 6,570억 원보다 크다. 실명 인증 이용자만도 558만 명(중복 포함)이며 암호화폐를 10억 원어치 넘게 보유한 사람도 4,000여 명에 달한다.

여기에 코로나19 사태로 대면 접촉이 줄어들면서 온라인을 기반으로 한 비대면 소통이 보편화되었고, 이 과정에서 가상 세계인 '메타버스'가 주목을 받기 시작했다. 이전까지 '게임'에 국한됐던 '메타버스'는 코로나19 확산과 함께 업무와 일상으로까지 확장됐다. 동시에 가상 경제, 즉 가상 공간에서 어떤 화폐를 써야 할지, 암호화폐를 어떻게 현실 세계와 연결해야 할지, 이를 어떻게 주고받을지에 대한 논의가 생겨났다. 그리고 그 해답을 '블록체인', 정확히는 NFT Non-Fungible Token(대체 불가 토큰)와 같은 암호화폐에서 찾게 된다.

무엇보다 NFT는 매력적인 디지털 투자 수단으로 각광받았다. 블록체인 기반의 대체 불가능성으로 창의성과 희소성을 거래할 수 있게 해주는 NFT는 디지털 소유권이 완벽하게 보장되며 투명한 거래 증명이 가능하다. 복제나 위조, 변조가 불가하므로 희소성을 보장할 수 있고 위조품으로 인한 가치 훼손이 일어나지 않도록 디지털화한다. 부동산, 미술품, 음

NFT 열풍에 올라탄 기업들

종목	내용	상승률
위메이드	블록체인 자회사 위메이드트리 흡수합병. NFT 기반 게임 플랫폼화 추진	161.14%
컴투스	미국 스포츠 NFT 전문 기업 캔디디지털 투자	30.06%
하이브	두나무와 BTS 굿즈 NFT 발행을 위한 전략적 제휴 검토	12.23%
JYP	두나무와 NFT 플랫폼 사업을 위해 전략적 제휴 체결	22.86%
SM	디어유, NFT 기반 메타버스 플랫폼화 추진	13.01%
서울옥션	서울옥션블루, 두나무와 NFT 사업 MOU 체결	58.52%
아프리카TV	BJ 콘텐츠 기반 NFT 마켓 출시	28.15%

3분기 폭발적으로 성장한 NFT 거래 대금

(단위: 달러)

2,800만	5,280만	12억	13억	107억
2020년 3분기	2020년 4분기	2021년 1분기	2021년 2분기	2021년 3분기

출처: 《한국경제》

악 저작권과 같은 기존 실물 자산의 디지털 토큰화를 통해 새로운 금융 상품들도 만들어졌다. 미술계에서는 김환기, 이중섭 등 유명 화가들의 작품을 디지털 아트로 재해석하겠다고 발표했고, 엔터테인먼트계에서는 아티스트를 앞세운 기획사들의 NFT 발행이 줄을 이었다.

그러나 메타버스와 NFT 광풍이 잦아들면서 투자자들은 새로운 투자

유튜브에 '웹 3.0'으로 검색하면 엄청나게 많은 동영상이 등장한다.

트렌드를 모색하게 된다. 시장조사 기관 카날리스에 따르면 2022년 2월 중순부터 3월 중순 사이 NFT 거래량은 39억 달러에서 9억 6,400만 달러로 급감했다. 미국 《월스트리트 저널》은 NFT 거래량이 가장 많았던 2021년 9월 대비 2022년 5월 하루 평균 거래량은 92%가 줄었고, 2022년 1월 평균 판매 가격 6,800달러(약 870만 원) 대비 3월 평균 판매 가격은 2,000달러(약 250만 원)로 하락해 투자자들 사이에서 NFT에 대한 관심이 빠르게 식고 있다고 경고했다.

이런 상황에서 일론 머스크가 쏘아 올린 '웹 3.0'은 국내 투자자들에게 메타버스, NFT의 뒤를 잇는 매력적인 투자 대상으로 떠올랐다. 유튜브에 '웹 3.0'으로 검색을 하면 정말 많은 양의 관련 콘텐츠가 등장하는데, 그중 상당수는 투자나 코인과 관련해 웹 3.0을 설명하고 있다. 웹 2.0의 문제점을 극복하고자 탈중앙화를 이념으로 내세운 해외의 웹 3.0과는 달리 메타버스, NFT의 다음 투자 트렌드로 웹 3.0에 접근하고 있는 것이다. 해외에서는 탈중앙화를 목적으로 웹 3.0을 도입하고 있다면, 웹 3.0 도입의 결과로 탈중앙화가 이루어지는 형국이라 할 수 있다.

탈중앙화에 연연하지 말라

구글도 메타도 손대기 시작한 웹 3.0

웹 3.0이 새로운 트렌드로 주목받으면서 웹 3.0 탄생의 단초(端初)를 제공한 웹 2.0 플랫폼 기업들까지 웹 3.0을 성장 동력으로 삼겠다고 선언해 눈길을 끌고 있다. 이들 플랫폼 기업은 웹 3.0 인프라 개발 외에도 웹 3.0 기반 기술인 블록체인을 NFT, 메타버스 등과 연계할 방법을 모색하고 있다.

플랫폼 빅테크의 대표격인 구글은 웹 3.0 애플리케이션 개발용 백엔드 서비스를 제공하기 위해 팀을 신설한다고 밝혔다. 블록체인 내 노드node의 구축과 실행을 간소화하고, 개발자와 이용자가 모두 블록체인 데이터를 손쉽게 탐색할 수 있도록 돕는 소프트웨어를 만든다는 것이다. 또한 구글은 블록체인 전문 기업 대퍼랩스Dapper Labs(2017년 크립토키티를 개발한 스타트업)와 손잡고 NFT를 포함한 대퍼랩스의 각종 서비스 개발을 지원

출처: Meta, 언론 종합

한다.

메타(구 페이스북)는 메타버스 플랫폼 '호라이즌 월드'를 중심으로 한 디지털 경제 생태계 조성을 도모하고 있다. 메타는 NFT를 산하 소셜 미디어인 인스타그램 프로필 사진으로 설정할 수 있도록 할 예정이다. 트위터는 이미 유료 구독 서비스인 '블루' 이용자를 대상으로 동일한 서비스를 지원하고 있다.

국내에서는 플랫폼 기업의 양대 산맥이라 할 수 있는 네이버와 카카오가 웹 3.0 도입에 분주하다. 네이버는 일본 라인을 통해 자체 블록체인 네트워크 '라인 블록체인'과 암호화폐 '링크'를 출시했다. 카카오는 해외 블록체인 사업 법인 크러스트를 통해 블록체인 네트워크를 확장하고 있다. 그리고 자회사인 그라운드X에서는 암호화폐 지갑 및 NFT 사업을 추진하고 있다.

구글은 웹 3.0 전담팀을 신설한 취지에 대해 "웹 3.0 개발자에게 구글 클라우드 플랫폼이 첫 번째 선택지가 될 수 있도록 할 것"이라고 설명했다. 구글 클라우드 플랫폼에 더 많은 블록체인 개발자를 유치하겠다는 의도로, 구글 클라우드는 이미 블록체인 네트워크 구축을 위한 도구를 제공하고 있어 앞으로 웹 3.0 생태계를 더 키울 계획이다. 일각에서는 구글의 이러한 움직임에 대해 웹 3.0도 빅테크가 주도하는 것 아니냐는 우려가 나오고 있다.

메타의 '호라이즌 월드'를 중심으로 한 디지털 경제 생태계 조성에 대해서도 잭 도시 트위터 창업자는 "거대 자본이 대규모로 투자를 단행하는 만큼 이들이 누릴 선점 효과를 무시하기 어렵다"라며 웹 3.0이 내세우는 탈중앙화가 훼손될 것이라고 지적했다.

이처럼 중앙집중화된 웹 2.0 플랫폼 기업의 행태에 반대해 등장한 웹 3.0 기술을 웹 2.0 빅테크들이 자사 서비스와 접목해 선보인다면 과연 이 서비스는 웹 3.0 서비스라 할 수 있을까? 웹 3.0의 가장 중요한 속성인 탈중앙화가 과연 제대로 이루어질 수 있을까?

웹 3.0이 잘되려면 중심은 필요하다

분명 탈중앙화는 웹 3.0의 핵심이자 중요한 속성임은 분명하다. 다만 탈중앙화가 웹 3.0이 지향하는 방향은 맞지만, (지금 시점에서) 웹 3.0이 반드시 갖춰야 할 요소는 아니라고 (개인적으로는) 생각한다.

블록체인 기업 다이브DAIB의 김안토니오 대표는 유튜브 방송에서 블록체인의 탈중앙화에 대해 이렇게 얘기한 바 있다.

"모든 것을 탈중앙화한다고 시스템이 효율적으로
변하지는 않습니다."

출처: 김안토니오 〈블록체인 그게 뭔데? 개발자가 쉽게 설명해드림! 미래 기술 암호화폐 전망〉, 《김미경의 레벨업》.

웹 3.0에서 말하는 탈중앙화는 특정 기업이 데이터를 독점하고 마음 대로 이용 및 관리하는 것에 반대하기 위해 여러 노드에 나눠 저장하는 '분산'의 개념이라 할 수 있다. 웹 3.0에서는 콘텐츠와 사용자가 서로 연결되는 것에 그치지 않고, 이 과정에서 생성된 데이터와 디지털 자산을 온전히 사용자가 '소유'하도록 하고 있다. 기업에 집중된 권한과 소유권을 사용자에게 돌려주고자 하는 것이 웹 3.0의 본질이다. 의사 결정에 대해서도 특정 개인이나 집단이 마음대로 결정하는 것이 아니라 의사 결정권의 '분산'으로 합의를 통해 결론을 도출한다. 그래서 '탈중앙'이라는 표현보다는 '분산'이라는 표현이 더 적합하다고 할 수 있다.

프로젝트의 중심에 그 어떤 조직도 없이 그 누구도 책임지지 않는 진짜 탈중앙화된 기업이 있다면 큰 리스크가 닥쳤을 때 오히려 합의로 인한 늦은 의사 결정으로 발 빠른 대처가 어려울 수 있다. 김안토니오 대표가 말했듯이 "모든 것을 탈중앙화한다고 시스템이 효율적이지는 않다"는 것이다. 진정한 탈중앙화가 구현될 때까지 웹 3.0이 잘 굴러가려면 신뢰할 수 있는 시스템(중앙화가 됐든 탈중앙화가 됐든)과 책임져야 할 중심 기관에 의해 적절하게 운영될 필요가 있다.

웹 3.0을 논함에 있어 탈중앙화가 됐냐 안 됐냐, 특정 기업이 주도하는 게 맞냐 아니냐를 놓고 따지는 것은 시기상조이다. 웹 3.0이 꿈꾸는 완전한 탈중앙화가 이루어지기까지는 갈 길이 멀다. 그때까지는 잠시 탈중앙화라는 무거운 짐을 내려놓고 웹 3.0이 가진 혁신적인 기술에 집중해 어떤 서비스로 사용자들에게 편의성과 가치를 제공할 수 있을 것이냐를 고민하는 것이 더 유익하다.

루나 사태로 더욱 중요해진
'신뢰'와 '책임'

일주일 만에 99.9% 하락한 루나 코인

2022년 5월 12일은 암호화폐 투자자들에게 악몽과도 같은 하루였다. 한때 100달러가 넘었던 루나 코인이 하루에만 90% 이상 하락하는 역사적인 모습을 연출했기 때문이다. 관련 코인인 테라 가격 역시 60% 이상 떨어졌고, 이 여파로 비트코인 등 다른 암호화폐 가격까지 동반 하락하며 전체 암호화폐 시장이 크게 요동쳤다. 51조 원 규모의 암호화폐가 증발하는 데는 단 며칠 밖에 걸리지 않았다. 결국 세계 최대 암호화폐 거래소 '바이낸스'를 포함한 대다수 국내외 거래소에서는 루나를 상장폐지했다. 이른바 '루나 사태'였다.

루나 사태의 중심에는 블록체인 핀테크 기업 '테라폼랩스'가 만든 암호화폐 테라UST가 있다. 테라는 1달러와 가격이 같게 유지되도록 설계된 '스테이블 코인'이다. 테라폼랩스는 다양한 전자상거래 플랫폼에서 테라

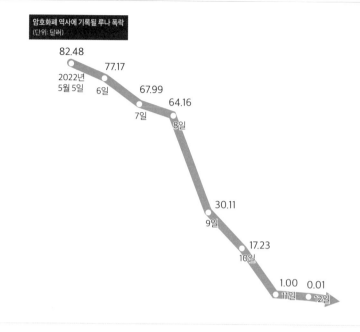

암호화폐 역사에 기록될 루나 폭락
(단위: 달러)

82.48
2022년
5월 5일

77.17
6일

67.99
7일

64.16
8일

30.11
9일

17.23
10일

1.00
11일

0.01
12일

출처: 《매일경제》

로 결제할 수 있는 시스템을 제공할 계획이었다.

스테이블 코인은 말 그대로 '안정화stable'를 추구하는 암호화폐다. 일반적인 스테이블 코인은 기축통화인 미국 달러와 1 : 1 가치 연동(1코인=1달러)이 되도록 설계됐다. 암호화폐는 실제 가치를 담보할 수 없고 변동성이 너무 커서 실제 화폐처럼 이용하기에 어렵다. 그래서 이를 해결하기 위해 개발한 것이 스테이블 코인이다. 1달러에 가치를 고정한 스테이블 코인은 보유자가 요구하면 1달러를 돌려주도록 약속한다. 스테이블 코인 중 가장 규모가 테더usdt를 포함한 대다수 스테이블 코인은 투자자의 예치금으로 달러나 채권 등 안전한 유동 자산을 구매해 실제 가치를 담보한다.

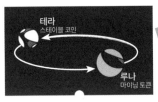

테라와 루나의 원리

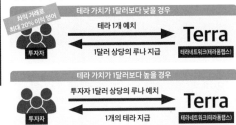

스테이블 코인 테라와 테라의 마이닝 토큰으로
담보 역할을 하는 루나
테라와 루나는 톱니바퀴처럼 서로 맞물리는 존재

출처: 《뉴스핌》

그런데 이 테라는 현금이나 채권 등의 담보물을 구매하지 않는다. 대신 다른 암호화폐로 테라를 사고팔아 테라의 통화량을 조절해 1달러 가치를 유지한다. 테라폼랩스는 알고리즘이 이 거래를 자동으로 수행하도록 설계했는데 이런 종류의 암호화폐를 '알고리즘 기반 스테이블 코인'이라고 부른다. 그리고 이 알고리즘으로 테라의 가치 안정화를 위해 만든 것이 또 다른 암호화폐인 루나LUNA이다. 알고리즘에 기반해 테라의 가격이 1달러 아래로 떨어지면 추가 발행한 루나로 테라를 매입해 가격을 올린다. 반대로 테라의 가격이 1달러 위로 오르면 테라를 팔고 루나를 구매해 테라의 가격을 낮춘다. 이론상으로는 수요와 공급 법칙만으로 완벽하게 테라의 가격을 1달러에 맞출 수 있었다.

테라의 유일한 담보는 참여자의 '신뢰'

문제는 달러나 채권을 담보로 하는 스테이블 코인에 비해 알고리즘 기반 스테이블 코인은 안정성이 취약하다는 점이다. 담보물이 없는 알고리즘 기반 스테이블 코인은 이것이 지속적으로 유지될 것이라는 투자자의 믿음에 기반을 둔다. 믿음이 깨지는 순간 모든 것은 무너진다. 이 때문에 테라폼랩스는 투자자의 신뢰를 얻기 위해 막대한 금액을 들여 비트코인 등 다른 암호화폐를 사들였다.

또한 투자자들이 테라를 구매하도록 유인하기 위해 '앵커 프로토콜'을 만들었다. 테라를 구매해 앵커 프로토콜에 맡기면 이자를 주고, 반대로 이자를 내고 테라를 빌려 다른 암호화폐에 투자할 수도 있다. 놀라운 것은 앵커 프로토콜에서 한도 없이 예치금에 연 20%의 이자를 지급하기로 한 것이다. 테라를 빌릴 때 적용하는 대출 이자가 연 12.4%였는데 대출 금리보다 예치 금리가 더 높은 역마진 구조였다. 사람들은 테라와 루나에 열광했고, 순식간에 루나의 가격은 119달러까지 급등해 암호화폐 시가총액 순위 10위권에 들기도 하였다. 테라 역시 한때 시가총액 규모 180억 달러(약 23조 2,000억 원)를 기록하며 스테이블 코인 중 3위까지 올랐다.

테라와 루나의 가치는 이 알고리즘이 지속적으로 유지될 것이란 투자자들의 신뢰에 기반한다. 테라의 가치가 유지되어온 것은 페깅pegging(못을 박아서 고정한다는 뜻으로 1달러로 가격을 고정시키는 것을 의미)에 대한 믿음과 무슨 일이 있어도 20%의 이자를 지급할 것이라는 앵커 프로토콜에 대한 지지 때문이었다. 이러한 신뢰를 바탕으로 앵커 프로토콜에 돈이 계속 몰리면서 선순환 구조를 만들었고, 이 선순환 덕에 알고리즘은 유지될 수 있었다.

신뢰가 무너지면서 '죽음의 소용돌이'가 시작되다

그러나 2022년 들어서 미국 연준FED(연방준비제도이사회)이 금리 인상과 긴축 정책을 펼치겠다고 선언하면서 시중의 유동 자금은 급격하게 줄어들었다. 유동 자금의 축소로 전체 자산 시장과 암호화폐 시장이 하락하면서 비트코인과 루나의 가치도 떨어졌고 암호화폐 시장이 불안해지면서 테라의 알고리즘에 대한 신뢰도 서서히 흔들리기 시작했다.

첫째, 앵커 프로토콜이 지급하겠다는 20%의 이자가 낮아져서 테라(앵커 프로토콜)에 들어오는 돈이 줄어들면 문제가 없는 걸까?

둘째, 테라가 미국 달러보다 낮은 가치를 유지하게 되면 어떻게 될까? 루나의 가격이 계속 떨어져서 페깅을 유지하는 것이 어려워지면 어떻게 될까?

이 두 가지 의문이 투자자들 사이에서 점점 의심으로 커져 가는 가운데, 2022년 5월 7일 테라의 가격이 갑자기 1달러 밑으로 떨어지자 담보 역할을 하는 루나 가격도 10%가량 빠졌다. 이 과정에서 투자자들은 루나를 대거 매도했고, 결국 5월 10일 모든 루나를 팔아도 1테라를 1달러로 환급해줄 수 없는 '데드 크로스'가 발생하자 테라 가격은 0.9달러대로 내려간 뒤 1달러로 회복하지 못하는 일이 현실로 일어났다.

0.6달러 수준까지 하락한 테라 가격 방어를 위해 테라폼랩스가 나섰지만 역부족이었다. 오히려 이 모습을 본 투자자들은 겁에 질려 너도나도 테라를 팔아댔다. 테라의 가치가 떨어지자 연 20%의 이자를 받는 예치자들은 더 가치가 하락하기 전에 돈을 빼려고 테라를 팔았고 이는 다시 테라의 가격을 하락시켰다. 테라가 하락하자 루나는 일주일도 안 돼 가격

루나와 테라가 동반 하락하는 죽음의 소용돌이 현상 발생

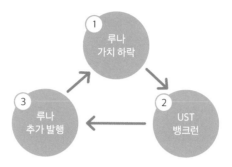

출처: 《티타임스》

이 99.99% 떨어졌고 시가총액 순위 10위까지 올랐던 루나는 하루 사이에 휴짓조각이 됐다. 테라 가격도 1달러에서 14센트로 수직 낙하했다. 암호화폐 시황 사이트 코인게코에 따르면 5월 8일부터 일주일간 테라와 루나의 시가총액 450억 달러(약 57조 8,385억 원)가 증발했다. 두 암호화폐가 꼬리에 꼬리를 무는 뱀처럼 연결되어 서로가 하락하면서 바닥까지 떨어지는 현상, 즉 '죽음의 소용돌이death spiral'가 발생하면서 테라와 루나

테라 루나 그리고 UST 스테이블코인 폭락 원인 분석(알트코인 Altcoin Ltd.)

정말 쉽게 설명하는 루나 코인 사태, 루나 코인이 쓰레기가 되기까지(너굴경제)

는 몰락했다.

　루나 사태의 원인과 스테이블 코인에 대해 자세히 알고 싶다면 앞에 소개한 유튜브 영상을 참고하면 좋다.

아무도 책임지지 않는 탈중앙화의 민낯

　루나 사태는 테라와 루나의 상장 폐지로 일단락되었지만, 50조 원 규모의 어마어마한 손실과 국내에서만 28만 명으로 추산되는 투자자들의 막대한 피해가 예상되는 등 심각한 후유증을 남겼다. 무엇보다 이번 사태에 대해 정부도 거래소도, 심지어는 테라와 루나를 만든 창립자조차도 책임지지 않는 모습을 보이면서 '과연 웹 3.0이 추구하는 탈중앙화라는 것이 이런 것인가, 아무도 책임지지 않는 탈중앙화가 의미가 있는 것인가?'라는 회의감을 들게 하였다. 인터넷 장애로 단 몇 시간 피해를 입은 개인과 소상공인에게도 몇 배의 피해 보상을 하는 시대인데, 웹 3.0을 지향한다는 CEO가 자신이 잘못 만든 알고리즘으로 막대한 피해가 발생했음에도 트위터 몇 줄의 사과문으로 책임을 회피하는 일은 웹 3.0의 탈중앙화를 잘못 이해하고 있다는 것이다.

　게다가 유사시 테라의 가격 하락을 방어하겠다는 명목으로 사들인 35억 달러 규모 비트코인은 정작 사태가 터지자 행방이 묘연해졌다. 테라폼랩스의 전자 지갑에 있던 비트코인이 사태 직후 암호화폐 거래소 계좌로 이체된 후 거래소 계좌에서 비트코인을 팔았는지, 다른 지갑으로 옮겼는지 추적할 수가 없게 된 것이다. 진짜 탈중앙화 생태계라면 있을 수 없는 일이다. 투자자를 포함한 모든 사람의 장부(블록체인)에 거래 내역이 남

테라와 루나의 창립자 권도형 "내 발명품이 여러분 모두에게 고통을 줘 비통하다"

권도형 CEO는 트위터를 통해 "지난 며칠간 UST 디페깅(1달러 아래로 가치 추락)으로 엄청난 충격을 받은 테라 커뮤니티 회원과 직원, 친구, 가족과 전화를 했다"며 "내 발명품(루나·UST)이 여러분 모두에게 고통을 줘 비통하다"고 밝혔다. 그러면서 권도형 CEO는 테라 블록체인을 부활하기 위해 또 다른 블록체인을 만들겠다는 제안을 내놨다.

'업비트' 이석우 "루나 사태, 안타깝지만 손해 보전 불가"

국내 최대 가상 자산 거래소 업비트를 운영하는 이석우 대표이사는 루나 사태로 피해를 입은 투자자들에 대해 "안타깝다. 그렇지만 손해는 보전해드릴 수 없다. 다른 방법으로 투자자를 보호하고 시장을 성숙하게 하는 접근을 하고 있다"라고 밝혔다.

당국 "개입 권한 없다" 모니터링만

암호화폐 주무 부처인 금융위원회와 금융감독원은 루나 폭락 사태에 대한 긴급 동향 점검에 나섰지만 할 수 있는 일은 없다. 법적 권한이 없어 테라폼랩스에 자료 요구를 하거나 검사·감독에 나서지 못하는 실정이다. 금융 당국 관계자는 "코인 거래는 민간 자율에 맡겨져 있어 정부가 개입하거나 대응할 근거가 없다"며 "상황에 대해 모니터링만 하고 있다"고 말했다.

출처:《국민일보》

기 때문이다. 하지만 테라폼랩스의 CEO는 테라 블록체인 외부에서 비트코인을 사고팔아 불신과 의혹만 키웠다. 탈중앙화를 지향하며 알고리즘을 만들었다는 그의 말을 무색하게 했다. 차라리 자금 추적이 가능한 기존 금융 시스템이었다면 덜 불안했을 것이다.

루나 사태는 탈중앙화를 지향하는 웹 3.0에서 시스템 리스크가 발생하면 어떻게 되는가를 단적으로 잘 보여주었다. 시스템 리스크Systemic Risk란 한 개의 리스크가 다른 쪽으로 번져나가는 것을 의미하는데, 글로벌 금융위기가 대표적인 시스템 리스크이다. 미국의 부동산 시장(서브프라임 모기지)에서 발생한 부실(리스크)이 투자은행들에 확산되었고, 그것이 일반 기업과 개인들에게까지 영향을 미치며 전 세계적인 금융위기를 불러일으켰다.

이 시스템 리스크는 최후의 대부자, 즉 정부 중앙은행이 막을 수 있다. 국가라는 최후의 존재는 신뢰를 지탱하는 마지막 보루인 것이다. 반면 탈중앙화된 웹 3.0에서는 최후의 대부자가 존재하지 않는다. 책임질 조직도 개인도 정부도 없다. 웹 3.0은 가치에 대한 커뮤니티의 믿음에 기반하고 있다. 하지만 모두의 신뢰가 깨질 때, 혹은 의도적으로 그 신뢰를 깨려는 세력이 등장할 때 웹 3.0은 허무하게 무너질 수 있다.

루나 사태는, '중앙화'된 기존 금융 시스템을 극복하겠다며 알고리즘 기반 스테이블 코인이라는 기상천외한 시스템을 만들었지만 견제 장치도 보호 장치도 없이 그야말로 말뿐인 탈중앙화임을 만천하에 드러낸 사건이라 할 수 있다. 루나와 테라는 회사와 투자자들의 '탐욕'이 만든 거대한 허상이었고, 결국 신뢰가 무너지자 한순간도 방어하지 못하고 허약하게, 충격적으로 붕괴했다.

더 큰 문제는 웹 2.0의 한계와 문제점을 '기술'로 해결 또는 보완하겠다는 수많은 웹 3.0 개발자와 혁신가의 의지가 이번 사태로 크게 위축되었다는 점이다. 테라에 투자한 벤처캐피털들은 큰 손실과 함께 시스템도 제대로 모르고 투자했다는 비판을 듣게 됐다. '신뢰'를 잃어버리면서 웹 3.0에 대한 투자도 다소 둔화될 것으로 보인다.

웹 3.0의 진짜 핵심은 '신뢰'와 '책임'

그럼에도 불구하고 기반 기술인 블록체인의 효용성은 유효하다. 웹

3.0은 오히려 성장통을 겪은 후 한 단계 더 성장한 모습으로 진화할 것이다. 이미 블록체인을 기반으로 다양한 '디앱Dapp(탈중앙화 애플리케이션)' 서비스가 제공되고 있기 때문이다. 웹 3.0의 주도권이 일정 부분 중앙 정부와 빅테크 기업에 넘어가 탈중앙화의 가치가 훼손될 것이라는 우려의 목소리가 있지만, 이를 통해 '신뢰'가 보장되고 많은 사람이 안심하며 웹 3.0 서비스를 이용할 수 있다면 중앙화된 웹 3.0이 더 바람직하다고 생각한다. 실제로 전 세계 66개국 중앙은행 가운데 80% 이상이 디지털 화폐 연구개발R&D에 착수하여 직접 블록체인을 바탕으로 한 전자화폐CBDC를 발행하려 하고 있다. 유통, 은행 업계에서도 대기업 주도로 시스템 보안 강화를 위해 블록체인 기술을 적용하고 있어 웹 3.0 도입은 루나 사태를 계기로 오히려 속도가 붙는 양상이다.

루나 사태로 얻은 교훈은, 웹 3.0이 앞으로 생태계를 구축하고 확장하기 위해 필요한 것은 '탈중앙화'가 아닌 '신뢰'라는 점이다. '탈중앙화'도 결국은 '신뢰'가 밑바탕에 깔려 있어야 제대로 작동된다. 신뢰의 연결고리가 약한 생태계에서 초기에는 중앙 정부든 대기업이든 신뢰를 뒷받침해줄 강력한 존재가 있어야 생태계 내 구성원들이 안심할 수 있다. 탈중앙화에만 연연해 신뢰를 저버리고 아무도 책임지지 않는 웹 3.0 생태계에 있을 바에는 차라리 편의성 높고 책임 소재가 분명한 웹 2.0에 머무는 편이 더 낫다.

사용자 관점에서의
웹 3.0 정의가 필요하다

사용자는 분산화에 관심 없다?

개발자 입장에서의 웹 3.0은 블록체인으로 데이터베이스가 분산화되었는지, 기업의 개입 없이 탈중앙화가 잘 이루어졌는지가 핵심 사항이다. 이를 실현하기 위해 느려진 처리 속도를 높이고 번거로워진 백엔드와의 접속 방법을 개선하는 등 다양한 기술 개발에 많은 시간과 노력을 기울이고 있다.

하지만 사용자 입장에서는 내가 지금 이용하고 있는 웹 서비스가 웹 3.0인지, 블록체인으로 데이터가 분산화되어 있는지 확인할 수가 없다. 냉정히 말해 웹 2.0인지, 웹 3.0인지 사용자는 큰 관심이 없다. 사용자가 웹 서비스를 선택하는 기준은 '기술Technology'이 아닌 '가치Value'이기 때문이다. 사용자는 니즈needs를 충족시키면서 차별화된 가치를 제공하는 웹 서비스를 선호한다. 그 가치는 속도가 될 수도 있고 편리함이 될 수도 있다. 속도도 느리고 편리하지도 않은 웹 3.0 서비스를 이용하기 위해서는 그것을 뛰어넘는 '가치'가 제공되어야 한다.

웹 1.0에서 웹 2.0으로 넘어갈 수 있었던 것도 웹 1.0에서는 제한적이었던 '쓰기write'라는 기능이 탑재되면서 소통과 참여라는 새로운 가치가 제공되었기 때문이다. 스마트폰의 등장으로 모바일 웹 시대가 도래하면서부터는 '이동'이 가능해지면서 '24시간 인터넷 접속'이라는 가치가 제공되었다. 싸이월드는 소통과 참여의 가치를 제공해 성공을 거두었지만, 모바일 웹 시대에는 '이동성mobility'이라는 새로운 가치를 제공하지 못해 결국 웹 2.0 시대에서 도태되고 말았다. 반면 글로벌 IT 기업들은 자신만의 플랫폼을 구축하면서 데이터 독점이라는 폐해도 있지만, 사용자에게 편리성과 맞춤화된 서비스라는 차별화된 가치를 제공해 현재까지도 웹 2.0 생태계를 유지하고 있다.

결국 사용자 관점에서 웹 3.0과 웹 2.0을 구분 짓는 포인트는 블록체인이나 탈중앙화된 서버 같은 기술적 개념보다는 '웹 2.0에서는 없었던 새로운 가치value가 무엇이냐'이다. 그러한 관점에서 보았을 때 사용자 입장에서 바라보는 웹 3.0은 '네트워크 혹은 생태계 참여, 소유에 따른 보상rewards이 주어지는 웹'으로 정의될 수 있다.

물론 여기에 쓰이는 기반 기술은 당연히 블록체인이고 데이터베이스도 분산화되어 있다. 사용자에 따라서는 보상보다 블록체인이 가진 높은 보안 능력이나 데이터의 투명성을 더 중요한 가치로 여길 수도 있다. 빅테크들의 데이터 독점에 따른 빅브라더Big Brother(소설《1984》에 등장한 용어로 모든 정보를 수집 관리하며 사회와 개인 전반을 통제하는 체제를 의미)를 우려해 웹

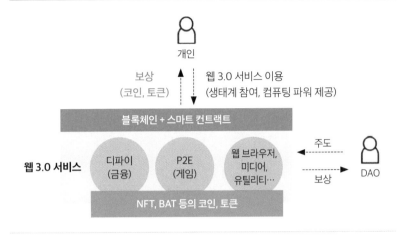

출처: KB증권, 〈디지털 자산의 빅픽처, 웹 3.0〉, 자료 재작성.

3.0이 추구하는 '탈중앙화'를 최우선의 가치로 여기는 사용자도 있을 것이다. 다만 웹 3.0이 그리는 '완전한 탈중앙화'는 이상에 가깝다. 이것이 완벽하게 불편 없이 작동하기 위해서는 상당한 시간이 걸릴 것이고, 실제로 구현될 수 있을지도 미지수이다. 분명 '탈중앙화'가 웹 3.0의 핵심이기는 하지만, 사용자가 이를 위해 현재 향유하고 있는 웹 2.0 서비스의 편리함을 버리고 웹 3.0으로 갈아타기에는 무리가 있다.

이용만 해도 보상을 받는 웹 3.0 브라우저 '브레이브'

사용자가 웹 3.0에서 바라는 가치는 '웹 이용에 따른 공정한 보상'이라 할 수 있다. '유튜브 광고는 내가 보는데 왜 돈은 구글이 다 벌어갈까?', '메타(구 페이스북)에 글을 올리고 활동은 내가 하는데 돈은 왜 메타가 벌지?'라고 많은 사용자가 의문을 품는다. 개인의 모든 데이터가 빅테크들의 서버에 저장되고, 빅테크들은 이를 활용해 막대한 광고 수익을 창출하고 있다. 하지만 웹 3.0에서는 개인이 웹 생태계에 참여함으로써 데이터의 저장, 사용 및 소유권을 가져오고 그에 따른 보상을 받는다.

웹 3.0의 대표적인 웹 브라우저인 브레이브Brave를 예로 들어보자. 브레이브는 블록체인에 기반하여 광고를 차단해주는 브라우저로, 가장 큰 특징은 개인의 선택으로 광고를 볼 경우 광고주가 지불한 금액의 70% 수준을 베이직 어텐션 토큰BAT으로 지급받는다는 점이다.

브레이브는 사용자가 웹 사이트를 탐색하고 웹 앱을 이용하고 표시된 온라인 콘텐츠를 즐길 수 있다는 점에서 크롬이나 엣지 등 타 브라우저와 크게 다르지 않다. 다른 브라우저처럼 무료로 다운로드해 사용할 수 있고, 사이트 인증 정보를 기억하고, 온라인 광고가 사이트에 표시되는 것을 차단할 수 있다. 다만 브레이브는 광고 차단 방식이 좀 더 공격적이다. 브레이브는 웹 사이트에서 온라인 광고를 없애도록 만들어져 있다. 더 나아가, 사이트에서 광고와 광고 추적기를 완전히 없애는 광고 차단에만 그치지 않고 자신의 광고로 대체한다. TV 광고로 치면 방송 프로그램의 타사 광고를 없앤 후, 자신이 만들어 판매한 광고를 집어넣어 프로그램을 내보내는 식이다.

무엇보다 브레이브는 개인화된 광고가 아닌, 사용자 기반에 바탕을 둔 광고를 내보낸다. 개인의 데이터를 기업이 저장하지도 관리하지 않는다는 이야기다. 그리고 사용자가 광고와 콘텐츠를 본 시간을 기준으로 토큰을 제공한다. 광고 수신에 동의한 사용자는 BAT를 받는다. 사용자가 웹을 이용하면서 광고 시청에 대한 보상이 이루어지는 것이다. 사용자는 토

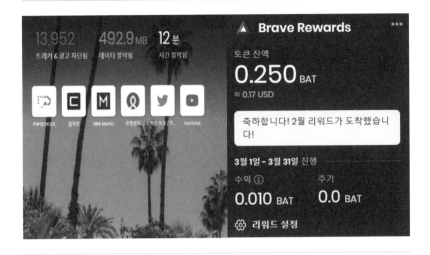

큰을 이용해 유료 콘텐츠나 고급 기능을 구입할 수도 있다. 실제로 필자도 브레이브를 한 달 동안 이용했는데, 그에 따른 보상으로 0.25BAT, 달러로 환산하면 약 0.17달러(약 215원)를 받았다. 큰 수익이라고 할 수는 없지만, 스팸 같은 무수한 광고들을 차단해주면서 동시에 웹 서비스를 이용하는 것만으로 이러한 보상rewards을 받았다는 점에서 브레이브가 제공하는 가치value는 충분히 매력적이다.

웹 3.0이 불러오는
세 가지 미래 변화

웹의 역사적 배경과 개발자의 관점, 사용자의 관점 모두에서 웹 3.0을 바라보면, 웹 3.0은 단순히 '분산화된 웹' 형태의 기술적 혁신만을 의미하지 않는다.

웹 3.0은 기반 기술인 블록체인을 통해 데이터를 분산시켜 중앙집중화 문제를 해결하는 동시에, 토큰과 코인으로 새로운 경제활동을 창출한다. 이와 같이 웹 3.0 상에서의 활동을 통해 보상, 수익을 얻는 방식을 'X2E X to Earn, Something to Earn'이라 부른다.

여기서 제공되는 보상reward은 웹 3.0의 블록체인 시스템을 유지하는 중요한 장치이기도 하다. 블록체인의 진정한 가치는 타인과의 거래와 데이터에 신뢰를 제공한다는 점에 있다. 신뢰를 보증하는 중앙 기관 및 플랫폼 없이도 모든 구성원이 함께 데이터를 검증하고 저장하므로 누군가가 임의로 조작하기가 어렵다. 또한 블록체인 시스템이 유지되려면 참여자들의 컴퓨팅 파워가 필요하다. 참여자가 블록체인 네트워크에 참여해 컴퓨팅 파워를 제공하는 대가로 시스템 내에서 생성되는 암호화폐로 보상을 받는다. 이 보상을 통해 웹 3.0의 핵심 가치인 탈중앙화가 가능해지고, 블록체인 구조를 유지하는 대가로 사용자는 토큰을 받는다.

자본주의 사회에서 활동에 따른 '보상(인센티브)'은 경제를 움직이는 중요한 원동력이다. 웹 3.0은 웹 이용에 따른 보상과 협력을 동시에 이끌어낸 새로운 경제 모델이다. 블록체인 네트워크에 참여해 사용자가 얻는 보상은 블록체인 구조를 유지하는 힘이 되면서, 사용자들의 자발적 협력을 이끌어내는 장치가 되었다. 웹 3.0상에서 보상을 얻기 위해 참여자가 늘어나면 그에 따라 노드node(단말)가 많아지고 구조가 안정화되면서 신뢰도 역시 상승한다.

또한 이 과정에서 합의를 통한 의사 결정을 위해 블록체인 기술에 기반한 탈중앙화 자율 조직, DAODecentralized Autonomous Organizations가 탄생하는데, DAO야말로 웹 3.0이 가시화된 결정체라 할 수 있다.

이처럼 기술의 혁신(블록체인), 서비스의 혁신X2E, 조직의 혁신DAO, 이 세 가지의 혁신이 한데 어우러져 웹 3.0은 차세대 웹으로서의 모습을 갖추게 된다. 어느 하나만의 혁신으로는 웹 3.0의 지향하는 바를 이루어내기 어렵다. 블록체인을 이용한 데이터의 분산과 코인 및 토큰에 기반한 보상이라는 가치 제공, 그리고 자율적으로 운영되는 DAO를 통해 웹 3.0의 핵심 이념인 '공생'과 '탈중앙화'는 구현된다. 한마디로 웹 3.0은 '신뢰와 보상을 가치로 한 사용자(창작자) 중심의 새로운 인터넷 철학'이라 말할 수 있다.

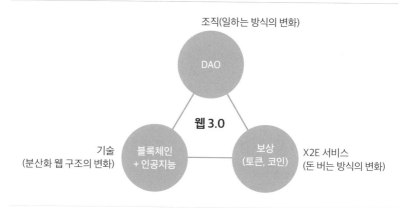

그리고 웹 3.0을 중심으로 한 세 가지 혁신으로 인해 앞으로의 미래 사회는 위 그림과 같이 변화할 것이다. 블록체인 분산원장 기술에 따른 웹 구조 및 플랫폼의 변화. 사용자 활동에 따라 토큰, 코인 등을 보상하는 X2E 서비스 확산에 따른 돈 버는 방식의 변화. 그리고 프로그램에 기반해 운영되는 DAO의 등장에 따른 일하는 방식의 변화이다.

웹 3.0이 불러오는 이 세 가지 미래 변화에 주목하고 대비한다면 인플레이션, 금리 인상, 전쟁 등 우리를 둘러싼 불확실한 위기 상황들을 현명하게 극복해나갈 수 있을 것이다.

제3장

웹 3.0 부의 대전환과
새로운 기회

WEB 3.0
A REVOLUTION
IS COMING

웹 3.0 부의 원천, 토큰과 코인

웹 3.0 시대에서는 토큰이 기업을 대체한다

자본주의 사회에서의 대표적인 부 창출 방법 중 하나는 주식 투자이다. 우리가 주식 투자를 할 때 제일 먼저 눈에 들어오는 것은 상장된 수많은 기업명과 주가이다. 투자할 기업을 선택하고 해당 기업의 실적, 경영활동, 각종 이슈, ESG와 같은 비재무적 요소들을 종합적으로 검토한 후에 투자를 결정하게 된다. 그런데 웹 3.0에서는 투자의 대상이 기업이 아닌 토큰, 코인 등의 암호화폐를 기반으로 한 블록체인 프로젝트가 된다. 24시간 운영되는 암호화폐 거래소를 보면 비트코인, 이더리움을 비롯해 수많은 알트코인이 시시각각으로 가치가 변동되고 있다. 아직은 변동성이 크고 투기에 가까운 모습을 보이지만, 거래 규모가 점점 커지면서 웹 3.0 시대의 새로운 부 창출 방법으로 자리 잡아가고 있다.

웹 3.0을 토대로 탄생하는 새로운 프로토콜은 웹 2.0 기업들을 대체하

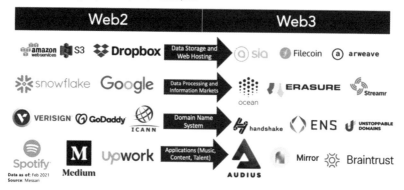

출처: Messari

면서 블록체인 기반의 암호화폐로 자체적인 경제 체제, 즉 프로토콜 경제 생태계를 구축하게 된다. 프로토콜Protocol이란 컴퓨터 간에 데이터를 수월하게 교환하기 위해 사전에 정해놓은 기본 규칙을 의미한다. 이를 경제 활동에 접목하면 시장 참여자들이 자유롭게 프로토콜(규칙)을 만들어 경제활동에 참여할 수 있는 개방형 시스템을 만들 수 있는데, 이것을 프로토콜 경제라고 한다. 블록체인에 기반한 프로토콜 경제는 일정한 규칙을 만들어 참여자 모두가 공정성과 투명성을 확보하는 참여형 공정경제 시스템을 구현할 수 있다. 프로토콜 경제는 탈중앙화를 통해 여러 경제주체를 연결하는 새로운 형태의 경제 모델이다. 그 안에서 프로젝트를 생성하고 관리, 기여, 개선하는 데 참여하는 모든 사람에게 토큰, 코인 등의 인센티브가 제공된다. 이러한 프로토콜은 기존의 웹 2.0에서 제공되었던 컴퓨팅, 스토리지, 대역폭, ID, 호스팅 등 다양한 서비스를 제공하며 암호화폐의 가치를 높이는 데 기여한다.

토큰과 코인은 다르다

블록체인 네트워크 참여의 대가로 지불되는 암호화폐는 블록체인을 이해하는 데 중요한 부분이다. 채굴 활동의 보상으로 때로는 지분 증명의 수수료로 암호화폐가 발행된다. 암호화폐는 네트워크 참여자들의 활동을 독려하는 블록체인 운용 메커니즘에서 중요한 역할을 담당한다.

일반적으로 암호화폐를 얘기하면 토큰과 코인을 언급하는데, 둘은 비슷하면서도 조금은 다른 차이점을 지니고 있다. 토큰과 코인의 차이는 토큰과 코인의 차이는 메인넷의 유무에 따라 구분할 수 있다. 메인넷Mainnet 이란 기존에 존재하는 플랫폼에 속하지 않고 독립적으로 블록체인 생태계를 만들 수 있는 네트워크이다. 대표적인 메인넷으로는 우리가 잘 아는 비트코인Bitcoin Mainnet, 이더리움Ethereum Mainnet 등이 있다.

코인Coin은 기본적으로 독자적인 메인넷을 가지고 생태계를 구축한다. 코인은 자신의 생태계에서 하나의 화폐로서의 가치를 지니게 되는데, 기본적으로 코인은 거래에 초점을 맞춰 사용된다.

코인은 기본적으로 대부분 채굴되어서 발행되기 때문에 자체 블록체인을 통하여 채굴기로 채굴되는 구조이다. 이 과정에서 네트워크의 결속력은 강해지고 보안이 견고해져 신뢰는 높아진다. 이 높아진 신뢰도에 기여하는 보상으로 채굴자들이 받는 것이 코인이다.

토큰은 메인넷을 가지고 있지 않으며 스마트 컨트랙트Smart Contract를

코인	토큰
지불, 결제 수단	지불, 결제 수단 + 추가 기능
채굴되어 발행	미리 만들어진 발행량이 뿌려짐
메인넷 보유	메인넷 없이 플랫폼 구동

ICO는 Initial Coin Offering의 약자로서 암호화폐 공개 또는 암호화폐 공개라고 번역할 수 있으며, 블록체인 시스템 내의 채굴과 보상 메커니즘 아이디어를 구체화한 것이다. 기업이 기존 사업 또는 신新사업을 블록체인 시스템 기반으로 구현하고, 구현된 체계(토큰 이코노미) 내에서 소비자(수요자)는 경제활동을 수행하는 대가로 코인을 수령하고 이를 다시 블록체인 경제 내에서 소비할 수 있게 하는 선순환 구조(블록체인 시스템)를 마련(구축)하기 위한 투자 자금을 조달하는 것이다.

출처: 네이버 지식백과, 언론 종합

포함하면서 블록체인 플랫폼을 기반으로 한 디앱Dapp(분산화 애플리케이션)에서 사용하는 암호화페이다. 도큰은 주로 파생하는 블록체인 내부에서만 통용되며 기능성functionality 역할에 집중한다. 즉 토큰은 각각의 토큰의 목적과 기능에 따라 쓸모가 다르다.

토큰Token은 채굴 방식이 아니라 ICOInitial Coin Offering(암호화폐 공개) 과정을 거쳐서 정해진 발행량이 배출되는 형태이다. 즉 회사가 만들고 싶은 만큼의 한계치를 정하고 이를 찍어내어 뿌리는 방식이다. 토큰은 독자적인 생태계가 없기 때문에 본인만의 사용처를 만들어야 하며, 이 사용처를 만들기 위해 비트코인 플랫폼, 이더리움 플랫폼 등의 플랫폼을 빌려 사용하며 네트워크 비용을 지불하며 사용처를 만들어간다. 즉 플랫폼에 세들어 사는 형태이다.

목적에 따라 발행되는 다양한 종류의 토큰들

토큰은 발행 주체가 채굴자miner에 한정되지 않으며 거래 수수료만 지불하면 누구나 발행할 수 있다. 또한 코인은 가치 전송이 목적이지만 토큰은 가치 전송과 더불어 권리 전송 등 발행인의 목적에 따라 다양한 용도로 활용이 가능하다.

토큰은 주식과 유사한 성질을 가지고 있다. 토큰에 투자하면 투자 금액에 상응하는 코인을 받고, 토큰 발행자가 자신의 토큰 공급량을 조절할 수 있으며 이에 따라 보유자에게 혜택을 제공할 수 있다. 대부분 토큰은 이더리움과 같은 메인 플랫폼 위에 자신의 토큰을 얹어 쉽게 발행할 수 있다.

토큰은 크게 세 가지로 분류할 수 있다. 먼저, 지불형 토큰Payment Tokens은 재화나 서비스에 대한 지불 또는 송금 수단으로 활용되는 토큰이다. 이에 해당하는 블록체인 토큰으로 비트코인과 모네로가 대표적이다. 지불형 토큰과 유사한 개념을 가진 백화점 상품권의 특성을 생각해보면 지불형 토큰의 특성을 쉽게 이해할 수 있다. 다음으로, 기능형 토큰Utility Tokens은 블록체인 기반의 인프라 수단으로 앱이나 서비스로의 디지털 접근 권리를 부여하는 토큰이다. 이에 해당하는 토큰으로 스토리지Storj 토큰과 MED 토큰이 있다. 기능형 토큰과 유사한 성격을 가지는 오프라인 토큰이다. 놀이동산 이용권의 특성을 고려하면 기능형 토큰을 좀 더 쉽게 이해할 수 있다. 마지막으로, 자산형 토큰Asset Tokens은 부채나 자본과 같은 자산에 대한 발행인의 권리를 부여하는 토큰이다. 부동산 토큰이 자산형 토큰의 성격을 가지는 대표적인 사례이다. 블록체인 밖에서는 주식,

구분	지불형 토큰 (Payment Tokens)	기능형 토큰 (Utility Tokens)	자산형 토큰 (Asset Tokens)
정의	재화나 서비스에 대한 지불 또는 송금 수단으로 활용되는 토큰	블록체인 기반의 인프라 수단으로 앱이나 서비스로의 디지털 접근권을 부여하는 토큰	부채나 자본과 같은 자산에 대한 발행인의 권리를 부여하는 토큰
유사 개념	화폐, 백화점 상품권 등	놀이동산 이용권 등	주식, 채권, 파생상품 등
대표 사례	비트코인, 모네로 등	스토리지 토큰, MED 토큰 등	부동산 토큰 등

출처: 스위스 금융시장감독청, 〈ICO 가이드라인〉, 2018. 2.

채권, 파생상품 등이 자산형 토큰과 유사한 특성을 갖고 있다.

웹 3.0 생태계가 주목받으면서 거버넌스governance 토큰에 대한 관심도 높아지고 있다. 거버넌스 토큰은 해당 플랫폼에서 거버넌스(지배 구조)의 결권을 행사할 수 있는 토큰을 의미한다. 대표적인 거버넌스 토큰은 컴파운드compound의 컴프COMP토큰이 있다. 컴프토큰의 경우 토큰을 소유한 사람이 선택한 주소에 의결권을 위임할 수 있고, 토큰을 소유할 필요 없이 누구나 위임을 받아 거버넌스에 참여할 수 있도록 설계되었다. 마치 주식회사의 주주가 주주총회에서 의결권을 행사할 때 타인에게 위임하여 행사하는 것과 비슷하다.

거버넌스 토큰이 관심을 끄는 이유는 실시간으로 수많은 변수가 발생하는 블록체인 생태계 특성 때문이다. 탈중앙화 화폐에서 발행사가 모든 것을 실시간으로 통제하는 일은 불가능에 가깝고, 유연하게 대처할 수 있는 역량이 존재해야 네트워크가 지속될 수 있기 때문이다.

토큰 소유자들 역시 간편하게 의사 결정에 참여함은 물론, 참여로 인한 이익을 함께 공유받을 수 있다. 하지만 거버넌스 투표를 둘러싼 논란도 있다. 토큰 보유량에 따라 참여 능력이 결정되기 때문에, 통칭 '고래 투표'라 하여 많은 토큰을 가진 극소수가 의사 결정을 독점하는 현상이 가능하다.

웹 3.0,
감시 자본주의를 혁신하다

웹 3.0이 만드는 새로운 경제 생태계, 토큰 이코노미

자본주의Capitalism의 사전적 정의는 '이윤 추구를 목적으로 하는 자본이 지배하는 경제 체제'다. 다시 말해 자본을 굴려서 이윤을 추구하는 경제 체제라는 뜻이다. 자본주의Capitalism에 대한 논쟁은 오랜 역사를 지니고 있지만, 지난 2008년 미국발 글로벌 금융위기로 인해 전 세계적으로 퍼져나가게 되었다. 반복되는 경제위기와 저성장의 원인이 자본주의로 대변되는 기존 경제 시스템의 한계에서 비롯되었다는 인식이 확산되기 시작한 것이다.

특히 구글, 아마존, 페이스북(현 메타), 유튜브, 우버Uber 등 거대 IT 플랫폼 기업들이 모두 사용자 참여 기반의 네트워크 비즈니스로 성장했다는 점에서 '감시 자본주의(인간 행동이 만드는 데이터를 기업이 직접 수집해 수익을 창출하는 자본주의를 이르는 말로, 하버드대학교 경영대학원 쇼샤나 주보프Shoshana

Zuboff 교수가 2019년 발표한 저서《감시 자본주의의 시대》에서 처음 사용)' 문제가 대두되었다. 이들 성장의 이면에는 사용자들이 스스로 콘텐츠를 생산하고 보유한 자산을 공유하는 등 자발적인 노동이 존재한다. 사용자들에게 돌아가는 대가가 아주 없는 것은 아니지만, 이들 기업이 비즈니스에 기반이 되는 핵심적인 유·무형 자산을 사용자에게 전적으로 의존하고 있다는 점을 고려하면 턱없이 낮은 수준이다.

기존 경제 시스템의 장점인 경쟁을 유지한 채 협력을 통한 상생이라는 가치를 추구하는 방법은 협동조합Cooperative Union으로부터 힌트를 얻을 수 있다. 협동조합의 주요 원칙들이 블록체인 기술로써 구현된다면 기존 경제 시스템의 한계를 극복할 수 있는 새로운 경제 시스템을 구현할 수 있다. 자발성과 개방성 그리고 민주적 관리를 통한 경제적 참가라는 협동조합의 주요 원칙들은 탈중앙, 신뢰성, 투명성으로 대표되는 블록체인 기술을 통해 온전히 실현 가능하기 때문이다. 블록체인 기반의 협동조합은 누구나 참여할 수 있으며 중앙화된 관리 조직이 없다. 대신에 조합원 모두가 관리에 참여하는 투명한 방식으로 운영되며, 기여한 만큼 인센티브 시스템을 통해 적절한 보상을 분배받게 된다. 이러한 아이디어 바탕으로 구축된 생태계가 바로 '토큰 이코노미Token Economy'이다.

토큰 이코노미의 목적은 토큰이라는 인센티브를 통해 블록체인 기반의 플랫폼 생태계를 구축하는 데 있다. 사용자들은 플랫폼 생태계의 가치를 높이는 목표 행동에 참여하고 토큰을 인센티브로 보상받는다. 높아진 플랫폼 생태계의 가치는 더 많은 사용자의 참여를 유도하게 된다. 인센티브로 받은 토큰은 많은 사용자가 쓸수록 사용성과 활용성이 높아지고

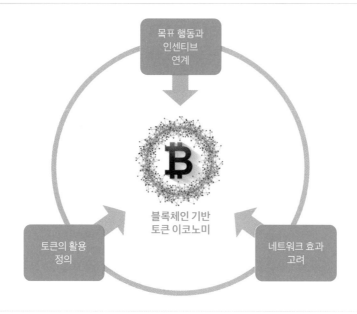

출처: KT경제경영연구소,《블록체인 비즈니스의 미래》, 2018.

이는 곧 토큰의 가치 증가로 연결될 수 있다. 그 결과 초기에 참여한 사용
자일수록 더 높은 인센티브를 가져갈 수 있다. 이러한 일련의 과정을 반복
하면서 블록체인 기반의 토큰 이코노미는 지속성과 확장성을 가지게 되
는 것이다.

　성공적인 토큰 이코노미를 설계하기 위해서는 목표 행동Target Behavior
과 인센티브Incentive가 필요하다. 여기에 블록체인 기반의 토큰 이코노미
에서는 토큰의 활용Usage of Token을 정의하고 플랫폼 생태계의 가치를 향
상시키는 네트워크 효과Network Effects를 구축하는 것이 필요하다. 토큰 이
코노미 내에서 인센티브로 제공되는 토큰은 프로그래밍된 코드로써 자

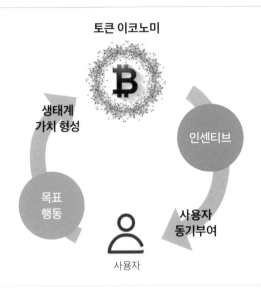

출처: KT경제경영연구소,《블록체인 비즈니스의 미래》, 2018.

체에 내재된 가치가 전무하다고 볼 수 있다. 이러한 토큰은 서비스에 대한 지불 수단이나 소유권의 상징 등 활용처를 정의함으로써 내재 가치를 부여할 수 있다. 토큰의 활용이 정의된다면 사용자들은 토큰의 가치를 인지하고 토큰 이코노미 내에서 활용할 수 있게 되는 것이다. 토큰 이코노미 또한 네트워크 기반의 비즈니스이므로 사용자가 많을수록 생태계 가치 상승 가능성이 크다. 이에 생태계가 지속되고 유지되기 위해서는 네트워크 효과 또한 고려되어야 한다.

토큰 이코노미의 설계는 목표 행동과 인센티브, 그리고 이들 간의 연관 관계를 정의하는 것에서부터 시작된다. 가장 먼저 생태계의 가치 형성을 위해 사용자가 수행해야 할 행동들을 식별하고 이를 목표 행동으로서 명확화한다. 그다음 단계로 목표 행동에 따라 인센티브를 얼마만큼 어떤 방식으로 언제 제공할 것인가를 결정하고 명시한다.

돈 버는 방식이 변한다, X2E(X to Earn)

나의 모든 활동이 곧 돈이다

어느 웹 시대가 됐든 대다수 사람들의 관심은 '돈'이다. 정확히는 다가올 웹 3.0 시대에서 무엇으로 어떻게 '돈을 벌 수 있을까'에 대해 관심이 많다. 웹 2.0 시대에서는 플랫폼을 구축해 많은 이용자를 끌어들이고 이용자들의 데이터를 기반으로 광고 수익을 얻거나 플랫폼 수수료를 얻는 등의 방식으로 돈을 벌어들였다. 다시 말해 돈을 버는 자(플랫폼 기업)와 플랫폼 안에서 활동하는 자(이용자)가 따로따로였다. 하지만 웹 3.0은 데이터 주권을 이용자에게 돌려주고, 제공한 데이터에 대한 경제적 보상을 해줘야 한다는 것이 기본적인 개념이다. 웹 3.0 서비스나 DAO 역시 블록체인으로 개인의 데이터, 나아가 콘텐츠의 경제적 가치를 증명하고 이를 토큰으로 보상해주는 구조로 프로젝트를 구상한다.

이렇게 웹 3.0에서는 어떤 행위를 통해 보상을 얻는 모델 혹은 경제활동, 즉 'X2E$_{X \text{ to Earn, Something to Earn}}$'가 돈을 버는 기본적인 방식이다. 그리고 그 보상은 코인, 토큰 등의 암호화폐로 제공된다. (이 암호화폐는 거래소를 통해 현금으로 환전될 수 있다.)

X2E는 X라는 활동을 통해 돈을 버는 모든 방식을 말한다. 자본주의 사회에서 가장 원초적인 돈 버는 방법은 회사에서 책상에 앉아 일을 하거나 내 사업을 하면서 돈을 버는 W2E$_{Work \text{ to Earn}}$, 즉 내 시간과 노력을 들여 수익을 창출하는 방식이다. 일반적으로 소득에는 노동력과 시간을 넣는 근로소득, 제품을 팔거나 서비스를 팔아서 얻는 사업소득, 자산/저작권/주식 등으로 자본금을 투자해 돈을 버는 자본소득이 있다. 이 중 근로소득과 사업소득이 W2E에 해당된다. 특히 근로소득은 내 시간과 노동력이 투입되어야만 발생되는 소득이므로 내가 일$_{work}$을 멈추면 소득도 멈춘다.

그런데 X2E는 일뿐만 아니라 내가 하는 모든 활동에 수반되어 수익

다양한 활동으로 수익을 창출하는 X2E

X2E
일,공부,음악
운동,그림,참여
기여,투자 ...

Contribute-to-Earn
Participate-to-Earn
Learn-to-Earn
Play-to-Earn
Create-to-Earn
Invest-to-Earn

출처: 언론 종합

이 창출되는 개념이다. 게임을 하면서 돈을 버는 P2EPlay to Earn, 그림이나 이미지를 제작하면서 돈을 버는 D2EDraw to Earn, 공부하며 돈을 버는 L2ELearn to Earn, 음악을 들으면서 돈을 버는 L2ELlisten to Earn, 걸으면서 돈을 버는 M2EMove to Earn, 어떤 커뮤니티에 참여해 활동함으로써 얻는 P2EParticipate to Earn 등 활동의 영역은 무궁무진하다.

운동, 공부, 검색, 운전, 영화 감상만 해도 돈이 벌린다

스테픈Stepn은 M2EMove to Earn 또는 W2EWalk to Earn 방식의 서비스로, 가상 자산NFT 운동화를 구매한 뒤 이용자가 실제로 걷거나 뛰는 만큼 암호화폐를 보상받는 방식이다. 스마트폰 GPS와 연동하여 운동량을 체크할 수 있다. 스테픈에 사용자들의 관심이 집중되면서 스포츠 브랜드들과의 협업도 늘고 있다. 스테픈과 스포츠 브랜드 아식스는 협업을 통해 NFT 컬렉션을 출시한다.

M2EMove to Earn 서비스 스테픈이 출시한 가상 운동화

출처: 스테픈 웹 사이트

상승세를 보였던 스테픈의 암호화폐 가격은 2022년 5월 한 달 사이에 67% 하락하며 다소 주춤하였는데, 이는 루나 사태 이후 위축된 암호화폐 시장 영향도 있지만, 신규 사용자 유입에 의존하는 스테픈 생태계가 한계에 도달했다는 측면이 크다. 단순히 수익을 목적으로 한 스테픈 사용자 외에도 운동 애호가 등 일반 사용자층을 넓혀가는 것이 스테픈의 향후 과제이다.

게임 업체인 컴투스는 '컴투버스'라는 메타버스 가상 도시를 만들어 컴투스그룹 전 직원 2,500명이 가상 공간에서 생활하면서 수익을 얻는 L2E Live to Earn 모델을 선보였다. 컴투버스 내 경제활동을 통해 토큰을 얻고 이를 현금화할 수 있도록 해 먹고 자는 행위 외의 모든 활동을 가상 세계에서 할 수 있도록 하는 것을 목표로 하고 있다.

또 다른 L2E인 Learn to Earn도 있다. Learn to Earn은 사용자가

L2E Live to Earn 모델을 접목시킨 컴투스의 컴투버스

출처: 언론 종합

출처: 바이낸스 아카데미 웹 사이트

프로젝트가 제공하는 온라인 과정을 수료하면 질의 응답 퀴즈에 참여할 기회를 얻게 되고 테스트를 통과하면 토큰을 보상으로 받는 모델이다. 현재 바이낸스Binance, 코인베이스Coinbase, 코인마켓캡Coinmarketcap 등 거래소가 L2E 기능을 제공하고 있다. 웹 3.0분야는 전문적이고 기술적인 내용이 많아 일반 사용자 입장에서는 접근도 쉽지 않고 이해하기도 어렵다. 그래서 인센티브를 제공해 더 많은 참여자를 확보하고 관련 지식을 더 많이 접할 수 있도록 장려하고자 L2E 모델을 도입하는 프로젝트가 늘고 있다.

검색하면서 돈을 버는 S2ESearch to Earn은 검색을 하면 토큰을 적립받는 모델이다. 구글 등 검색엔진의 주요 수익은 광고이다. 키워드 검색 광고 단가를 비싸게 지불한 광고주의 사이트는 검색 시 최상단에 노출된다.

블록체인 기반의 검색 엔진 '프리서치Presearch'는 사용자의 검색 기록을 따로 남기지 않고 검색할 때마다 PRE 토큰을 보상으로 지급하면서 사용자를 늘려나가고 있다. 일일 보상 토큰 수에는 제한이 있다. 특정 키워드에 대한 광고를 원할 경우에는, 프리서치의 PRE 토큰을 구매해 맡기

검색하면 돈을 버는 S2E Search to Earn 검색엔진 '프리서치'

면 담보로 맡긴 토큰 양에 따라 광고 순위가 결정된다.

운전하면서 수익을 얻는 D2E Drive to Earn 는 주행 기록 장치를 차량에 설치해 운전하면 데이터를 수집함과 동시에 토큰을 보상으로 얻을 수 있다. 블록체인 기반 지도 회사 '하이브매퍼 Hivemapper'는 운전자에게 보상을 제공해 탈중앙화된 글로벌 지도를 만들고자 한다. 운전자가 제공하는 도로 정보와 데이터를 수집할 수 있기 때문에, 지도 작성에 필요한 데이터 수집 인력부터 측량 및 매핑 장비, 데이터 수집 차량 등의 비용을 최대한 절감할 수 있다.

소셜버스 Socialverse 프로젝트는 콘텐츠를 시청하면 돈을 벌 수 있는 W2E Watch to Earn 모델을 적용하였다. 사용자가 영화를 볼수록 소셜버스 토큰을 더 많이 받고 콘텐츠 제작자에게도 보상이 돌아간다. 또한 해당 플랫폼의 광고 수익 가운데 60%는 토큰 제작자와 소비자에게 보상으로 지급된다.

X2E가 성공하기 위해서는 참여하는 생태계가 충분한 가치를 가지고

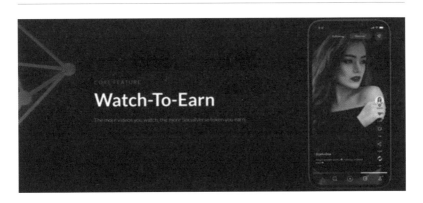

출처: socialverseapp.com

있어야 하고, 이에 대한 보상 체계가 잘 갖추어져 있어야 한다. 웹 2.0에서는 이러한 역할을 플랫폼 기업이 담당했었는데, 웹 3.0에서는 DAO와 같이 분산화된 자율 조직 형태로 운영되고 이런 시스템들은 스마트 컨트랙트에 의해 움직인다. 그러다 보니 사용자들이 자발적으로 운영하는 커뮤니티의 역할이 더욱더 중요해졌다. 지속 가능한 생태계 운영을 위해서는 지속적인 자본의 흐름과 인센티브(보상)를 둘러싼 다양한 활동이 뒷받침되어야 한다. 프로젝트를 진행하는 과정에서 사용자들이 직접 의사 결정에 참여할 수 있는 커뮤니티가 얼마나 지지를 보내주는지도 X2E의 성패를 결정짓는 중요한 요소가 된다.

나의 모든 활동이 돈이 되고 보상으로 연결되는 웹 3.0 세상에서는 직장에 다니지 않아도 주변에서 눈총받은 일이 없을 것이다. 어쩌면 숨만 쉬어도 돈을 벌 수 있는 'Breathe to Earn'의 등장으로 '백수'라는 단어자체가 없어질지도 모르겠다.

게임파이, 소셜파이, X파이 전성시대

NFT와 게임이 만나 금융으로 진화하다

게임Game과 파이낸스Finance의 합성어인 '게임파이'는 게임을 하면서 돈을 버는 'Play to Earn'을 내세웠는데, 사용자들이 급증하면서 관련 토큰 가격 역시 급등하는 등 시장의 관심을 집중시키고 있다. 게임파이는 한마디로 'Game + 디파이DeFi + NFT'로 정의할 수 있다. 게임을 기반으로 금융 상품을 게임화하여 수익 모델을 만들고 게임 내 아이템을 NFT화하여 유저들이 경제적 이익을 얻을 수 있도록 설계되었다.

기존의 게임이 게임을 위해 돈을 지불하거나, 게임에 사용되는 아이템을 구입하기 위해 돈을 써야 하는 구조였던 반면, 게임파이는 게임 이용자가 게임을 통해 가상 자산이나 NFT를 받고 이를 현금화하는 것으로 수익을 창출하는 개념이다.

'엑시 인피니티Axie Infinity'는 블록체인 기반 거래 및 전투 게임으로

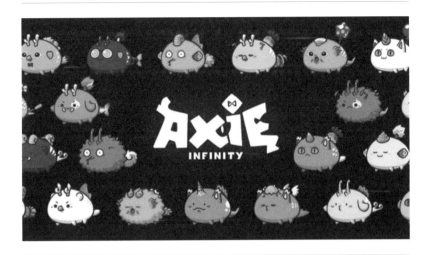

'P2E_Play-to-Earn' 게임의 시초라 할 수 있다. 필리핀, 브라질, 베네수엘라 등 코로나19로 경제적 타격을 받은 국가들에서 인기를 끌면서 새로운 형태의 수입원이 될 수 있다는 가능성에 수많은 게이머가 게임파이_GameFi 산업에 몰려들고 있다. 엑시 인피니티 외에도 3D RPG 게임 일루비움_Illuvium, 소셜 시뮬레이션 장르의 블록체인 게임 엘리스_My Neighbor Alice, 이자 농사_Yield Farming와 NFT를 결합해 P2E 생태계를 구축한 모박스_MOBOX 등이 대표적인 게임파이 주자들이다.

게임파이 모델을 적용한 '보물행성'은 블록체인, NFT를 결합해 메타버스 플랫폼을 구현한 모험 시뮬레이션 게임이다. 보물행성에서 이용자들은 보상 토큰으로 '보물_BOMUL'을 받게 되며, 해당 토큰은 클레이스왑 등의 덱스_DEX 거래소를 통해 비트코인이나 이더리움 가상 자산으로 교환할 수 있다. 기존 P2E 게임들은 이용자들이 실질적으로 수익을 가져가기 위해서는 현실 노동 강도에 준하는 게임 플레이가 수반되어야 했다. 이에 반해 보물행성은 이용자가 NFT를 보유한 뒤, 자동 플레이를 통해 수익을 올릴 수 있는 '노동 없는 P2E' 방식을 도입했다. 각 이용자가 운용할 수 있는 캐릭터가 NFT 방식으로 부여되며, 이들은 게임 속 모험을 통해 고유한 능력치를 확보할 수 있다. 잘 육성한 캐릭터 NFT는 다른 캐릭터보다 더 뛰어난 채굴 능력과 수익성을 보장받는 방식이다.

게임파이는 NFT 생태계 내부에도 여러 부가가치를 창출하고 있다. 대표적인 것이 YGG Yield Guild Games의 장학 제도이다. 최근 급등한 NFT 수수료에 부담을 느끼는 신규 게이머들에게 NFT 자산 대신 NFT 게임으로 얻은 수익의 일부를 돌려준다. 이외에도 YGG는 액시 인피니티와 같이 잠재력이 높은 플랫폼 및 게임에 투자하는 등 수익 구조를 다변화하고 있다.

게임파이 산업은 더 많은 시장에 진출하며 NFT뿐 아니라 메타버스, 암호화폐, 블록체인 등 다양한 연관 분야들에서 파급 효과를 일으키고 있다. 이더리움 기반 메타버스 플랫폼 디센트럴랜드는 가상 게임인 아이스포커 출시 지원을 위해 메타버스 게임 개발사 디센트럴게임즈에 전략적 투자를 진행했다. 'NFT계의 마인크래프트'라고 불리는 샌드박스는 미국 래퍼 스눕 독 Snoop Dogg과 협력해 스눕 독의 3D 아바타 컬렉션 및 NFT 컬렉션을 출시했다. 스눕 독은 샌드박스에서 가상 토지를 보유할 뿐만 아니라 본인의 자동차 컬렉션, 기념품, 애완견 등 가상 소유물도 선보인다. 이용자는 이를 이용해 게임을 만들 수 있으며 그가 보유한 가상 토지 인근 토지를 매입함으로써 이웃이 되는 것도 가능하다.

예전 같으면 종일 게임만 하면 부모님에게 등짝을 맞으며 "게임을 하면 돈이 나오냐"고 혼쭐이 났겠지만, 웹 3.0 세상에서는 게임을 하면 정말로 돈이 나오니 오히려 칭찬받으며 게임을 하는 날이 올지도 모르겠다.

토큰으로 창작자를 지원하는 소셜파이

소셜파이Social Fi란 소셜Social과 파이낸스Finance의 합성어로, 크리에이터들의 디지털 콘텐츠를 NFT화하여 크리에이터들이 발행한 소셜 토큰Social Token으로 구매할 수 있는 플랫폼이다. 누구나 자신의 콘텐츠를 대중에게 제공할 수 있다는 점에서는 유튜브나 틱톡과 동일하나, 크리에이터가 발행한 소셜 토큰으로 크리에이터를 후원한다는 점과 크리에이터가 제공한 콘텐츠를 NFT화하여 팬들에게 '디지털 굿즈'로 판매 혹은 증정할 수 있다는 점이 특징이다. 메타(페이스북), 유튜브, 트위터, 틱톡 등 기존 소셜 미디어 플랫폼에서 확장된 개념의 소셜파이는 서비스의 연결 지점과 수익 창출이 가능하다는 점에서 다양한 모습의 소셜파이가 출현할 것으로 예상된다.

GM.XYZ는 트위터, 레딧과 비슷한 형태의 SNS 플랫폼으로, 짧은 글이나 링크 삽입, 댓글과 좋아요 등으로 구성되어 있고 활동을 많이 할수록 rep로 표시되는 명성이 올라간다. 향후 지갑 연결과 NFT 프로필 업로드 등 점진적인 탈중앙화를 목표로 운영되고 있다.

민트클럽은 스마트 컨트랙트 기술을 바탕으로 담보 없이 누구나 자신만의 토큰을 발행할 수 있는 플랫폼이다. 커뮤니티 내에서 쓰이는 토큰을

제약 없이 만들 수도 있다. 트위터 링크를 이용해 팬 토큰을 발행할 수 있는 '1초마켓'을 론칭하기도 했다. 본인을 포함해 다른 사람 트위터 링크로 토큰을 만들 수 있고 계정 주인이 본인 인증을 통해 미션을 수행하면 토큰을 가져갈 수 있다. '개인의 1초를 산다'는 의미로 기존 소셜 플랫폼과 연동해 소통과 수익 창출, 기부 등 다양한 형태의 커뮤니케이션이 가능하다.

누구나 크리에이터가 될 수 있고 자신이 만든 콘텐츠로 영향력을 행사할 수 있는 시대가 되었다. 소셜 미디어 플랫폼에서 수많은 콘텐츠가 생산 및 소비되고 있지만, 업로드된 콘텐츠가 무분별하게 도용되거나 크리에이터들의 의도와 다르게 사용됨으로써 문제가 되고 있기도 하다. 저작권 침해 문제, 부가적인 가치를 창출하지 못한다는 문제도 고민스러운 부분이다.

소셜파이는 크리에이터들의 콘텐츠에 대한 원저작권을 NFT로 영구 보존받을 수 있게 하고, 유저들 간 거래 시마다 로열티를 받을 수 있게 했다. 이를 통해 콘텐츠 질을 향상시키도록 동기부여한다. 또한 NFT화된 콘텐츠는 NFT 마켓플레이스를 통해 거래될 수 있고, 디파이_{DeFi}와 연계해 소셜토큰을 지급받아 경제적 이익을 만들어내는 등 부가적인 가치를 창출하는 생태계를 구축한다.

저작권 및 부가가치 창출 외에도 소셜파이 플랫폼들은 커뮤니티 DAO(탈중앙화된 자율 조직)를 통해 크리에이터와 팬들이 커뮤니티의 방향성을 토큰 투표로 직접 정하는 등 의사 결정에 적극적인 개입을 하도록 지원한다. 글로벌 스타들의 활동들을 소속 기획사가 일방적으로 정하는 것이 아니라 팬클럽과 같이 논의하면서 투표를 통해 결정할 수도 있는 것이다. 팬들을 의사 결정에 개입시킴으로써 크리에이터와 팬들은 더욱 유대감을 공고히 할 수 있다.

웹 3.0 시대에서는 사용자의 모든 활동이 수익으로 연결되는 'X2E'로 인해 게임파이, 소셜파이와 같이 다양한 'X파이'들이 등장할 것으로 기대된다. 운동과 금융을 결합한 '헬스파이', 공부를 하면서 토큰도 얻고 커뮤니티도 형성해 지식을 공유하는 '에듀파이', 팬들이 배우 선정부터 스토리 작업, 자금 펀딩까지 모든 영화 제작 과정에 같이 참여해 영화를 만드는 '무비파이' 등 기존 산업 분야에서 암호화폐와 결합한 특색있는 'X파이'들이 만들어질 수 있다.

디파이(Defi),
부의 대전환을 선도하다

금융기관 없는 탈중앙 금융 서비스의 등장

웹 3.0의 등장으로 가장 먼저, 그리고 직접적으로 영향을 받은 산업은 금융업이다. 그도 그럴 것이 웹 3.0의 기반인 블록체인의 시초라 할 수 있는 비트코인의 논문 제목이 〈개인 간 전자화폐 시스템Bitcoin: A Peer-to-Peer Electronic Cash System〉이다. 제목에서 알 수 있듯이, 블록체인은 기존 금융 산업이 가진 한계를 극복하고자 만든 기술이기 때문이다.

웹 3.0 시대에서의 금융 산업은 '디파이Defi'로 정의될 수 있다. Defi(디파이)는 'Decentralized Finance(탈중앙 금융 서비스)'의 준말로, 중개인이 없는 거래자 대 거래자 간의 금융 서비스를 뜻한다. 중앙화된 기관, 즉 은행과 같이 사용자의 거래원장을 관리하고 중개 수수료를 챙기는 곳이 없다. 대신 블록체인 기술을 활용해 거래원장을 거래자들이 공유한다.

우리가 매일 이용하고 있고 늘 가까운 곳에서 볼 수 있는 시중 은행들과 증권사 등은 모두 중앙화된 금융기관들로, 주로 중개자의 역할을 수행한다. 돈을 보관(예·적금)하고, 돈이 필요한 사람들에게는 돈을 빌려(대출)준다. 그리고 그 대가로 수수료를 취한다. 전통적인 방식의 은행은 개인의 신원 증명과 신용도를 매우 중요하게 여기기 때문에 신용이 낮으면 대출을 받을 수 없다. 모든 거래 내역도 하나의 서버에 저장되어 보안에 취약하다. 결정적으로 개개인 화폐 이동의 거래들을 은행들이 관리하고 책임을 지는 중앙집권적 성격이 강하다면, 리먼 브라더스 사태처럼 거대 은행들의 부실이나 도덕적 해이가 언제든 발생할 수 있다. 그래서 이를 원천적으로 방지하고자 대안으로 떠오른 것이 탈중앙화 방식의 암호화폐인 것이다.

디파이는 블록체인이 가지는 특성인 쉬운 접근성, 투명성과 보안성 등을 바탕으로 개인과 개인 간의 직접적인 거래가 가능하도록 하고 있다. 아울러 별도의 신원 증명도 필요하지 않아 간단하게 금융 거래를 할 수 있다. 그리고 모든 데이터는 공개되어 있기 때문에 누구나 언제든 이자율, 예금 대비 대출 비율, 리스크 수치 등을 객관적으로 확인할 수 있다는 장점도 있다. 정리하자면 디파이는 아래와 같은 네 가지 특징이 있다.

① 중개자 리스크가 낮다.
② 누구나 자유롭게 이용할 수 있다.
③ 뛰어난 확장성(새로운 서비스의 출시 가능)을 지니고 있다.
④ 자산에 대한 모든 권한이 개인에게 있다.

디파이와 타 금융 서비스와의 비교

구분	전통 금융기관	핀테크	암호화폐 거래소	디파이
거래 수단	법정화폐		법정·암호화폐	암호화폐
관리 주체 (신뢰 대상)	금융기관	핀테크 기업	거래소	블록체인 기술
익명성	실명 거래		익명 거래	익명 거래
거래 장부 저장 위치	중앙 서버		거래소 서버와 블록체인 네트워크	블록체인 네트워크
운영 방식	폐쇄적(내부자 간 의사 결정)			개방적(사용자 간 온라인 투표)
국내 규제법	자본시장법 등	전자금융 거래법	특정금융정보 거래법	없음

출처: 언론 종합

일반적으로 디파이가 제공하고 있는 금융 서비스는 기존 금융이 제공하고 있는 것과 큰 차이는 없다. 결제, 송금, 예금, 적금, 보험, 담보 대출, 투자 등을 제공한다. 디파이 서비스의 대부분은 이더리움 네트워크상에서 이루어진다. 이더리움 기반의 분산형 앱DApp을 이용하면 여러 사용자가 스마트 컨트랙트를 통해 대출, 차입, 거래 등을 직접 수행할 수 있다.

암호화폐를 돈처럼 쓸 수 있게 한 스테이블 코인

디파이를 이해하기 위해서는 스테이블 코인에 대해 먼저 알아야 할 필요가 있다. 전체 디파이 시장의 50% 이상을 차지하고 있는 금융 서비스가 대출인데, 암호화폐는 가격 변동성이 너무 커서 그대로는 대출 서비스를 제공하기 어렵기 때문이다. 예를 들어 이더리움 100만 원어치를 빌렸는데 하루 만에 빌린 이더리움 가치가 80만 원이 되어버리면 고객은 당황스러울 수밖에 없다. 반대로 이더리움 가치가 급등하면 은행 측이 난감해진다.

그래서 이러한 리스크를 최소화하기 위해 만든 것이 스테이블 코인이다. 스테이블 코인은 가격의 변동성이 작은 안정적인Stable 암호화폐를 말하는데, 이를 통해 안정적인 금융 서비스 모델을 구축할 수 있다. 대표적인 스테이블 코인으로 미국 달러화에 1:1로 연동된 테더USDT, 써클의 USDC, 메이커다오의 다이DAI 토큰 등이 있다. 특히 메이커다오는 이더리움을 담보로 예치하면 다이DAI를 대출해주는 서비스를 제공하는 프로젝트로 전체 디파이 시장의 50% 이상을 점유하고 있다. 최근에는 이더리움 외에도 베이직 어텐션 토큰BAT 등 다른 암호화폐에 대한 담보를 수용하는 '다중 담보 다이 제도'를 도입했다. 스테이블 코인의 발행 방법은 ① 법정화폐 담보, ② 암호화폐 담보 등이 있다.

① 법정화폐 담보: 법정 통화를 담보 삼아 발행하는 코인으로 대표적으로 테더USDT가 있다. 발행 업체가 1테더를 발행하기 위해서는 1달러를 보유하고 있어야 한다.
② 암호화폐 담보: 암호화폐(비트코인 등)를 담보로 발행하는 스테이블 코인을 말하며 대표적으로는 다이DAI가 있다. 1다이는 1달러의 가치를 가진다.

디파이 쓰나미에 대비하는 금융기관들

디파이에 대한 높은 관심은 예치금 규모만 봐도 알 수 있다. 뱅크오브

디파이 시장 규모 (예치 금액 기준) 및 디파이 서비스 Top 10(2021년 6월 기준)

디파이 예치금 추이

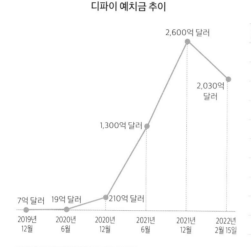

단위: 삽억 달러

순위	이름	분야	예치 금액
1	에이브	대출	10.15
2	메이커	대출	9.13
3	컴파운드	대출	7.91
4	폴리곤	결제	7.72
5	커브파이낸스	거래소	7.19
6	유니스왑	거래소	6.93
7	인스타댑	대출	4.93
8	연파이낸스	자산 관리	3.87
9	스시스왑	거래소	3.76
10	리쿼티	대출	3.36

출처: IT 조선, 언론 종합

아메리카BofA에 따르면, 2021년 말 글로벌 디파이 예치금은 2,600억 달러(약 310조 원)로 2020년 말 210억 달러(약 25조 1,055억 원)에 비해 1년 새 12배나 늘었다. 2019년에는 불과 7억 달러(약 8,368억 원)였던 것이 해마다 급성장을 거듭하고 있다.

디파이 시장이 급성장하자 전통적인 금융사들도 디파이에 빠르게 진출하기 시작했다. 미국 뉴욕 월스트리트의 금융기관인 스테이트스트리트, 피델리티, 뱅크오브뉴욕은 가상 자산 투자 상품을 운용하고 있다. 약 40조 달러를 운용하는 스테이트스트리트는 2021년 사모 펀드 고객들에게 가상 자산 서비스를 제공하기 위한 조직을 출범시켰다. 미국 국채나 AAA 등급의 회사채를 취급하는 초보수적 금융기관들까지도 비트코인 대출 서비스를 시작할 정도이다.

중앙집중화된 기존 금융이 제공하는 사용의 편리성과 안정된 자산 가치를 이유로, 지금 당장 많은 사람이 현재의 금융 서비스에서 디파이로 옮겨 가지는 않을 것이다. 하지만 웹 3.0 시대가 도래해 디파이 서비스가 대중화되면 금융 산업은 한순간에 큰 변화를 맞이하게 된다. 2017년에 케이뱅크, 카카오뱅크 등의 인터넷 은행이 국내에 처음 등장했을 때도 사람들의 반응은 반신반의였다. '이미 편리하고 안전한 기존 금융이 있는데 누가 굳이 인터넷 은행을 쓰겠어'라는 생각들이 지배적이었다. 하지만 인터넷 은행들은 혁신적이고 차별화된 서비스와 UI로 소비자를 공략했고, 불과 5년 만에 카카오뱅크는 1,700만, 케이뱅크는 750만이라는 가입자를 확보하며 대중들이 선호하고 자주 이용하는 은행으로 자리 잡았다.

　디파이도 마찬가지다. 중간 비용이 없는 디파이는 플랫폼 이용료 차원의 수수료가 발생하는데, 이는 은행에 지불했던 수수료에 비해 적은 수준이다. 수수료가 적다 보니 디파이를 통해 얻을 수 있는 수익은 더 높게 책정된다. 중개 기관을 거치지 않아도 금융 서비스를 받을 수 있고, 수수료까지 적고 더 높은 이익을 얻을 수 있다면 점점 사람들은 기존 금융에서 디파이로 옮겨가게 될 것이다.

디파이(Defi)를 알면
부의 기회가 보인다

웹 1.0이든 웹 3.0이든 자본주의 사회에서 돈을 잘 벌려면 먼저 금융에 대한 지식과 이해가 필요하다. 금융 트렌드를 잘 파악하고 있으면 변화하는 환경 속에서 새로운 부를 창출하는 기회를 잡을 수 있다. 그런 관점에서 새로운 금융인 디파이의 종류를 알아두면 다양한 수익 창출의 기회를 발견할 수 있을 것이다. 참고로 NFT(대체 불가능 토큰)를 비롯해 디파이를 기반으로 한 웹 3.0 생태계 내 암호화폐 거래를 하기 위해서는 먼저 메타마스크Metamask, 트러스트 월렛Trust Wallet과 같은 암호화폐 지갑을 PC나 스마트폰에 설치해야 한다. 아직은 암호화폐 지갑을 통한 현금의 입출금이나 결제가 번거롭고 불편한 것이 사실이다. 하지만 암호화폐 지갑의 대중화와 편의성을 높이기 위해 국내외 많은 기업들이 관련 기술을 개발 중이다. 앞으로의 웹 3.0 시대에서는 암호화폐 지갑을 통해 거래는 물론, 신원 증명 또한 가능해질 수 있다. 암호화폐 지갑은 웹 3.0 서비스를 사용하기 위한 첫 번째 관문인 셈이다.

예치와 대출(렌딩)

기존 금융에서 가장 큰 수익원은 예치와 대출이다. 디파이도 마찬가지로 예치와 대출(렌딩)이 주력 서비스이다.

예치와 대출은 금융기관의 주요 수익원이기도 하면서 유동성을 만들수 있는 가장 기본적인 수단이다. 예금자가 돈을 예치하면 이를 통해 자본을 형성하고, 자본을 필요로 하는 대출자에게 빌려주어 이자를 받을수 있기 때문이다. 또한 대출을 통해 얻은 이자의 일부는 예금자에게 돌아가게 된다.

디파이의 구조도 이와 유사하다. 예치와 대출을 통한 디파이 서비스는다양하고, 해당 플랫폼이 운영되는 방식도 다양하기 때문에 디파이의 예치와 대출 형태를 하나로 정의하기는 어렵다. 그래서 디파이 플랫폼 중 예치금 1위인 메이커Maker를 예를 들어 설명한다.

앞에서 설명했듯 디파이를 위해서는 가격이 안정된 스테이블 코인이필수적이다. 그런데 테더USDT와 같이 달러에 연동된 스테이블 코인은 발행사가 코인을 발행한 만큼의 달러를 실제 보유해야 한다는 신뢰 문제가발생한다.

이를 블록체인 기술로 해결하고자 등장한 것이 메이커다오MakerDAO이다. 메이커다오MakerDAO는 루네 크리스텐센이 창업한 회사로 암호화폐 담보 방식을 통해 스테이블 코인인 다이DAI와 담보 대출 수수료로 사용되는메이커토큰MKR을 기반으로 생태계가 운영되고 있다. 다이DAI는 암호화폐 방식의 스테이블 코인으로 담보가 되는 암호화폐는 바로 이더리움이다.

대출을 희망하는 사람들은 이더리움ETH을 담보로 맡기게 되고, 메이커는 이를 기반으로 다이DAI를 발행하여 대출한다. 그리고 다이DAI를 되돌려주면 맡겼던 이더리움ETH를 되찾을 수 있다. 이 과정에서 대출에 대한 수수료라고 할 수 있는 안정화 수수료Sability fee를 내야 하는데, 이때 사용하는 토큰이 메이커 토큰Maker Token이다. 메이커MKR는 시스템의 중요한 변화에 대한 결정을 내릴 때 투표권을 행사하기 위해 사용되기도 한다. 쉽게 말해 플랫폼을 운영하는 데 필요한 거버넌스 토큰이라 할 수 있다.

즉 메이커 플랫폼에는 메이커와 다이라는 2종류의 토큰이 존재한다. 다이는 예치와 대출을 위한 수단이고, 메이커는 스테이블 코인인 다이DAI의 가치를 1달러로 일정하기 유지시키기 위해 필요한 플랫폼이다.

그렇다면 다이를 예치하면 이자는 얼마나 될까? 클레이스왑을 기준으로 살펴보았을 때 다이를 단일 예치했을 경우 예상되는 수익률은 4.69% 정도이다(2022년 5월 31일 기준). 두 개의 자산을 함께 예치해 더 높은 이자 수익을 원하는 사람들은 페어 예치를 활용하면 되는데, 예를 들어 클레이튼+다이를 예치하는 경우 연 16.63%의 수익률을 거둘 수 있다. (클레이튼은 카카오에서 만든 코인으로 디앱을 만들기 위해 확장 가능한 블록체인 개발 플랫폼이기도 하다.)

시중 은행의 최고 금리는 연 2%대 초반으로, 시중 은행의 예금 금리와 비교했을 경우 수익률이 높은 것은 사실이다. 다만 클레이스왑에서 보이는 수익률은 암호화폐 가격 변동과 연동되어 변화하기 때문에 정확히 어느 정도의 수익률이 보장되는지에 대해서는 수시로 확인해볼 필요가 있다.

스테이킹Staking

디파이Defi에서는 은행과 마찬가지로 돈대신 코인을 플랫폼에 맡기고 이자를 받을 수 있는데, 여기에는 '스테이킹'과 '이자 농사'의 두 가지 방법이 있다. '스테이크stake'는 공동 재산에서 가지는 몫으로 지분이라는 뜻이다. 스테이킹Staking은 자신이 보유한 암호화폐의 일정량을 지분으로 고정하는 것을 말한다. 보유한 코인을 일정 기간 묶어놓는 '락업lockup'의 대가로 이자를 받는데, 락업 기간 동안은 코인을 뺄 수 없기 때문에 '적금'에 비유된다.

대신 유동성 공급자Liquidity Provider(암호화폐를 현금화하기 쉽게 시장에 거래량을 늘려주는 사람)는 암호화폐 가격 변동에 영향 없이 일정 수준의 수익을 얻을 수 있다. 블록체인 플랫폼에 유동성Liquidity을 제공하고 제공된 암호화폐는 블록체인 데이터 검증에 활용되는데, 이에 대한 보상이 주어지기 때문이다.

다만 이러한 스테이킹은 작업 증명PoW 알고리즘에서는 사용할 수 없으며 지분 증명PoS 알고리즘에서만 활용이 가능하다. 대표적으로는 이오스EOS, 테조스XYZ, 코스모스ATOM 등이 있다. '지분 증명Proof of Stake'은 계산을 풀어낸 사람이 아니라 네트워크에 코인을 많이 예치해놓은 이에게 권한을 주는 방식이다. 코인을 많이 예치해놓은 사람이 해당 코인에 관심도 많고 믿을 만하다고 간주해 보상으로 코인을 제공하는데, 이것이 일종의 '이자'인 셈이다. 즉 '코인이 코인을 채굴하는 구조'가 스테이킹의 기본 개념이다. (비트코인, 이더리움 같은 작업 증명PoW 채굴 코인은 원칙상 스테이킹이 불가능하지만, 거래소에서 사용자 확보를 위해 이벤트성으로 작업 증명PoW코인을 예치할 때

보상을 주는 서비스를 제공하기도 한다. 이더리움의 경우, 2021년 12월에 합의 알고리즘을 지분증명으로 전환해 '이더리움 2.0'으로 업데이트하면서 스테이킹이 가능해졌다.)

플랫폼 운영에 대한 참여와 보상 이외에도 스테이킹은 코인에 대한 매도를 줄일 수 있는 하나의 수단이 되기 때문에 가격 안정에도 영향을 준다. 통상 스테이킹을 하는 사람들은 해당 코인을 장기 보유하고 있는 사람들인 경우가 많기 때문이다. 데이터 분석 사이트 스테이킹리워드에 따르면 스테이킹 물량이 가장 많은 암호화폐로는 이더리움 2.0, 솔라나 Solana, 카르다노Cardano, 폴카닷Polkadot 등이 있다. 특히 솔라나와 카르다노의 스테이킹 비율은 70%에 달한다(2022년 6월 기준).

다만 한 번 스테이킹한 자산은 정해진 기간 내 출금이 불가능하기 때문에 이것을 이용하기 전에 반드시 자금의 유동성에 대한 부분을 고민해보아야 한다.

이자 농사Yield Farming와 유동성 채굴Liquidity Mining

디파이를 운영하는 데 있어서 가장 중요한 문제는 바로 유동성Liquidity 이다. 유동성이 풍부해야만 안정적이고 신속한 거래를 제공할 수 있으며, 이를 통해 많은 사용자를 유지할 수 있기 때문이다. 은행 금고에 돈이 풍부해야 하는 것과 같은 맥락이다.

그래서 디파이를 통한 수익 구조는 대부분 이러한 개인 투자자들이 유동성 공급자LP, Liquidity Provider가 되면서 보상을 받는 구조로 되어 있다. 앞에서 살펴본 예치 및 대출 역시 이와 같은 맥락이며, 사실 이자 농사도 여기에 속한다. 이자 농사도 디파이 플랫폼에 기여한 대가로 보상을 받는 구조다. 예금을 맡기고 이자 수익을 거둔다는 의미에서 이자 농사(일드파밍)라는 용어가 시작되었다. '이자 농사'는 코인을 예치하면 이자를 받는다는 점에서 스테이킹과 같지만 스테이킹이 '블록체인 검증에 대한 보상'이라면, 이자 농사는 DEX(탈중앙 거래소)나 코인 대출 플랫폼 같은 디파이DeFi 시장에 유동성을 제공한 대가로 코인을 받는다는 점에서 차이가 있다. 락업lockup 기간도 없어 자금이 묶이면 안되는 이용자는 스테이킹보다 이자 농사를 더 선호한다.

이자 농사를 이해하기 위해서는 유동성 채굴Liquidity Mining이라는 개념을 알아야 한다. 유동성 채굴은 유동성을 제공하는 대가로 해당 네트워크로부터 보상을 받는 것을 말한다. 예를 들어 기존의 거래소에서 A코인을 B코인으로 바꾸려면, 먼저 A코인을 팔아서 현금화한 다음, 이 현금으로 다시 B코인을 사야하는 복잡한 과정을 거쳐야 한다. 게다가 이 사이에 A코인과 B코인 시세가 급변할 수도 있다.

반면 디파이Defi 시장에서는 A코인을 중간 과정 없이 바로 B코인으로 바꿀 수 있다. '유동성 풀'에 이미 예치해놓은 코인이 있기 때문이다. 거래 시 이용자는 소정의 수수료를 코인으로 내야 하고, 이때 받은 수수료는 예치해놓은 코인 지분에 따라 투자자들이 나눠 갖는다. '은행 이자'와 비슷한데 코인을 예치한 투자자가 가져가는 몫은 기존 은행보다 훨씬 크다.

유동성 채굴 모델로 가장 큰 성공을 거둔 건 바로 컴파운드 프로젝트이다. 컴파운드는 이더리움 블록체인 위에 구축한 유동성 풀로 운영된다. 공급자는 이자를 얻기 위해 유동성 풀에 자산을 공급하고, 차입자는 유동성 풀에서 대출을 받아 이자를 지급한다.

이자 농사 보상 비교

유니스왑은 유동성 제공의 대가로 예치한 토큰을 보상

반면 컴파운드는 유동성 제공자를 유치하기 위해 유동성 제공의 대가로 예치한 토큰뿐만 아니라 자체 토큰 역시 보상으로 지급

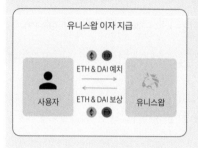
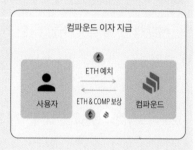

출처: 쟁글 오리지널(https://xangle.io/)

컴파운드는 공급자가 차입자가 복잡한 대출 조건(만기, 이자율, 거래 상대방, 담보물 등)을 따지지 않고 원하는 금리에 맞게 프로토콜을 통해 직접 상호작용할 수 있도록 하여 대출 및 차입에 대한 허들을 낮췄다.

이러한 영향으로 컴파운드는 2020년 6월 등장한 뒤, 1주일 만에 디파이 플랫폼 1위인 메이커다오의 예치금인 48억 3,000만 달러를 상회하는 예치금을 형성함으로써 가파른 성장을 이어나갔다. 컴파운드의 연간 수익률APY은 자산별로 상이하며 자산의 수급에 따라 알고리즘으로 결정된다.

컴파운드의 경우는 계좌 등록은 필요 없고 개인 지갑만 가지고 있다면 언제든지 즉시 사용이 가능하다. 컴파운드를 사용하기 위해서는 지갑을 연결하여 자산을 예치하면 해당 금액만큼의 c토큰을 받는다. 예를 들어 다이를 제공하면 cDAI를, 이더를 제공하면 cETH를 받게 된다. 이자는

즉시 부여되지 않고 c토큰으로 누적된다.

연파이낸스 YFI, Yearn Finance

연파이낸스는 대표적인 디파이 애그리게이터로 '이율 최적화 도구'로
해석할 수 있다. 연파이낸스는 '디파이 대부'라 불리는 안드레크로네가
만든 일드파밍 Yield Farming 프로토콜이다. 일드 애그리게이터 Yeild Aggregator
라고도 부른다. 디파이 투자가 어려운 투자자들을 위해 이더리움과 같은
스마트 컨트랙트 플랫폼에서 수익을 자동으로 창출하도록 만들어진 자
산 관리 서비스다.

원래 애그리게이터 Aggregator 는 아마존과 같은 마켓플레이스에 입점해
있는 유망 브랜드를 발굴해 인수하거나 투자하는 회사를 지칭하는 말로,
디파이 애그리게이터는 디파이에서 제공하는 모든 상품과 서비스를 이
해하기 위해 해당 플랫폼을 방문하고 수익률 좋은 상품을 찾아 지갑을
연결하고 투자한다. 그런데 여기에는 많은 시간과 노력이 소비되므로 이
를 해결해주기 위해 등장한 것이 연파이낸스 YFI 이다.

연파이낸스는 여러 디파이 대출 플랫폼을 통합하여 이자 수익을 얻기
위해 예치된 자금을 대출한다. 유동성 풀에서 거래 수수료를 벌어서 추
가 수익률을 극대화하고, 다른 디파이 프로토콜에서 제공하는 유동성
인센티브의 혜택을 받는다.

연파이낸스를 사용하는 방법은 어렵지 않다. 지갑을 연결하고 자산을
예치하면 된다. 이더리움 네트워크의 경우 연결할 수 있는 지갑은 메타마
스크, 월렛커넥트, 트레져, 렛저이다.

개인끼리 암호화폐를 직접 거래하는
DEX(탈중앙화 거래소)

왜 내 돈으로 거래소가 생색을 내죠?

암호화폐 거래가 증가하고 시장이 커지면서 암호화폐를 사고파는 거래소도 즐거운 비명을 지르고 있다. 게다가 거래소에 조 단위의 돈이 몰렸는데, 2021년 말 기준 국내 4대 거래소의 원화 예치금은 7조 6,000억 원으로 이 중 76.5%를 1위 거래소가 차지했다.

그런데 이 거래소가 투자자들이 맡긴 돈을 은행에 예치하고 이자 수익을 받은 것으로 확인되면서 논란이 불거졌다. 사실상 고객 돈으로부터 이자를 받으면서 고객은 이런 사실을 전혀 알지 못했다. 은행 법인 계좌에 예치금을 보관해 연 0.1%의 이자를 받고 있었는데 이자 수익만 58억 원에 이른다. 해당 거래소는 이자 수익의 활용 방안으로 취약 계층 청년의 자립을 돕기 위해 600명에게 1인당 500만 원을 제공하는 등 소외된 청년 지원 사업을 하기로 하였다. 이자 수익을 사회에 환원하고 용처에 대해

'투명하게 공개한다'는 것이다. 하지만 투자자들은 투자자 돈으로 '생색낸다'는 곱지 않은 시선을 보내고 있다. 투자자가 사실상 이자 수익의 주인이기 때문이다. 거래소의 이자 수익 기부 논란에 대해 투자자 커뮤니티에는 "은행 이자 내놔라. 왜 고객 돈을 가져가나", "고객 돈을 24시간 강제로 묶어두고서 은행 이자는 거래소가 가져가는 것 아니냐", "비싼 수수료 받고 이자까지 챙겨간다" 등의 비난 글이 쏟아졌다. 물론 현행법상 거래소가 이자를 직접 투자자들에게 지급할 수는 없다. 이자를 주고 자금을 조달하는 수신 행위는 은행과 저축은행 등 허가를 받은 금융사만 가능해 이자를 지급하게 되면 '유사 수신 행위'로 간주될 수 있기 때문이다. 하지만 투자자의 돈을 투자자 모르게 예치해 이자 수익을 얻고, 마치 '자기 돈'인 양 사회에 환원하는 것에 아무 문제가 없는가라는 질문에 대해서는 고개를 갸웃거릴 수밖에 없다.

그래서 중개인이 투자자 돈에 함부로 손을 대는 일을 원천적으로 방지하기 위해 아예 중개인 없이 개인끼리 투명하게 직접 거래하는 탈중앙 거래소, DEX(덱스)가 주목을 끌게 된다.

개인끼리 암호화폐를 주고받는 탈중앙화 거래소

DEX는 탈중앙화 거래소, 분산형 거래소decentralized exchange라고 하여 은행이나 브로커와 같은 중앙집중식 중개자 없이 개인 간 거래를 수행할 수 있는 P2P 거래소이다. 대부분의 DEX는 이더리움 블록체인에서 운영된다. 유니 스왑Uniswap, 팬케이크 스왑Pancakeswap, 베이커리 스왑Bakeryswap, 스시 스왑Sushiswap 등이 모두 DEX이다. (이 밖에도 버거스왑, 크림파이낸스 등 최근의 디파이 프로젝트들은 음식을 모티브로 하여 이름을 붙이는 것이 유행이다.) 스왑swap은 '교환한다exchange'라는 의미로, 스왑 거래는 두 당사자가 각기 지니고 있는 미래의 서로 다른 자금 흐름을 일정 기간 서로 교환하기로 계약하는 거래이다.

DEX는 스마트 컨트랙트에 기반하여 알고리즘을 통해 암호화폐 가격을 책정한다. 이러한 거래를 용이하게 하기 위해 투자자가 보상의 대가로 자산을 스테이킹staking(자신이 가지고 있는 암호화폐를 블록체인 네트워크에 예치한 뒤, 해당 플랫폼의 운영 및 검증에 참여하고 이에 대한 보상으로 암호화폐를 받는 것)하는 유동성 풀LP, Liquidity Pool도 사용된다. DEX는 혁신과 개발을 염두에 두고 구축되었기 때문에 주로 오픈소스 코드를 기반으로 제작돼 누구나 새로운 DEX를 만들 수 있다.

거래를 하기 위해서 회사, 브로커, 은행과 같은 중개인이 필요한 중앙집중식 거래소CEX와 달리 DEX는 오로지 블록체인 기술과 거래자에게만 의존한다.

기존 거래소에 해당되는 CEXCentralized Exchange(중앙집중 거래소)의 거래는 회사 데이터베이스에 기록되며 신분증ID이 필요하다. CEX는 개인 실수나 해킹 및 개인정보 유출 사태 등 DEX에 비해 보안이 취약하다. 하지만 DEX는 따로 본인 인증이 필요하지 않고 모든 기록 작업은 블록체인에 안전하게 따로 보관된다.

업비트나 빗썸과 같은 CEX는 투자자들이 거래소 지갑 내 거래소 소유 물량 안에서 거래를 한다. 당연히 거래 과정에서 블록체인을 사용할 필요가 없다. 업비트나 빗썸이 각자 관리하는 전자 거래 장부에 기록하는 식이다. 블록체인을 활용하지 않기에 거래소가 관리하는 장부를 해킹하면 코인을 탈취할 수 있다. 실제로 국내 4대 거래소에서 2017~2021년 해킹과 개인정보 유출 등의 사고가 100여 건이나 발생했다. 빗썸은 2018년에 약 190억 원, 2019년에 220억 원 정도를 해킹당했고, 업비트도 약 580억 원 규모 해킹 피해가 났다.

DEX가 크게 성장한 것은 디파이Defi(탈중앙 금융)의 성장 덕분이다. 디파이는 플랫폼이 되는 코인에 적금, 대출 등 서비스를 하는 블록체인이 얹혀 구동된다. 즉 플랫폼 코인에서 서비스 코인으로 바꿔야 해당 서비스를 이용할 수 있다. 이때 플랫폼 코인에서 서비스 코인으로 바꾸는 중간 역할을 탈중앙화 거래소, DEX가 담당한다.

DEX는 기존 거래소가 갖고 있는 해킹의 위험성과 중앙화된 운영 주체의 도덕적 해이 및 각종 사고 등에서 자유롭다. 또한 기존 거래소는 본인 확인KYC, 자금 세탁 방지AML 등과 같이 금융 당국의 규제를 받지만 DEX는 자금을 수탁하지 않기 때문에 규제가 적용되지 않는다.

이러한 이유 때문에 해외에서는 DEX 거래량이 급속히 늘고 있다. 반면 한국은 중앙집중적인 거래가 절대다수를 차지하고 있어 세계적 추세에 역행한다는 지적을 받고 있다. 해외 코인 통계 사이트 코인마켓캡에 따르면 탈중앙화 거래소 dYdX의 24시간 거래량이 한때 17조 8,545억 원을 기록한 것으로 나타났다. 이는 세계 1위 중앙화 거래소 바이낸스 거래량 15조 8,716억 원을 넘는 수치로, DEX 거래량이 기존 거래소의 거래량을 넘은 건 사상 처음이다. 국내 1위 거래소인 업비트 거래량(3조 원)의 3배를 넘어서는 규모이다. 나중에는 국내 코인 투자자들도 규제에서 벗어

DEX와 CEX의 비교

	DEX(탈중앙화 거래소)	CEX(중앙집중 거래소)	참고
대표 서비스	Uniswap / SushiSwap	bithumb / UPbit / coinone / korbit	-
거래 방식	AMM (Automated Market Maker)	오더북	AMM 중에서 가격 결정 알고리즘은 CPMM 모델 사용. 항상 제품 시장 결정자 모델(Constant Product Market Maker Model)
암호화폐 지갑	개인 지갑	거래소 지갑	DEX는 개인 부주의, 해킹 발생 등으로 분실 시 복구 불가능
개발	오픈소스 커뮤니티 + 팀	거래소	DEX는 커뮤니티 개발자를 독려하기 위해 펀드를 조성하기도 함
징책 결징 & 수익 분배	토큰 홀더 (금권 정치)		금권 정치: 1인 1표가 아닌 1토큰 1표로 경제력에 기반한 정치 체제
상장 절차	누구나 가능		-
고객(투자자) 지원	오픈소스 커뮤니티 + 팀		-
거래 수수료	낮음 약 0.03%	높음 약 0.1~0.2% (국내 거래소 기준)	-

기존 오더북 DEX(포크델타, IDEX 등) 대비 AMM DEX의 장점
- 낮은 가스비와 적은 지연 시간(오더북 DEX는 모든 거래를 온체인에서 처리하기 때문에 높은 가스비 및 1거래당 15초 지연 발생)
- 이더리움 ERC-20으로 전환한 Wrapped Ethereum(WETH)를 제공해서 ERC-20 토큰 간 거래 시 이중 수수료 지불 불필요

출처: 언론 종합

난 DEX로 대거 이동하고 업비트, 빗썸 등 기존 거래소는 현금 환전소에 머물 것이라는 전망까지 나온다.

DEX는 명목화폐를 다루지 않는다. 암호화폐를 대가로 제공되는 상품들과 서비스들이 제한되어 있기에 문제가 발생할 수 있기 때문이다(CEX는 명목화폐, 암호화폐 모두 거래 가능).

또한 마진 거래를 지원하지 않는다. 마진 거래 옵션이 없으므로 사용자들은 투자를 위한 대출이 불가능하다. 거래할 수 있는 토큰의 양도 제한되어 있다. DEX는 ERC-20 토큰 거래에는 적합하지만, 비트코인이나 기타 비이더리움 토큰 거래에는 적합하지 않다는 단점도 있다. (이더리움 기반 DEX 내에서의 비트코인 거래는 점차 개선될 전망이다.)

DEX로 발길을 돌리기 시작한 국내 투자자들

전 세계적으로 가장 많이 사용하고 있는 DEX 중 하나는 유니스왑Uniswap이다. 이더리움을 기반으로 하는 유니스왑은 수수료가 가장 낮다(0.3%). 분석 및 토큰 리스트와 다이렉트 스와핑을 위한 전용 앱으로 비교적 사용하기 쉽다. 한편 dYdX 거래소는 유니스왑을 제치고 거래소 1위를 차지할 정도로 상승세가 무섭다. dYdX 거래소는 다른 DEX에는 없는 호가 창 방식인 오더북(주문서) 모델을 도입해 중앙집중식 구성 요소를 하이브리드하여 고객들의 이용 편의성에서 호평을 받고 있다. dYdX 거래소 거버넌스 코인은 2021년 9월 한 달 동안에만 3배 이상 상승했다.

팬케이크스왑Pancakeswap은 시럽 풀Syrup Pool로 불리는 유동성 풀Liquidity Pools을 사용하며 유동성을 제공하는 사람들에게 고유 토큰인 'CAKE'를 보상으로 나누어준다. 주식 시장처럼 항상 구매자와 판매자가 존재하는 방식인데, 차이점은 특정 기업이 마켓 메이커의 주도권을 갖는 것이 아니라 사용자가 유동성을 직접 제공하고 알고리즘에 의해 자동으로 라우팅Routing(데이터를 보내기 위해 최적의 경로를 선택하는 과정)된다. 어떤 유동성 공급자는 최대 1,300%에 달하는 연간 수익률을 기록하기도 해 수익성이 좋은 DEX로 인기가 높다.

국내에서는 현금 거래와 사용의 편의성 등을 이유로 여전히 중개인이 있는 중앙집중형 거래소CEX를 많이 이용하지만, 거래소의 규제, 해킹 사고, 거래소의 도덕적 해이 등으로 인해 투자자들은 점차 DEX로 눈을 돌리고 있다.

인플레이션 및 경기 침체로 인한 암호화폐 가치 하락, 테라-루나 사태 등으로 가상 자산을 둘러싼 여러 위기가 발생하고 있지만, 한편에서는 새롭게 재편되는 시장에서 엄청난 수익을 거두고 있다. 급변하는 경제 상황 속에서 DEX는 미래의 부를 창출할 기회를 제공할 것으로 기대된다.

웹 3.0 음악 비즈니스의 미래를 보여준
'오디우스'

스트리밍 서비스, 음악 산업을 지배하다

음악 산업은 음악의 포맷이 변할 때마다 산업 전체의 지각 변동이 크게 일어날 만큼 다이내믹하다. 레코드, 카세트테이프의 아날로그 시대에서 출발해 CD라는 디지털 매체를 만나 음악 시장은 폭발적으로 성장했지만, MP3라는 음원이 등장하면서 불법 다운로드가 기승을 부려 한때 위축되기도 했다. (아이러니한 것은 당시 음원 불법 다운로드를 주도한 것이 웹 3.0의 분산 기술인 P2P peer-to-peer 네트워크를 활용한 소리바다와 같은 서비스들이라는 점이다.)

그러다가 스마트폰과 4세대 이동통신 LTE Long-Term Evolution 가 등장하면서 음악 시장은 스트리밍 음원 쪽으로 흐름이 급변하게 된다. 대용량의 데이터도 안정적이고 고속으로 전송 가능한 무선 네트워크의 등장으로 언제 어디서나 깨끗한 고음질로 음악을 들을 수 있는 실시간 스트리밍 서

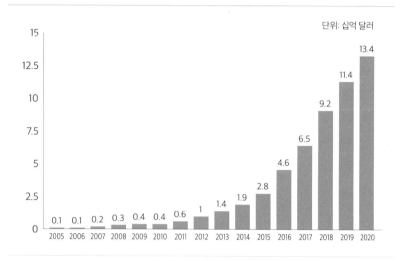

단위: 십억 달러

출처: 《오디우스 백서》

비스는 매번 다운로드를 받아 기기에 저장해야 하는 번거로움까지 없애 단번에 음악 시장의 판도를 바꿔버렸다. 여기에 월정액이라는 구독 경제 모델까지 결합하면서 스포티파이, 애플뮤직을 비롯하여 국내의 멜론, 지니뮤직, 카카오뮤직 등 새로운 음원 플랫폼 기업들이 등장하기 시작했다.

글로벌 스트리밍 시장은 최근 엄청난 성장세를 기록하고 있다. 스마트폰 보급률 증가, 스트리밍 서비스 가용성 향상, 데이터 비용 절감 등 여러 상황이 복합적으로 작용해 성장세는 더욱 가속화할 전망이다. 음원 스트리밍 서비스는 전 세계적으로 4억 명 이상의 가입자를 보유하고 있으며 2020년 기준 130억 달러 이상의 매출이 발생했다.

오디우스, 불합리한 음원 시장에 반기를 들다

음원 스트리밍 시장이 스포티파이Spotify, 애플뮤직Apple Music, 유튜브 뮤직Youtube Music 등 대형 플랫폼을 중심으로 엄청난 호황을 누리고 있음에도 불구하고, 이로 인해 발생하는 막대한 수익은 소수 기업이 독점하는 상황이다. 업계 추산에 따르면 음악 산업 수익의 약 12% 정도만이 창작자인 아티스트에게 지급된다. 이마저도 유명세나 인지도가 있는 아티스트에게 해당된다. 거대 플랫폼의 시장 점유와 수익 독점으로 합당한 수익을 얻지 못하는 신인 아티스트나 힘없는 창작자들이 상당히 많다는 것이 불편한 현실이다.

오디우스의 공동 설립자 포레스트 브라우닝Forrest Browning과 로닐 럼부르크Roneil Rumburg는 블록체인을 활용하면 이런 음악 스트리밍 플랫폼의 불합리한 수익 구조를 개선할 수 있을 것이라고 생각했다. 오디우스는 음악 수익의 90%를 아티스트에게 되돌려주는 것을 목표로, 2018년 바이낸스랩스Binance Labs, 판테라캐피털Pantera Capital 등 유명 투자사들의 투자를 기반으로 프로토콜 개발에 착수했다. 그리고 2020년 10월, 라이브 스트리밍 콘서트와 함께 메인넷 서비스를 시작했다.

오디우스는 음악 스트리밍 플랫폼의 불투명한 로열티 계산으로 인한 수익 분배 방식과 중간 유통 과정에서 발생하는 비용 문제 해결에 초점을 맞췄다. 이런 구조를 바꾸기 위해 거버넌스 토큰을 활용해 소비자가 직접 플랫폼을 소유하게 만들고 음악을 제작하는 아티스트들은 토큰을 통해 즉각적으로 합당한 보상을 받을 수 있게 하였다. 아티스트, 팬 및 개발자로 구성된 오픈소스 커뮤니티가 소유 및 운영하며 자체 암호화 토큰인

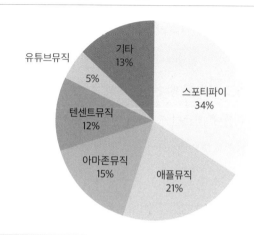

AUDIO를 보유하고 있다.

오디우스는 블록체인을 기반으로 하기 때문에 콘텐츠를 호스팅하고 (콘텐츠 노드), 해당 콘텐츠를 색인화하는 노드(디스커버리 노드)의 분산 네트워크를 통해 작동한다. 그리고 그에 따른 보상으로 AUDIO라고 하는 암호화폐가 제공된다.

나의 음원이 얼마나 벌었는지를 투명하게 관리

오디우스의 가장 중요한 핵심은 음악 콘텐츠를 소비하는 팬과 콘텐츠를 공급하는 아티스트이다. 콘텐츠 노드, 디스커버리 노드, 콘텐츠 렛저는 이들이 정당하고 투명한 보상을 얻도록 만들어진 시스템이다.

콘텐츠 노드는 아티스트가 IPFSInter Planetary File System 기반 분산형 스토리지 솔루션에 업로드한 콘텐츠를 관리한다. 아티스트들은 자신이 제작한 음악 콘텐츠를 콘텐츠 노드 스토리지에 업로드하여 오디우스 토큰 AUDIO 을 인센티브로 받을 수 있다.

디스커버리 노드는 사용자가 원하는 정보를 콘텐츠 렛저에서 추출하고 데이터를 정리하는 역할을 한다. 스트리밍 플랫폼 사업자가 하는 재생 목록, 아티스트 데이터, 피드 등 다양한 정보들의 분류 작업을 디스커버리 노드가 해주는 것이다. 디스커버리 노드는 이렇게 정리된 데이터를 사용자에게 제공해 토큰 수익을 얻게 된다.

아티스트들은 자신의 음악을 콘텐츠 노드의 분산형 스토리지에 업로드해 1차적으로 토큰 보상을 얻게 되고, 사용자가 콘텐츠 노드에서 음악 데이터를 가져와 들으면 추가적인 토큰 보상을 얻게 된다.

콘텐츠 렛저는 토큰에 의한 거버넌스 시스템, 콘텐츠 추적 시스템, 수익 분할 구조, 콘텐츠 소유 구조, 메타 데이터 등 프로토콜과 플랫폼 작동 관련 모든 정보를 보유한 곳이다. 스트리밍 플랫폼에서는 가장 불투명하

AUDIO 토큰을 버는 방법들

고 공개되지 않은 영역이지만, 오디우스에서는 분산화 시스템을 통해 투명성을 유지한다. 아티스트 입장에서는 자신의 음악을 얼마나 많은 사람이 들었는지 수익은 얼마나 되는지를 직접 확인할 수 있다.

블록체인을 몰라도 음악을 듣고 올릴 수 있다

오디우스의 강점은 블록체인이나 암호화에 대한 지식이 없이도 서비스를 이용하는 데 아무 어려움이 없다는 것이다. 아티스트는 무료로 자신의 음악을 업로드할 수 있고 사용자 역시 무료로 음악을 들을 수 있다. 이 때문에 오디우스의 이용자는 빠르게 늘고 있다. 2021년 1월 290만 명에서 불과 6개월 만에 530만 명 이상의 순 이용자 수를 돌파했고, 2021년 8월 기준 시가총액은 12억 달러를 기록했다.

오디우스에서 음원 업로드하는 방법

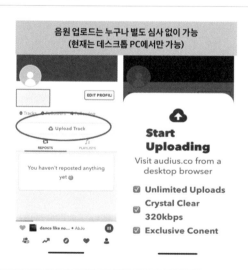

자신의 음악을 업로드하는 데 있어 별도의 심사 절차는 없다. 가입 후 '트랙 업로드'를 클릭해 음악 파일을 올리면 320kbps 스트리밍을 제공한다. 다만 음악이 분산된 노드에 배포되기 때문에 현재로서는 저작권 보호를 시행할 수 없다. 이 점에 대해서는 특정 콘텐츠를 제거할지 여부를 결정할 커뮤니티 구성원으로 구성된 중재 시스템을 개발 중이다. 표절 여부나 문제가 있는 음악에 대해서 특정 기관이나 기업이 판단하는 것이 아니라 철저하게 구성원의 투표에 의해 결정하는 시스템을 만들겠다는 것이다.

오디우스에 올라와 있는 음악은 대부분 인디 계열의 음악들이지만, 메이저 레이블 아티스트들도 실험적 음악이나 신곡 발표를 위해 오디우스를 이용하기도 한다. 스크릴렉스Skrillex, 위저Weezer, 데드마우스deadmau5, 러스Russ, 마이크 시노다Mike Shinoda, 디폴로Diplo 등과 같이 비교적 잘 알려진 아티스트를 포함해 약 10만 명 이상의 아티스트가 참여하고 있다. 또한 리믹스 대회를 통한 아티스트와 팬의 콜라보레이션으로 더욱 실험적인 음악을 즐길 수 있다. 2021년 9월에는 케이티 페리Katy Perry, 나스Nas, 체인스모커Chainsmkers, 스티브 아오키Steve Aoki 등 유명 아티스트들을 비롯해 11년간 소니/ATV 뮤직 퍼블리싱을 이끈 업계 대부 마틴 밴디어Martin Bandier 등 업계 관계자들로부터 500만 달러 상당의 투자를 받기도 했다.

오디우스는 설립 당시 이더리움 분산 애플리케이션DApp 플랫폼으로 출시되었는데, 이후 급증하는 데이터 수요에 대응하고자 솔라나SOL를 채택했다. 이더리움 기반 네트워크의 서버 과부하와 비싼 트랜잭션 비용은 오디우스의 성장에 걸림돌이다. 반면 솔라나는 단 10달러의 비용으로 100만 건 이상의 트랜잭션을 처리할 수 있고 1초 미만의 블록 처리 시간을 갖고 있으며, 8개월 동안 총 20억 건 이상의 트랜잭션을 처리할 만큼 안정성도 높다.

NFT 작품으로 팬과 소통하며 수익도 창출한다

오디우스에는 자신이 보유한 NFT 작품을 선보일 수 있는 '수집품 Collectibles'이라는 항목이 있다. 팬과 아티스트들이 트위터, 개인 블로그, 소셜 미디어 등에서 NFT 수집품 정보를 공개할 수 있는데, 이를 통해 음악 외에도 다양한 콘텐츠 교류로 오디우스 참여를 높일 수 있다. 오디우스는 수집품 외에도 오디우스 플랫폼을 통해 공연 티켓, 독점 앨범 등을 NFT로 발행해 부수적 수익을 만들 수 있는 인프라를 구축했다.

또한 2021년 12월에는 메타버스 플랫폼 디파이랜드DeFi Land에 음악 스트리밍 서비스를 제공하는 가상의 FM 라디오 타워를 건설했다. 상징

오디우스의 수집품 항목과 디파이랜드 내 라디오 타워

적인 시범 서비스 수준이 아니라 메타버스상에서 정식 FM 라디오를 제
공해 디파이랜드 유저들이 P2E Play to Earn를 하면서 오디우스의 음악을
들을 수 있게 하고 있다.

신의 한수, 틱톡과의 제휴

2021년 8월에는 10억 명 이상의 사용자를 보유한 글로벌 동영상 공
유 서비스 틱톡TikTok과 제휴 협력을 맺고 음악 스트리밍 제휴 파트너가
되기도 하였다. 아티스트 누구나 오디우스 플랫폼의 음악을 틱톡 사운드
킷에 업로드해 사용할 수 있다. 이를 통해 오디우스 플랫폼에서 활동하
고 있는 아티스트들의 음악이 틱톡에 직접 공유되면서 많은 사용자가 오
디우스로 유입될 수 있는 환경을 마련하였다. 미국에서는 틱톡 사용자의
75%가 틱톡을 통해 새로운 음악을 발견해 듣는데, 틱톡을 통해 스타가

오디우스와 틱톡의 만남

된 가수들도 많다. 대표적인 사례가 빌보드 사상 최장 기간 1위(19주)를 차지한 릴 나스 엑스Lil Nas X의 〈올드 타운 로드Old Town Road〉이다.

릴 나스 엑스는 본래 트위터에서 팝스타 니키 미나즈의 팬 계정을 운영했었는데, 본인이 만든 〈올드 타운 로드〉를 틱톡에 올리면서 유명세를 타기 시작했고 이를 계기로 빌보드 차트에까지 진입해 1위를 달성하였다. 당시 〈올드 타운 로드〉를 배경 음악으로 카우보이 복장으로 변신하는 영상을 올리는 '이햐 챌린지Yeehaw Challenge'가 미국의 젊은 층 사이에서 유행처럼 번졌다.

이처럼 틱톡과의 파트너십은 틱톡에 노출되기를 원하는 오디우스 참여 아티스트들에게 엄청난 동기부여와 함께 성공의 기회를 제공해줄 것으로 기대되고 있다.

큰 부를 얻고 싶다면
웹의 대전환 시기를 놓치지 마라

혁신과 대중화가 반복되는 IT 산업의 사이클

IT 업계에서 20년 이상 일하다 보면 흥미로운 패턴들을 발견하게 된다. 그중 하나가 '홀수는 혁신, 짝수는 대중화(혹은 비즈니스)'라는 패턴이다. (학계의 정설처럼 모든 제품이나 서비스에 다 맞는 것은 절대 아니다.) 어떤 IT 서비스나 디바이스가 엄청난 혁신성을 갖고 세상에 태어나면 잠시 대중들은 "우와" 하며 관심을 보이지만, 만약 편의성과 대중성을 갖추지 못하면 이내 그 관심은 사그라진다. 이때 소멸되는 제품이나 서비스도 있지만, 절치부심切齒腐心(몹시 분해 이를 갈고 마음을 썩임)해서 기능을 업데이트하고 편의성과 고객의 니즈를 만족시키는 다음 버전을 출시해 대중화에 성공하는 경우도 있다. 그리고 성공에 힘입어 안정적인 비즈니스 모델을 구축하고 이 수익으로 다시 새로운 혁신을 시도한다.

물론 모든 제품이나 서비스에 해당되는 것은 아니지만, 지금까지 IT 업계에서 성공을 거둔 제품이나 서비스, 기술들을 보면 일반적으로 먼저 혁신이 일어나고 시행착오를 거쳐 대중적으로 확산된 후, 이 성공을 바탕으로 다시 혁신과 대중화를 반복하며 성장해나간다.

이러한 패턴은 웹에서도 보인다. 웹의 등장은 인터넷을 통한 정보 혁명과 함께 수많은 닷컴 기업들을 탄생시켰다. 그런데 현재 세계 시가총액 10위권 안에 있는 IT 플랫폼 기업들은 웹 1.0 시기에 설립된 회사들이다. 아마존은 1995년에 시애틀에서 온라인 인터넷 서점을 시작했고, 글로벌 OTT over-the-top(인터넷을 통해 방송 프로그램·영화·교육 등 미디어 콘텐츠를 제공하는 서비스) 강자로 군림 중인 넷플릭스도 1997년에 리드 헤이스팅스에 의해 설립되었다. 1998년에는 캘리포니아주 한 차고에서 래리 페이지와 세르게이 브린 두 청년이 검색엔진을 기반으로 한 구글이라는 이름의 웹사이트를 만들었다. 스티브 잡스가 애플에서 쫓겨났다가 다시 복귀해 아이팟, 아이맥 등의 히트 상품을 진두지휘한 시기도 1996년이었다.

웹의 혁신성에 매료된 수많은 투자자가 닷컴 기업에 몰려들면서 소위 닷컴 버블 dot-com bubble이 형성되었다. (한국에서는 IT 버블이라고 표현하기도 했다.) 집에서 컴퓨터를 통해 뉴스와 영화, 책을 보고 대화 소통이 가능했던 꿈의 통신망이 대중화되자 너도나도 이 분야의 사업에 뛰어들었다. 수많은 IT 관련 벤처기업이나 기존 IT 기업들의 주가는 폭등했고, 인터넷의 폭발적인 성장으로 IT 벤처기업은 각광을 받으며 승승장구했다.

갓 태동기를 넘어선 인터넷 산업은 웹이라는 혁신적 기술에 힘입어 당시 사람들에게 인터넷 산업이 기존 산업을 뛰어넘어서 전부 장악할 수 있을 것이라는 믿음을 심어주었다.

재미교포 조셉 박이 1998년에 설립한 인터넷 택배 업체 코즈모닷컴Kozmo.com, 영국 최대의 인터넷 의류 쇼핑몰 부닷컴boo.com, 미국 최대 온라인 애완용 동물 소매점 펫츠닷컴Pets.com 등은 막대한 투자금을 끌어들였고, 이 회사의 대표이사들은 투자자들에게 장밋빛 미래와 함께 어마어마한 수입을 약속했다.

그러나 기술적 현실은 이상을 따라잡지 못했다. 1999년 당시의 인터넷망은 56K 모뎀이나 케이블 네트워크가 대부분이었다. 당연히 인터넷 속도는 매우 느렸다. 사람들은 웹이 보여준 혁신적 서비스에 막연히 '무언가 더 좋아지겠지'라고 기대했지만 그 시기가 오려면 더 많은 시간이 필요했다. 너무나도 느린 서비스와 각종 문제는 웹 서비스에 대한 불신감과 반감을 키웠다.

더 큰 문제는 닷컴 기업들이 너무 빠르게 성장하다 보니 지속적으로 돈을 버는 수익화 모델, 즉 뚜렷한 비즈니스 모델이 마련되지 못한 채 투자만 계속해서 이루어졌다는 것이다. 인터넷의 개화에 따라서 수익화 검증도 하지 않은 채 아이디어 하나만으로 수많은 비즈니스가 난립했고, 투자를 받기 위해 일단 서비스를 공짜로 제공해 이용자를 확보하는 무늬만 플랫폼인 비즈니스 모델을 선보였다. 제대로 된 수익 모델 없이 사업을 시작해 실적은 적자를 내기 일쑤였고, 기업의 펀더멘털fundamental(기초 체력)은 악화되었는데도 투자는 몰려 주가가 상승하는 버블 현상이 발생하였다.

결국 사람들은 점차 닷컴 기업들에 등을 돌리게 되었고 닷컴 기업들의 주가가 폭락하면서 코즈모닷컴, 부닷컴, 펫츠닷컴 등 수많은 벤처

기업이 파산했다. 2001년 닷컴 버블이 꺼지면서 시장은 붕괴했고, 그로 인해 투자자들은 무려 5조 달러의 손실을 입었다. 닷컴 기업 웹밴Webvan(1999~2001년)이나 빈즈닷컴beenz.com(1998~2001년)은 역대 최고치에서 78%나 하락했고, 시스코Cisco와 퀄컴 주가 역시 86%나 하락했다. 수많은 IT 벤처가 시도했던 시대를 앞서간 인터넷 서비스들은 과도기적인 인터넷 기술의 한계에 부닥쳐 결과적으로는 실패한 실험이 되었다.

웹 3.0에서 살아남은 기업(토큰)이 진짜 승자

닷컴 버블 사태 속에서 살아남은 구글, 아마존 등을 비롯해 이후에 등장하는 페이스북(현 메타)과 같은 기업들은 대중화와 지속적으로 돈을 벌 수 있는 비즈니스 모델 구축이 그 무엇보다 중요하다는 것을 절실히 느꼈다. 웹 2.0 시대가 도래하면서 그들은 플랫폼을 독점하고 개인 맞춤형 서비스를 내세워 대중화에 성공했다. 그리고 이들의 성공 모델을 벤치마킹한 수많은 웹 2.0 기업들이 등장하면서 IT 기업들의 가치는 급등하였다. IT로 돈을 벌 수 있는 비즈니스 토대가 웹 2.0 시대가 되어서야 비로소 마련된 것이다.

블록체인을 기반으로 한 암호화폐에 엄청난 돈이 몰려들고 있는 웹 3.0의 모습은 흡사 웹 1.0의 기술 혁신과 이로 인한 닷컴 버블을 연상케 한다. 암호화폐를 위험 회피 수단과 저금리 시대 고수익 투자처로 인식한 기관 투자자들의 대거 진입으로 2020년 초 3,000억 달러(약 379조 원)에도 못 미쳤던 암호화폐 시장 규모는 2021년 11월에 2조 9,000억 달러(약 3,666조 원) 수준까지 성장했다. (이후 비트코인 가격 하락으로 2022년 5월 기준 혁신(웹 1.0)과 대중화(웹 2.0)를 큰 주기로 한 웹의 전환기. 웹 3.0에서 살아남는 기업(토큰)에 주목해야 한다

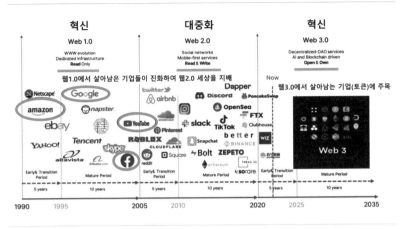

출처: Messari, 자료 재작성

전체 암호화폐 시장 규모는 1조 2,000억 달러(약 1,517조 원)를 기록했다.)

"역사는 반복된다History repeats itself"라는 말처럼 웹 3.0도 웹 1.0이 걸어온 길을 되풀이한다면 암호화폐에 대한 버블은 꺼질 것이고, 그 속에서 살아남은 기업(또는 코인, 토큰)이 시행착오를 반복하며 자신만의 경쟁력을 구축할 것이다. 그렇게 웹 3.0은 새로운 비즈니스 모델과 생태계를 만들어내면서 웹4.0을 맞이하게 된다.

큰돈을 벌려면 30년 대주기의 기회를 잡아라

첨단 디바이스와 새롭고 혁신적인 서비스가 쉬지 않고 끊임없이 탄생하는 IT 업계에서 대중들의 선택을 받고 수익을 창출하면서 오랫동안 살아남기란 쉽지 않은 일이다. 웹 1.0의 닷컴 버블 사태 속에서 살아남은 기업들은 고객이 원하는 바가 무엇인지를, 그리고 시대의 변화를 정확히 알

고 있었다. 웹이라는 혁신적 기술을 다가오는 플랫폼 경제와 스마트폰이라는 모바일에 접목해 자신들만의 비즈니스 모델 및 생태계를 구축했다. 사용자들은 언제 어디서나 안전하고 편리하면서 직관적인 서비스를 원했고, 플랫폼 기업들은 발 빠르게 이를 제공했다.

1990년에 태동한 웹은 대략 15년의 주기로 전환되는 모습을 보이고 있다. 그리고 웹 1.0의 혁신과 시행착오(1990~2004년), 웹 2.0의 대중화와 비즈니스 모델 구축(2005~2020년)이라는 '혁신-대중화'의 큰 흐름으로 본다면, 웹은 30년의 빅 사이클로 진화하고 있는 셈이다. 지금 웹은 30년이라는 큰 전환을 앞두고 웹 3.0이라는 새로운 혁신을 맞이하고 있는 것이다.

장기적 투자로 큰 돈을 벌고 싶다면 웹의 대전환기를 맞이하고 있는 지금이 최적의 시기이다. 혼돈의 웹 3.0 시대에서 살아남는 기업(코인, 토큰)에 주목해야 한다. 책의 서문에서 언급한 바 있듯이 구글의 2004년 상장 당시 주가는 42.50달러였으나 2022년 5월 말 기준의 주가는 2,246달러로 50배나 올랐다. 1997년 5월, 나스닥에 상장한 아마존의 주가는 주당 1.96달러였다. 2022년 5월 말 기준 주가는 2,302달러로 무려 1,174배나 상승했다. (1.96달러는 액면분할 조정가로, 아마존은 상장 이후 3차례 액면분할을 진행했다. 1997년 당시 공모가는 18달러였다. 2022년 6월 초에 또 한차례 20:1의 액면분할을 하여 2022년 9월 2일 기준 아마존 주가는 127달러이다.)

새로운 혁신이 시작되는 웹 3.0 초창기에 제2의 구글, 아마존과 같은 기업(혹은 프로젝트)을 찾아낸다면 분명 큰 부를 얻을 수 있을 것이다.

아마존의 비전은 "지구상의 가장 고객 중심적인 회사가 되자To be earth's

most customer centric company"이다. 이 핵심 가치는 닷컴 버블의 붕괴 속에서도 흔들리지 않고 유지되면서 아마존을 전자 상거래 시장의 절대 강자로 올라설 수 있게 하였다. 아마존은 창립 이래 이익을 내고 배당을 하기보다는 성장을 위한 내부 투자에 집중해왔고 이는 모두 일관되게 고객 지향적인 관점에서 결정이 내려졌다. 거기에 제프 베이조스가 순간적으로 떠오른 아이디어를 식당 냅킨에 스케치해 유명해진 '플라이휠flywheel' 비즈니스 모델이 구축되면서 누구도 넘볼 수 없는 IT 업계 최강자로 진화하였다.

다가올 웹 3.0 세상에서 부를 얻기 위해 우리가 지켜봐야 할 것은 매시간 등락하는 암호화폐 차트가 아니다. 암호화폐나 블록체인 기반 기술 및 서비스를 만든 기업(혹은 프로젝트)이 얼마나 명확한 비전과 비즈니스 모델을 잘 갖추고 있느냐를 꼼꼼히 살펴봐야 한다. 어떤 기업 혹은 블록체인 프로젝트가 전도유망한지에 대한 기준은 제각각이겠지만, 확실한 것은 우리의 실생활과 밀접하게 연결되어 있는 서비스, 즉 '불편함을 해소'하거나 순수하게 '즐거움과 재미'를 제공하는 웹 3.0 서비스가 성장 가능성이 높다는 사실이다. 먹고 입고 자는 인간 생활의 기본 요소인 의식주衣食住를 비롯해 문화 및 여가 활동, 사회와 공공문제 해결 등 다양한 일상과 웹 3.0이 결합된 서비스를 제공하는 기업(혹은 프로젝트)이야말로 웹 3.0 시대의 아마존, 구글, 메타가 될 것이다. 또한 비전과 목표가 공허하지 않고 고객 중심적이면서 신뢰와 책임을 수반하고 있는지도 살펴봐야 한다. 그런 기업(코인, 토큰)을 발굴하고 지금부터 투자한다면 20~30년 후 분명 여러분의 자산은 상상 이상으로 불어나 있을 것이다.

제4장

웹 3.0과 DAO(다오), 일하는 방식이 변한다

WEB 3.0
A REVOLUTION
IS COMING

미국 헌법 초판 경매에 뛰어든 '컨스티튜션 DAO'

우리가 바로 그 사람들이다 We the People

2021년 11월, 뉴욕 소더비 경매장에 미국 헌법Constitution 초판 인쇄본이 경매에 올라왔다. 1787년 인쇄된 미국 헌법 초판은 "We the People of the United States…"로 시작하는 서문의 첫 문장이 매우 유명하다. 미국 여권의 서명 페이지에 적혀 있는 문장이기도 하다.

이 헌법 초판이 낙찰된 가격은 무려 4,320만 달러(약 514억 원). 낙찰자는 헤지펀드계의 거물 켄 그리핀 시타델 창업자 겸 최고경영자CEO였다. 그런데 이 경매에서 사람들의 주목을 더 끈 것은 가격과 낙찰자보다 막판까지 치열한 공방을 벌인 경쟁자였다. 그리핀과 끝까지 경합했던 경쟁자는 개인이 아니었다. 컨스티튜션Constitution(헌법) DAO라는 조직이었다.

DAO는 'Decentralized Autonomous Organizations(탈중앙 자율 조직)'의 약자로, 블록체인 기술에 기반하여 웹 3.0 속성을 지닌 탈중

양화된 조직이다. 단순하게 설명하면 공동의 목적을 달성하기 위해 모인 집단이다. 회사로 치면 특정 프로젝트 수행을 위해 모인 TF_{Task Force} 팀이라 할 수 있는데, 차이점은 수직적 조직이 아닌 수평적 조직이라는 것이다. 기존의 전통적인 조직처럼 대표나 관리자 혹은 부서가 존재하지 않고, 개인들이 자유롭게 모여 자율적으로 운용되는 것이 특징이다. 구성원 투표를 통한 민주적 방식으로 의사를 결정한다. DAO는 인종, 성별, 학력, 나이에 상관없이 해당 생태계의 토큰만 가지고 있으면 누구나 참여할 수 있고, 참여한 구성원이라면 누구나 투표에 참여할 수 있다.

컨스티튜션 DAO는 "경매로 나온 미국 헌법을 사서, 대중들이 언제든 볼 수 있게 전시하겠다. 이 헌법 문서를 기초로 대체 불가능 토큰_{NFT}을 만들어 판매하고, 수익은 투자자들에게 배분하겠다"는 목적하에 경매에 나온 미국 헌법 초판본 인수를 위해 구성된 조직이다. 이 계획에 동조하는 사람들은 암호화폐인 이더리움ETH으로 투자했는데, 이렇게 모은 돈이 4,000만 달러(478억 2,000만 원)에 달했다. 컨스티튜션 DAO에 참여한 인원은 1만 7,437명, 평균 참여 금액은 206달러였다. 크라우드 펀딩과 유사한 서비스를 제공하는 쥬스박스닷머니Juicebox.money라는 플랫폼을 통해 모금했다. 이 돈으로 컨스티튜션 DAO는 당당하게 소더비 경매에 참여했다.

경매는 치열했고 결국 켄 그리핀이 최종 낙찰자가 됐지만, 컨스티튜션 DAO가 이루고자 했던 목적은 달성할 수 있었다. 낙찰자인 켄 그리핀은 미국 헌법 인쇄본을 아칸소에 있는 박물관에 맡겨 전시하겠다고 밝혔기 때문이다. 사실 어쩌면 컨스티튜션 DAO가 밝힌 대의적 명분이 세상에 알려지지 않았다면 미국 헌법 인쇄본은 그리핀의 개인 소유가 되어 세상의 빛을 보지 못했을지도 모른다. 컨스티튜션 DAO는 트위터를 통해 "오늘 우리는 역사를 만들었다. 우리는 소더비 경매에 참여한 최초의 DAO다. 그러나 마지막 DAO는 아닐 것이다"라고 밝혔다. 이번 경매의 진짜 주인공은 억만장자 그리핀이 아니라 DAO의 대의에 동의해 기꺼이 암호화폐로 돈을 모아준 1만 7,437명의 DAO 참여자들이었다.

스마트 컨트랙트에 의해 자동으로 운영되다

경매는 끝났고 아쉽지만 소기의 목적은 이루지 못했다. 그렇다면 DAO를 통해 모인 4,000만 달러라는 막대한 금액의 돈은 어떻게 될까? 견물생심見物生心(무엇인가를 보면 그것을 갖고 싶은 마음이 생겨난다)이라고, 이 정도 되는 금액이라면 돈을 관리하는 총무나 관리자가 나쁜 마음을 먹

DAO는 이더리움 기반 스마트 컨트랙트에 의해 자율적으로 운영되는 조직

출처: Medium

고 돈을 챙기고 잠적할 수도 있다. 언론에도 수십, 수백억 규모의 투자 사기를 당했다는 소식이 끊이지 않고 등장한다. 이 DAO도 돈만 챙기고 사라지는 새로운 형태의 사기는 아닐까 하는 의심이 생길 수 있다.

그런데 DAO는 단순한 사람들의 모임이 아니다. 그 중심에는 블록체인 기술이 있고, 이를 이용한 스마트 컨트랙트Smart Contract에 의해 자동으로 처리하도록 프로그램화돼 있다. 만약 DAO가 목표로 한 것, 즉 미국 헌법 초판본을 낙찰받지 못하면 자동으로 모금한 돈을 환불하도록 되어 있다. 컨스티튜션 DAO 참여자들은 클릭 몇 번으로 돈을 돌려받았다. DAO는 분산 조직이고, 의사 결정을 민주적으로 하도록 되어 있어, DAO가 스스로 다른 곳에 이 자금을 쓰기로 결정할 수도 있다.

컨스티튜션 DAO의 경우, 이더리움으로 모금을 하면서 '피플PEOPLE'이라는 DAO 거버넌스governance 코인을 발행했다. 거버넌스 코인은 일종의 투표권으로 DAO의 의사 결정에 참여하고 수익도 분배받는다. 미국 헌

198 웹 3.0 혁명이 온다

법 초안본 경매에 참여했던 DAO 구성원들은 DAO가 공개한 지갑으로 이더리움을 보내고, 대신 거버넌스 코인을 받았다. 경매가 끝나고 DAO 구성원 중 절반 정도의 사람들은 환불을 원했고, 이에 컨스티튜션 DAO 는 발행했던 피플 코인을 소각해 그만큼의 이더리움을 투자자들에게 돌려주었다. 이 모든 과정은 사람의 개입 없이 스마트 컨트랙트라는 프로그램에 의해 자동으로 처리되었다. 누군가 돈을 들고 사라질 위험을 걱정할 필요가 없다.

그런데 피플 코인을 가지고 있는 일부 DAO 참가자들은 환불을 받지 않았다. 한 소프트웨어 개발자는 경매 참여를 위해 투자하면서 받은 5만 6,000개의 피플 코인을 디지털 지갑인 메타 마스크에 그대로 가지고 있다. 이더리움으로 돌려받기 위해서는 약간의 비용gas을 내야 해서 가스비가 아깝기도 하지만, 무엇보다 이 코인의 가격이 앞으로 어떻게 변동될지에 대한 기대감도 있었기 때문이다. 실제로 0.5센트 수준에서 거래를 시작했던 피플 코인은 추수감사절 연휴 중 최고 16센트까지 올랐다가 현재는 4센트 수준으로 최초 거래 가격 대비 약 9~10배 이상을 기록했다.

피플 코인의 경우, 처음에는 컨스티튜션 DAO에 의해 미국 헌법을 경매로 낙찰받아 NFT 사업으로 수익을 배분하겠다는 '사업 목적'이 분명했다. 하지만 낙찰을 받지 못했고 사업 목적을 달성하지 못했으므로 환불 받고 조직을 해체하면 끝이다. 그런데 컨스티튜션 DAO의 피플 코인 보유자들(커뮤니티)이 '자율적으로' 해당 코인을 그저 '흥미' 삼아 보유하고자 하면서 커뮤니티 파워로 코인을 부활시켰다. 뚜렷한 목적이나 코인의 쓰임새도 없다. 그저 언젠가 코인 가격이 오르면 그걸로 좋다는 생각만으로 코인을 보유한다. 이렇게 특정 온라인 팬덤fandom(특정한 인물이나 분야를 열성적으로 좋아하는 사람들 또는 그러한 문화 현상)에 기반한 암호화폐를 밈코인Meme Coin이라고 한다.

밈Meme이란 '온라인에서 발생한 독특하고 재미있는 문화 콘텐츠를 총칭'하는 말로, 캡션이 붙어 있는 사진 및 영상과 같은 흥미로운 아이템 또는 특히 소셜 미디어를 통해 온라인에 널리 퍼져 있는 장르, 즉 인터넷 유행과도 같은 것이다. 밈코인은 이러한 인터넷 유행 현상에 기대어 흥미로 만든 디지털 암호화폐이다. 밈코인의 대표 주자로는 일론 머스크가 공개적으로 지지해 유명한 도지코인이 있다.

이처럼 컨스티튜션 DAO는 아쉬운 결과를 남겼지만 목적부터 계획, 실행까지 DAO의 역사에 한 획을 그었다는 평가를 받았다. 무엇보다 DAO는 특정한 프로젝트를 위해 돈을 모으는 방식에 혁신을 일으켰다. 블록체인 프로젝트의 대표적인 펀딩funding 방식인 ICOInitial Coin Offering(새로운 암호화폐를 만들기 위해 불특정 다수의 투자자로부터 초기 개발 자금을 모집하고 그 대가로 코인을 나눠주는 행위)는 기업이 투자자를 찾아 자금을 모으는 방식이다. 반면 DAO는 특정 비즈니스를 위해 의기투합한 사람들이 모여 커뮤니티를 구성하는 것에서 시작된다. 해당 커뮤니티 구성원들이 협업 대상을 찾아 투자금을 모으는 상향식 펀딩인 것이다. ICO는 실제 사업에 관한 모든 내역을 밝히지 않지만, DAO는 진행 과정과 자금 운용 내역이 커뮤니티를 통해 공유된다. 중요한 의사 결정 또한 커뮤니티 구성원의 합의에 따라 이뤄진다.

국보 경매부터 골프장 인수까지
마음과 목적만 맞으면 DAO로 모인다

대한민국의 국보는 우리가 지킨다, 국보 DAO

한국에서도 컨스티튜션 DAO와 같은 사례가 있었다. 2022년 1월, 국내 대표 사립 미술관 중 하나인 간송미술관은 국보 제72호 〈금동계미명삼존불입상〉과 제73호 〈금동삼존불감〉을 경매에 출품해 화제를 불러일으켰다. 삼국 시대 유물인 〈금동계미명삼존불입상〉은 32억~45억 원, 고려 시대 〈금동삼존불감〉은 28억~40억 원으로 추정가가 책정됐다. 문화재 보호법상 국보나 보물 등 국가 지정 문화재는 해외로 반출할 수 없고 국내에서만 거래가 가능하다. 사립 미술관 특성상 모기업 후원이나 특별한 수입원이 없어 미술관 유지에 상당한 비용이 들다 보니, 그간의 부채를 해결하기 위해 어쩔 수 없이 내린 결정이었다.

그런데 이 경매에서 사람들의 관심을 더 모은 것은 경매에 내놓은 국보 2점을 낙찰받기 위해 조직된 '국보 DAO'였다. 국보 DAO는 시민이 주체

국보 DAO 결성을 위해 올린 트위터 글과 국보 DAO

가 되어 한국의 문화유산을 보호하자는 취지로 만들어진 DAO이다. 역사적 가치가 있는 국보가 특정 개인이나 기업 손에 넘어가는 것을 막자며 한 트위터 유저가 국보를 지켜야 한다는 취지의 글을 올린 것이 시발점이 되어 '국보 DAO' 커뮤니티가 결성됐다. 이에 공감한 사람들이 '민팅', 즉 NFT 발행으로 DAO를 결성했다. 모금액 하한선은 50억 원으로, 경매 입찰금은 카카오의 블록체인 계열 회사인 그라운드X가 개발한 KLAY(클레이튼)으로만 이뤄졌다.

많은 시민의 관심 속에 경매 직전까지 '국보 DAO'는 모금 활동을 벌였지만 아쉽게도 모인 금액은 24억 1,500만 원에 그쳤다. KLAY 154만 3,500개를 모금한 국보 DAO는 목표액이었던 최소 40억 원을 달성하지 못해 경매에 참여하지도 못하고 환불되는 수순을 밟았다. 모금에 참여한 멤버는 국보 DAO 웹페이지 내에서 클레이튼의 가상 자산 지갑 서비스인 카이카스를 연결하고 'NFT 환불' 버튼을 클릭해 환불받았다.

골프장 인수, 우주 탐사, 뭉치면 못할 일이 없다

비슷한 시기, 이번에는 국내 미술계 관계자가 싱가포르에서 활동하고 있는 재미 교포 블록체인 전문가를 만났다. 간송미술관 보유 국보가 경매에 출품되었다는 소식을 접한 재미교포 대표는 국보 구매를 위한 '헤리티지 DAO' 모집 글을 쥬스박스Juicebox에 올렸다. 쥬스박스는 컨스티튜선 DAO와 어산지 DAO(위키리크스 설립자 줄리안 어산지의 석방을 위해 이더리움을 모금한 DAO로 약 4,100만 달러 이상 모금) 등 세계 유명 DAO의 모금이 이뤄진 곳이다. 글을 올린 지 하루 만에 600이더리움이, 일주일 만에 900이더리움이 모였다. 총 56명이 '기여자Holder'로 참여했고, 당시 이더리움 시세로 약 32억 원에 달하는 금액이 모였다. 경매가 유찰된 지 4일 후, 국보 제73호인 〈금동삼존불감〉은 헤리티지 DAO에 낙찰되었다. 경매에서 DAO가 국보를 낙찰받은 전 세계 최초의 사례였다. 헤리티지 DAO가 공개한 사이트(https://snapshot.org/#/heritagedao.eth)에서는 계약부터 기부까지 모든 과정이 투표를 통해 이뤄지고 있는 것을 확인할 수 있다. 사이트에 공개된 내용에 따르면 〈금동삼존불감〉의 계약서상 금액은 25억 원이다.

〈금동삼존불감〉의 새로운 주인이 된 헤리티지 DAO는 본래의 설립 취지대로 문화재 지분의 51%를 기부하고 관리 감독을 간송미술관에게 맡기기로 했다. 덕분에 〈금동삼존불감〉은 간송미술관에 남아 본래 있던 곳에 영구히 보존되면서 많은 사람이 그 찬란함을 감상할 수 있게 되었다.

보통의 조직이었다면 엄청난 가치를 지닌 문화재를 낙찰받은 직후 마음이 바뀔 수도 있다. 거액을 들여 사들인 문화재를 원래 목적대로 미술관에 돌려주기란 쉽지 않은 결정이었을 것이다. 하지만 이는 DAO였기 때문에 가능했다.

'헤리티지 다오Heritage DAO'는 국보 경매 참여를 위해 '하이 늘보 소사이어티High Sloth Society, HSS'라는 PFPProfile Pictures(사용자들이 소셜 플랫폼에서 프로필 사진으로 사용할 수 있는 NFT의 일종으로 프로젝트 참여를 위한 멤버십으로 활용) NFT 프로젝트를 론칭했다. 하이 늘보 소사이어티HSS는 하이엔드를 지향하는 동시에 '노블리스 오블리제noblesse oblige'를 실현한다는 슬로건으로 문화유산을 보존하고 사회적 책임을 추구한다는 목표하에 HSS NFT를 보유한 유저들을 중심으로 구성된 멤버십 커뮤니티다.

헤리티지 DAO 참여자 56명은 구매 전부터 과반이 넘는 지분을 간송미술관에 기부해 국보를 다시 되팔 수 없는 구조로 하자고 결정했다. 물론 전체 투표를 통해 본래의 목적을 변경할 수도 있었겠지만, 참여자들은 국보가 팔린다는 사실과 〈금동삼존불감〉이 경매를 통해 개인의 손에 들어가면 대중이 향유할 수 없게 된다는 안타까움을 공유하며 본래의 취지를 변경 없이 이행했다. 특정 집단이나 몇몇 개인에 의해 전체 조직의 결정이 획획 바뀔 수 없는 DAO의 특성이 그대로 반영된 것이다. 헤리티지 DAO는 〈금동삼존불감〉을 개인이 아닌 간송미술문화재단에 기부하겠다는 의사를 밝혔고, 이에 따라 〈금동삼존불감〉은 문화재청의 관리를 받게 되어 개인이 함부로 되팔 수 없게 된다. 헤리티지 DAO는 향후 NFT와 메타버스를 결합한 가상 공간에 〈금동삼존불감〉을 3D로 재현해 올려 감상하는 방안 등 다양한 NFT 방식을 통해 〈금동삼존불감〉을 해외에 알려 한국의 국보가 재평가받도록 노력할 계획이다.

'헤리티지 DAO'는 국보인 〈금동삼존불감〉을 간송재단에 기증하며 국내에 'DAO'라는 키워드를 각인시켰다. 대중으로부터 모금해 세계 최초로 국보를 경매에서 낙찰받은 첫 'DAO'라는 상징성에서 큰 의미가 있다.

이처럼 DAO는 이해관계와 목적이 서로 맞는 사람들끼리 모여 빠르게 프로젝트를 추진할 수 있다는 점 때문에 다양한 분야로 활동 범위를 넓히고 있다. 이러한 커뮤니티를 토대로 한 DAO의 속성 때문에 웹 3.0을 '커뮤니티 인터넷'이라고 하기도 한다.

골프장 인수를 위한 링크DAOLinksDAO는 DAO 기반 골프 레저 클럽으로 새로운 형태의 '컨트리 클럽'을 만들기 위해 조직되었다. 약 125억 원의 자금을 확보하였는데, 골프장 인수에 성공하면 투자자에게 골프장 멤버십이나 이용료 할인 혜택 등을 제공하기로 하고 '레저 멤버십' 및 '글

우주 탐사를 목적으로 한 '스페이스 DAO'와 골프장 멤버십을 NFT로 발행하는 '링크DAO'

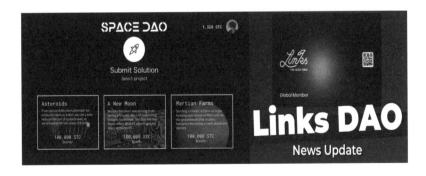

출처: 각 사 웹 사이트 및 언론 종합

로벌 멤버십' 등을 NFT로 만들어 자금을 유치했다. 해당 NFT는 각각 0.18 ETH(약 676 달러)와 0.72 ETH(약 2703 달러)에 판매됐으며, 이에 따른 수익금은 1,050만 달러 규모이다. NFT 보유자들은 등급에 따라 거버넌스 토큰 보상 등 다양한 혜택을 누리게 된다.

최근에는 우주 탐사나 유명 SF 소설 《듄Dune》의 육필 원고 구매, 미공개 영화 대본 인수를 추진하는 DAO까지 등장하고 있어 DAO는 미래 웹 3.0 시대를 구성하는 핵심 요소로 급부상하고 있다.

DAO의
탄생과 진화

이더리움에서 시작한 '분산화된 자율조직'

DAO Decentralized Autonomous Organization(다오, 탈중앙화 자율 조직)의 기반 기술은 앞에서도 언급했듯이 블록체인이다. 정확히는 블록체인의 하나인 이더리움의 창시자 비탈릭 부테린Vitalik Buterin을 필두로 한 이더리움 개발진들이 개발한 시스템이다.

기본 개념은 2013년 9월 미국의 블록체인 개발자 댄 라리머Dan Larimer가 기사에서 최초로 DAC이라는 단어를 사용한 것에서 비롯되었다. DAC는 'Distributed Autonomous Company(분산화된 자율 회사)'의 의미로 지금은 C가 Community로 바뀌었다. (댄 라리머는 위임 지분 증명DPos 합의 알고리즘을 사용하는 암호화폐 비트셰어BTS 및 이오스EOS의 창시자이자 스팀Steem의 공동 창시자CTO이다.) 당시 마운트곡스Mt.Gox 등 기존의 중앙 거래소에서 돈을 잃는 사례가 많아지자 댄 라리머는 이에 대한 해결책으로

DAC 개념을 제시했고, 2014년에 비트셰어라는 1세대 DAC를 출시했다. 비트셰어는 특정 기관의 신용 없이 믿고 거래할 수 있는 무신뢰 시스템의 탈중앙화된 거래소인데, 기술력은 뛰어났지만 시대에 너무 앞서 있었던 데다가 마케팅적으로도 문제가 있어서 대중들에게 선택을 받지는 못했다. (비트셰어는 현재까지 운영되고 있으며 블록티비티blocktivity.info 사이트의 순위에 따르면 세계에서 두 번째로 많이 사용되는 블록체인이다.)

비트셰어가 출시된 후 DAC에 대한 열띤 토론이 벌어지다가, 2015년에 이더리움을 만든 비탈릭 부테린이 댄 라리머의 DAC 개념에서 파생된 DAO라는 새로운 개념을 제안했다. DAO는 마지막 글자인 O가 Organization, 즉 조직을 의미하여 회사보다 더 광범위하다고 할 수 있는데, 비탈릭 부테린은 스마트 컨트랙트가 튜링 완전Turing completeness(기상의 계산 기계인 튜링 머신과 능력이 동일하다는 평가 지표) 플랫폼에 의해 지원된다면 중앙 관리 조직 없이도 실행되도록 구성될 수 있다고 제안했다. 그리고 2016년에 이더리움은 스마트 컨트랙트와 토큰 소지자가 투표한 제안을 통해 운영되는 자치 벤처캐피털 기구인 DAO를 발표했다. 이것이 DAO의 시초이다.

The DAO 해킹 사건으로 위기를 맞은 DAO

그러나 DAO는 곧바로 위기를 맞게 된다. 2016년 5월 독일의 스타트업 slock.it이 설립한 이더리움 최초의 DAO인 'The DAO(더다오)'는 전문 분야인 '스마트 록smart locks(스마트폰으로 문을 열고 닫는 도어록)'을 이용해 사람들이 블록체인 기반 탈중앙화 버전의 에어비앤비Airbnb에서 자신들의 부동산을 공유하도록 하였다. The DAO는 토큰 세일을 통해 자금을 조달하면서 구축되었는데 놀랍게도 이 프로젝트는 1억 5,000만 달러가 넘는 자금을 조달해 역사상 가장 성공적인 크라우드 펀딩이 되었다.

하지만 The DAO의 코드는 완벽하지 않았다. 오픈소스로서 누구라도 볼 수 있었기 때문에, 한 해커가 악용할 수 있는 버그를 발견한 것이다. 코드상의 버그가 발견되었지만 스마트 컨트랙트에 포함되어 있어 버그의 수정이 불가능했고, 결국 2016년 6월 17일에 자금 유출이 중단될 때까지 신원 불명의 해커가 6,000만 달러(약 630억 원)가 넘는 이더리움을 훔쳐냈다. 인간의 개입이 없도록 설계된 스마트 컨트랙트였지만, 그 자체에 오류가 발생해 오류조차 손을 댈 수 없는 아이러니함에서 발생한 어처구니없는 사건이었다. 불행 중 다행으로 해킹당한 이더리움은 바로 인출이 되지 않았는데, DAO 규정으로 인해 인출한 이더리움은 스플릿 시행 48일 후에 자금을 출금할 수 있었기 때문이다. 그사이에 이더리움 개발진들은 조치를 취했고 해킹당한 이더리움들은 모두 무용지물이 되었다.

해킹 사건을 둘러싸고 이더리움 커뮤니티에서 논의가 이루어졌고 비탈릭 부테린은 하드포크를 하기로 결정했다. 하드포크란 블록체인의 기본 구조를 완전히 바꾸는 업그레이드로, 기존 블록체인과 별개로 새로운 블록 생성 규칙을 적용한 블록체인을 시작하는 것을 말한다. 부테린은 이더리움 블록체인을 다시 작성해 해킹한 공격자의 DAO로 이동된 자금을 환불용 DAO로 옮겼다. 이때 모든 블록체인을 다시 쓰는 것이 아니라 해킹한 공격자의 DAO와 관련된 부분만을 수정했다.

부테린의 하드포크 결정에 대다수가 찬성했지만, 반발하는 참여자들도 생겨났다. "코드는 법"이고 "블록체인의 변조 불가능성이야말로 가장 중요하다"라며, The DAO라는 1개 프로젝트 구제를 위해 메인넷인 이더리움 자체에 손을 대는 것은 있을 수 없는 일이라는 주장이었다.

일리는 있었다. 사실 해킹된 이더리움은 즉시 발각되어 신속한 조치를 취했기 때문에 하나도 인출되지 않아 굳이 하드포크를 할 필요도 없었다. 게다가 블록체인, 그것도 메인넷인 이더리움에 특정 개인이나 단체가 한번 손대기 시작하면 앞으로 이런 일이 있을 때마다 계속 수정을 할 수 있다는 것이고, 그러면 블록체인이 가진 '비가역성非可逆性'에 심각한 훼손을 초래할 수 있다. 더 나아가 웹 3.0의 핵심인 탈중앙화 속성이 무너질 수도 있는 상황이다.

결국 이더리움 하드포크에 반대한 이들은 별도의 분파를 만들고 비록 해킹을 당하기는 했지만 기존의 이더리움 블록체인을 그대로 유지하는 '이더리움 클래식Ethereum Classic'을 만들었다. 지금의 이더리움은 부테린이 수정을 해 하드포크된 '신 이더리움', 이더리움 클래식은 부테린의 행동에 반대해 기존 이더리움을 유지한 '구 이더리움'이라 할 수 있다.

The DAO의 해킹 사태는 DAO의 탄생에 찬물을 붓는 격이었다. 이 치명적인 해킹 사건으로 인해 DAO는 탄생하기도 전에 사장되었다. 해킹 사태의 사실상 문제는 The DAO의 코드에 존재하는 버그였음에도 불구하고, 이 해킹으로 인해 호스팅 플랫폼으로서의 이더리움의 평판과 DAO의 개념 자체는 심각하게 손상되었다. 게다가 메인넷인 이더리움 네트워크마저 둘로 나뉘는 결과를 초래했다.

The DAO 해킹 사건은 DAO의 잠재적인 약점은 물론, 앞으로의

DAO에서도 그러한 약점들이 고려될 것임을 보여주었다. DAO라는 개념마저도 탈중앙화가 가진 불안정성을 상징하는 대명사처럼 각인되었으며, 한동안 DAO라는 단어는 이더리움 생태계에서 금기어가 될 정도로 부정적인 이미지가 강했다.

디파이Defi로 부활한 DAO, 웹 3.0의 상징이 되다

The DAO 해킹 사태로 DAO는 잠시 침체기를 겪지만 실패를 통해 중요한 교훈을 얻기도 하였다.

첫째, 스마트 컨트랙트에 대한 철저한 보안과 감사이다. 보안의 취약점을 좀 더 객관적으로, 포괄적으로 분석할 수 있는 도구와 프레임워크도 개발되었고, 보안 감사를 전문적으로 수행하는 회사들도 생겨났다. 스마트 컨트랙트도 검증된 코드를 재사용하거나 패턴화된 표준적인 방식을 따를 것을 권장하고, 철저한 테스트 코드 작성 및 외부 감사 기업에 의한 보안 감사가 필수적인 단계로 자리 잡아가고 있다.

둘째, 특정 DAO에 너무 많은 자금이 모이지 않도록 조율해야 한다. The DAO는 당시 총 이더Ether 양의 14%가 몰려 한 번의 실패로 인한 전체 커뮤니티의 손실이 너무 막대했다. 이후에는 프로젝트별 DAO 모금액에 한도를 설정하는 것이 일반화되었다.

셋째, DAO 운영을 위한 효과적인 거버넌스 시스템이 필요하다. 사실 DAO에서 의사 결정 합의에 필요한 정족수를 채우는 것 자체가 매우 어려운 일이었다. 투표 행위에 대한 적절한 보상도 필수적이다. 특히 DAO 레벨에서의 거버넌스와 메인넷의 블록체인 프로토콜 레벨에서의 거버넌스 위상을 혼동해서는 안 된다. DAO에서는 투명한 의사 결정의 효율성이 우선적이지만, 블록체인 프로토콜 레벨에서는 위위적인 개입을 최소화하는 것이 우선적인 목표이다.

The DAO 프로젝트는 실패했지만, 이 실패를 통해 이더리움 생태계는 한 단계 더 성숙할 수 있는 계기를 마련했다. 블록체인 기술을 기반으로 한 탈중앙 가상 자산 금융 서비스 디파이DeFi, Decentralized Finance가 급성장하면서 DAO는 부정적인 이미지를 극복하고 많은 디파이 프로젝트들에서 적극적으로 도입되었다.

주요 디파이 프로젝트들은 대부분 자체 프로토콜의 최적화와 개선을 위한 거버넌스 기능을 도입하고 투표권을 거버넌스 토큰 형태로 분배하고 있다. 디파이 프로젝트 하나하나가 독립적인 DAO 형태를 띠고 있다고 볼 수 있다. 유니스왑이나 스시스왑같은 DEX(탈중앙화 거래소)에서도 변경된 룰의 적용이나 파라미터 업데이트가 필요하고, 이를 투명하게 결정할 방식으로 DAO 형태의 거버넌스 구조를 도입했다.

DAO의 범위는 NFT와 메타버스를 만나 한층 더 넓어지고 있다. 다양한 NFT의 발행과 판매를 위해 DAO 구조가 사용되는가 하면, 메타버스는 현실에 종속되지 않는 새로운 조직의 필요성을 더욱 부각시켰다. 모든 활동이 가상 공간에서 이루어지기 때문에 DAO의 스마트 컨트랙트로 더욱 민주적이고 자율적인 운영이 가능하다. DAO는 웹 3.0 시대의 새로운 조직 형태이자 아직 가시화되지 않은 웹 3.0을 대표하는 상징이 되어 가고 있다.

DAO,
일하는 방식이 변한다

수평적 조직 문화를 지향하는 DAO

최근 MZ 세대(1980년대 초~2000년대 초 출생한 밀레니얼 세대와 1990년대 중반~2000년대 초반 출생한 Z세대의 통칭) 신입사원 10명 가운데 3명이 입사 1년 안에 퇴사한다고 한다. 한 취업 사이트가 2030 직장인 300여 명을 대상으로 조사를 했는데, 이 중 75%가 이직을 한 경험이 있었고 1년 이내에 이직한 직장인은 37%로 가장 많았다(출처: 잡코리아 2021년 11월).

퇴사의 이유는 워라밸('일과 삶의 균형'이라는 의미인 'Work-life balance'의 준말) 불만족, 잦은 야근으로 인한 개인 시간 부족, 낮은 연봉 등 다양하다. 특히 상사나 선배와의 갈등 및 의견 충돌로 인한 퇴사도 적지 않다. 입사 6개월 만에 퇴사를 결심한 한 직장인은 "직장 내 수직 관계가 너무 심하고, 상사에게 의견을 말해도 받아들여지지 않아 그만두기로 했다. 상사와의 소통도 원활하게 안 되는데, 내가 여기서 무엇을 배울 수 있겠나 하는

다오(DAO)란?
탈중앙화 자율 조직
Decentratized Autonomous
Organization

전통적 조직	다오(DAO)의 조직 구조와 특징	다오(DAO)
수직적 구조	조직 구조	수평적 구조
법(조직 내규)	의사 결정 규약	코드(스마트 컨트랙트)
중앙집권, 간접 민주주의	의사 결정 구조	분산형 거버넌스, 직접 민주주의
실물 화폐 및 전통적 금융 서비스	거래 방식	암호화폐, NFT
-	확장 가능성	다그(DAG, Decentratized Autonomous Government), 다크(DAC, Decentratized Autonomous Company), 메타버스 경제 시스템

출처: 언론 종합

생각이 들었다"라고 토로했다. (출처: 허미담, 〈"돈보다 여가"…MZ세대 입사 1년도 안 돼 퇴사하는 이유〉,《아시아경제》, 2021.11.20.)

수직적 관계로 형성된 기존 조직 문화에서 자신의 의견을 오롯이 내기란 비단 MZ세대뿐만 아니라 대부분의 조직 구성원들 모두가 쉽지 않다. 수십 시간, 수백 시간의 아이디어 회의를 했어도 결국 CEO나 기관장의 한마디에 결정이 바뀌고 제안했던 모든 의견이 묵살되어버리는 서글픈 현실은 '평생 직장' 개념이 희미한 MZ세대들의 퇴사 욕구를 더욱 부채질

한다. 많은 기업이 MZ세대들의 퇴사를 막기 위해 대리, 과장, 부장, 팀장의 호칭을 없애고 수평적 조직 문화를 활성화시킨다고 하지만, 근본적인 조직 시스템이 바뀌지 않는 이상 그 의지는 오래가지 못한다.

그런데 이런 고질적인 조직 문화의 폐해를 DAO로 해결하고자 하는 기업들이 속속 등장하고 있다.

투표로 디자인을 결정하고 상사 지시 없이 코드에 따라 일을 한다

메타팩토리MetaFactory라는 패션 회사의 디자이너들은 봄에 새로 출시할 티셔츠 4벌을 디자인했다. 어떤 셔츠를 제작할지에 대해 커뮤니티를 통해 투표하고 가장 많이 득표한 셔츠 한 벌을 실제로 제작했다. 이 셔츠는 신제품으로 출시되어 소비자들에게 판매된다.

메타팩토리에는 수직적인 직급 체계가 없다. 수평적인 DAO의 커뮤니티 구성원들이 어떤 셔츠를 출시할지 투표를 통해 결정한다. 티셔츠의 판매 수익은 옷을 디자인한 디자이너와 투표에 참여한 커뮤니티 구성원에게 배분되고 옷을 구입한 소비자에게도 일정 부분 리워드 형태로 부여된다.

디자이너가 기간 내에 옷을 다 만들 수 있을지에 대해 걱정할 필요도 없다. 이더리움 블록체인 기술이 가진 스마트 컨트랙트 기능을 이용해 지시나 감시가 아닌 '코드'에 따라 활동하기 때문이다. 예를 들어 "옷 디자인이 선정되고 한 달 안에 옷이 완성되면 디자이너에게 100만 원을 지급, 달성하지 못하면 50만 원을 차감"이라고 블록체인에 기록하고 이후 프로

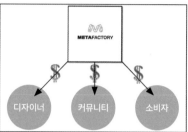

젝트가 달성되면 100만 원 지급이 자동으로 실행되는 식이다. 스마트 컨트랙트는 한번 설정해 놓으면 그대로 실행되기 때문에 중간에 작업 계획이 틀어지거나 임의로 조건이 변경될 일이 없다. 디자이너가 도저히 제날짜까지 옷을 만들 수 없어 기간을 변경하고 싶으면 DAO 참여자들 모두에게 조건 변경 사안을 공지하고 합의를 도출해내야만 가능하다.

　메타팩토리는 DAO를 활용한 대표적인 패션 플랫폼이다. 창작자와 커뮤니티가 인센티브를 공유해 새로운 브랜드 경제 플랫폼을 만드는 것이 목표이다. 홈페이지에 가보면 '메타버스에서 재미있는 현실 만들기', '디지털 퍼스트 세계에서 문화와 패션의 진화' 등의 문구가 메인 페이지에 등장한다. 메타팩토리에서는 로봇ROBOT이라는 토큰을 소유한 만큼 지분(투표권)을 갖게 된다. 이 토큰은 주식과도 유사한데, 토큰 비중이 높다면 더 많은 투표권을 행사할 수 있다. 토큰을 통해 조직의 운영 방향과 정책 결정, 수익 배분 구조 등 모든 의사 결정을 진행하게 되는데, 이러한 토큰을 거버넌스 토큰이라고 한다.

출처: 메타팩토리 웹 사이트

옷이 팔리면 스마트 컨트랙트에 기록된 인센티브 구조에 따라 디자이너 등 DAO 참여자들에게 토큰이 배부되고, 구매자들도 로봇으로 리워드를 일부 받을 수 있다. DAO의 구성원이 되고 싶다면 주식을 구매하는 것처럼 암호화폐 거래소에서 로봇을 구매하면 된다. 로봇을 갖고 있는 구성원들은 자동으로 DAO의 일원이 된다. 로봇 토큰은 이더리움으로 전환해 현금화할 수도 있다.

DAO,
법인으로 인정받다

부서 하나 없는 조직이 회사로 인정받다

2021년 7월, 미국 와이오밍주 정부는 세계 최초로 '아메리칸크립토페드 DAO_AmericanCryptoFed DAO'를 유한책임회사_LLC로 승인했다. 부서도 없는 블록체인 기반의 조직이 합작 법인으로 세계 최초로 인정받은 사례다. DAO는 기업처럼 대표나 임원의 통제를 받는 중앙화 기관이 아닌, 구성원 전체가 정책 결정권을 공유하는 탈중앙화 조직이다. 기업의 역량을 가지고 있지만, 기업이라고 분류하기는 어려운 조직이다. 아메리칸크립토페드 DAO에 스콧 몰러_Scott Moeller라는 CEO가 있지만, 이는 일반 기업의 CEO와는 달리 타 조직이나 언론과 소통할 때 DAO를 대변할 권한이 있는 사람이 필요해서 만든 자리다.

아메리칸크립토페드 DAO는 EOS 블록체인 플랫폼을 사용해 달러화 가치 변동에 영향을 받지 않는 암호화폐 거래 시스템 구축을 추진하는 기업이다. 이번 법인 승인을 통해 '미국 최초의 정식 DAO'라는 지위를 얻게 되었는데, 지역 내 DAO 등록을 공식 허용하는 법안이 시행되면서 앞으로 와이오밍주에서는 DAO를 법인으로 등록하거나 유한책임회사LLC가 DAO로 전환하는 것이 가능하다. DAO는 거버넌스나 세금, 분쟁 해결에 있어 유한책임회사의 법적 선례를 따르게 된다.

DAO LLC는 개인 소득세가 부과된다는 점에서 기존 LLC와 다르다. 그러나 법인 소득세가 면제된다는 점에서는 동일하다. 기업처럼 법인이 될 수 있지만, 법인세는 내지 않고 각 구성원이 직접 소득세를 내는 것이 가능한 비교적 자유로운 기업 형태이다. 와이오밍주의 DAO 법은 의결권에 대한 기본 규칙도 포함한다. 이에 따르면, DAO 회원들은 자산 기여 여부와 무관하게 기본 문제에 대한 투표권을 동등하게 갖게 된다.

아메리칸크립토페드 DAO LLC는 듀캣이라는 무제한 발행 알고리즘 토큰(채굴형 토큰을 매입하거나 판매하는 방식으로 가치를 안정화시키는 토큰, '알고리즘 스테이블 코인'이라고도 함)과 10조 유통량으로 제한된 로크라는 거버넌스 토큰을 발행했다. 이 중 듀캣 토큰은 미국 SEC(증권거래위원회)에 기본 거래, 서비스 비용 지불, 은행 예금 및 회계 작업 사용 용도로 등록됐다.

그로부터 약 7개월 후인 2022년 2월, 이번에는 국내 프롭테크 proptech(부동산에 IT 기술을 접목한 서비스) 스타트업인 엘리시아ELYSIA가 'ELYSIA DAO LLC' 법인을 설립하고 미국 와이오밍주에서 세계 두 번째로 법적 승인을 받았다. 엘리시아는 부동산 소액 투자에 블록체인 기술을 융합한 스타트업으로, 'ELYSIA DAO LLC'의 와이오밍주 DAO 법인 등록은 아시아 최초이면서 상장된 회사 중에서 최초로 DAO 법인으

로 등록된 사례이기도 하다.

가상 세계와 현실 세계를 연결하는 DAO 법인

그런데 온라인상에서 운영되는 DAO가 굳이 법인 등록을 하는 이유
는 무엇일까? 사실 모든 DAO가 법인으로 등록할 필요는 없고, NFT 투
자 등 온라인 가상 세계에서만 운영되는 형태라면 굳이 필요하지도 않다.
그러나 DAO의 참여자는 인간이고, 우리는 현실 세계에 살고 있다. 그러
므로 DAO에서의 활동과 현실 세계는 어떻게든 연동이 되어야 하고 확
실한 연결 고리가 필요하다. 엘리시아도 실물 자산과 가상 자산을 모두
다루는 프로젝트의 특성상 실물 자산과 관련된 법적인 논쟁이 발생할 수
있다. 이러한 법적 논쟁에서 ELYSIA DAO LLC는 하나의 계약 주체로
참여하여 법적인 보호를 받을 수 있게 되었다.

예를 들면 100억 원짜리 건물을 담보로 10억 원어치 암호화폐를 대출받으려고 할 때, 빚을 갚지 않는 경우를 대비해 100억 원짜리 건물을 채권자들이 청산할 권리가 담긴 계약서를 작성해야 한다. 부동산 거래가 이뤄지는 것이기에 스마트 컨트랙트로는 어렵다. 실제 현실 세계에서 법적 효력이 있는 계약서를 써야만 한다. 즉 실물 자산과 연동된 금융 서비스를 구현하기 위해서는 법적 대상 주체가 될 수 있는 대상물이 필요했고, 유한책임회사의 지위를 부여받으면 DAO가 주체가 돼 계약서를 작성할 수 있다. 기존의 DAO 형태로는 현실 세계 계약에 참여하기 어렵고, 계약을 이행하지 않았을 경우 손해 배상 청구 등 강력한 페널티 장치를 마련하려면 법적 주체가 있어야 한다.

소울리스 MZ세대,
DAO의 매력에 빠지다

영혼 없이 일한다고? 내 분야에서만큼 열정 충만

"머리! 젖습니다. 옷도! 젖습니다. 신발! 젖습니다. 양말까지 젖습니다. 옷 머리 신발 양말 다 젖습니다. 물에 젖고 물만 맞는 여기는 아마존. 아, 마, 존조로존조로존~"

유튜브에 올라온 〈에버랜드 아마존 N년차의 멘트! 중독성 갑〉이라는 제목의 2분 30초짜리 동영상이 장안의 화제가 되었다. '아마존 익스프레스' 탑승장에서 현란한 말솜씨를 선보이는 근무자의 랩 동영상은 업로드 50일 만에 1,200만 조회 수를 기록했다. 하루아침에 신드롬의 주인

중독성 갑인 소울리스좌의 아마존 랩

공이 된 사람은 에버랜드에서 고객의 안전한 승하차를 도우면서 탑승 대기 시간의 지루함을 풀어주는 역할을 하는 '캐스트'이다.

그런데 대중들이, 특히 젊은 MZ세대들이 이 동영상에 열광하는 이유는 랩도 랩이지만 '영혼이 없어 보이는' 눈빛으로 속사포 랩 수준의 멘트와 춤까지 소화하며 고객을 안내하는 모습 때문이다. 이것이 큰 호응을 얻고 있다. '무심한 듯 효율적으로 일을 해내고', '영혼을 갈아 넣지도 않고 주인 의식도 없지만, 할 일은 하고', '일도 놀이처럼 재밌게' 하려는 업무 방식이 MZ세대 직장인들의 공감을 사고 있다는 의미다. 그래서 이 캐스트는 '영혼이 없어 보이지만 일에서는 최고'라는 뜻으로 '소울리스soulless좌'라는 별명까지 얻었다.

이 캐스트는 한 인터뷰에서 "영혼이 없다는 게 최선을 다하지 않는다는 뜻은 아닌 것 같다. 최적의 효율을 찾아서 일한다는 뜻이라 생각한다"라고 말했다. 한마디로 '소울리스soulless'는 MZ세대에게 있어 노동에 소요되는 에너지를 최적화한 상태라는 의미다. 조직에는 영혼을 갈아 넣지 않지만 자신의 업무나 좋아하는 일에는 열정과 최선을 다하는 MZ세대들은 자신과 같은 모습의 캐스트에게 동질감을 느끼고 열띤 호응을 보낸 것이다.

공정함과 자율성, 구성원의 역량을 중시하는 DAO

과중한 업무와 낮은 성취감, 수직적인 기업 조직 문화에 많은 MZ세대는 지쳐가고 있다. 한국은행, 금융감독원 등 내로라하는 국책 금융기관을 비롯해 한때 선망의 대상이었던 대기업 등에서 MZ세대 직원들의 퇴사가 급증하고 있다. 이들은 핀테크, 가상 자산, IT 스타트업 등으로 이직하는 경우가 많은데, 기존 기업의 수직적이고 보수적인 조직 문화를 거부하고 자유로운 복장과 소통이 가능한 기업을 선호했다. 자신의 의견을 자유롭게 내고 그것이 조직 내에서 업무와 성과로 이어지는 수평적 조직 문화는 MZ세대에게 있어 가장 중요한 직장 선택의 기준이다.

그런 관점에서 웹 3.0의 조직 형태인 DAO Decentralized Autonomous Organization는 '공정함과 자율성'을 우선시하는 MZ세대들에게 매우 적합한 조직이다. 무엇보다 일과 사람을 대하는 태도와 방식에서 MZ세대는 DAO를 선호할 수밖에 없다. "월급을 받기 때문에 당신은 회사에 조직에 복종해야 한다"라는 식으로 직원을 소모품 다루듯 대하는 전통적인 조직 운영 방식과 다르게, DAO는 "당신이 참여한 프로젝트가 성공하기 위해 어떤 것을 이바지할지 당신 자신이 결정하세요. 우리 모두가 정한 기한 전까지 업무를 끝내시면 됩니다. 일에 대한 보상은 당신이 정하고 모두의 동의가 이루어지면 지급됩니다"라며 구성원의 가치와 존재를 존중한다.

DAO는 목표 지향적이며 일하는 과정에 자율성과 책임을 부과한다. 결과에 대해서는 모두의 합의를 거쳐 배분하기 때문에 큰 이견은 발생하지 않는다. 전 세계 누구든 어느 곳에 있든 제각각의 구성원들이 화상 회의와 워킹 앱을 통해 DAO의 성장을 위해 일을 할 수 있는 것은 '공정함과 자율성'이 DAO에서는 보장되기 때문이다.

앞서 말한 바와 같이 DAO는 인종, 학력, 성별 등에 제한 없이 누구나 구성원이 될 수 있는 자유로운 조직이다. 누구나 참여할 수 있기 때문에 DAO는 오픈 소스로 관리되며, 언제든 과제 내용(계약 조건)을 확인할 수

출처: BBC News 코리아, 사람인

있다. 국경, 나이 등에 상관없이 모두가 공평하게 일할 수 있는 DAO의 조직 체계야말로 웹 3.0 시대에서 자주 접하게 될 조직이며 일하는 방식이 될 것이다. 소울리스한 MZ세대들이 웹 3.0에 환호하고 관심을 갖는 데에는 매력적인 투자 대상이란 점도 있겠지만, 이처럼 DAO의 자율적이고 수평적인 조직 형태가 모든 기업과 사회 전반에 확산되기를 기대하고 있기 때문인지도 모른다.

나, 오늘부터
DAO에서 돈 벌어요

DAO에서 사람을 구합니다

웹 3.0 시대에는 DAO에 참여해서 돈을 벌 수 있다. 보통은 한 기업에 소속되어 일해야만 하지만 웹 3.0 시대에서는 여러 DAO에 소속되어 보상을 받을 수 있다.

DAO는 공통의 목표 달성을 위해 이루어진 조직인만큼 구성원 각자의 역할이 명확하다. 일반적인 대기업 조직처럼 열심히 일하는 사람도 있지만, 조직 속에 묻혀서 대충 일만 하다 가는 '무임 승차자'가 DAO에는 존재하기 어렵다. DAO에서 보상을 받으려면 자신의 가치를 증명하고, 커뮤니티 내에서 신뢰를 얻어야 한다. 포럼과 디스코드 Discord, 웹 3.0 커뮤니티에서 사용되는 온라인 메신저로 문자, 음성, 영상 대화 등이 가능에 들어가 토론에 참여해 거버넌스 제안이나 의견을 내는 것이 출발점이다. 노하우가 생기면 핵심 DAO 프로젝트의 진행을 돕거나 신규 회원을 위한 리소스를 제공하는 등 점점 더 중요한 작업을 할 수도 있다. 적극적으로 참여하고 DAO에 가치를 제공하다 보면, 커뮤니티에서 명성을 얻어 더 많은 기회가 생겨난다.

① 개발자

새로운 스마트 컨트랙트 개발, 백엔드 개발 및 지원, 사용자 경험UX/UI 구축 등 코드를 연구하고 작성.

② 커뮤니티 관리자

신규 회원을 위한 올바른 방향 제시, 커뮤니티 회원 질문에 대한 답변, 디스코드Discord 관리 또는 커뮤니티 지원 역할, DAO 내 좋은 분위기 조성(매우 중요). 사람들과 이야기하고 인맥 만들기를 좋아한다면 커뮤니티 관리 업무가 적합.

③ 콘텐츠 제작자

DAO 커뮤니티 비전과 목표, 활동 내용 등을 대중에게 알리고 교육하는 콘텐츠를 제작. 콘텐츠를 만들고 게시해 커뮤니티와 공유.

④ 디자이너

콘텐츠 제작자를 위한 썸네일과 이미지를 제작하거나 NFT 출시, 프론트엔드 디자인 업무 등을 수행.

⑤ 운영자

운영자는 전체 조직이 올바른 방향으로 움직이고 주요 작업을 완료할 수 있도록 조율. DAO의 실행 로직에 문제가 없는지 확인하고 프로젝트 관리 책임, 다중 서명 서명자 역할, 기여자 추천 등의 업무 수행.

⑥ 재정 관리자

DAO의 재정 규모가 수십억 또는 수조 달러로 커지면 재정 관리가 매우 필요. 재무 관리, 예산 편성, 재무 보고서 발행 등의 업무 담당.

⑦ 다양한 전문가 및 위원회

DAO마다의 고유한 목표 달성을 위해 특정 기능을 수행해야 하는데, 이를 위한 전문가 및 위원회가 요구됨. 사용자의 수익성을 극대화하기 위한 볼트Vault(암호화폐 자산을 보관하는 지갑) 전략가, 최고의 인덱스(Index, 목차라는 뜻으로 블록체인에서는 개인정보 보호를 위한 암호화 방식을 의미)를 설계하기 위한 방법론 전문가 등이 해당. 또한 대부분의 DAO에는 기금 후원 신청서를 검토하는 데 일정 인력이 필요한 보조금 위원회가 존재.

DAO에서 돈을 버는 방법

DAO도 일반 기업처럼 직원이 되어 상근常勤하면서 수입을 얻을 수 있다. 반면 직장에 얽매이기 싫은 사람은 전문성을 살려 동시에 여러 개 DAO에 소속되어 돈을 벌 수 있다. 어떤 형태로 돈을 벌든 DAO는 프로젝트를 통해 발생한 수익을 참여자들에게 어떻게 나눌지 초기에 프로토

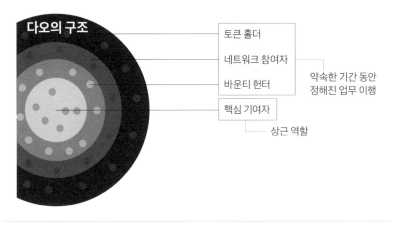

출처: 티타임즈TV, 'x-to-earn'에서 무궁무진한 x가 가능한 세상 온다

콜로 약속한다. 그래서 참여자 모두 기여에 따라 수익 창출이 가능하다. DAO는 크게 상근 역할을 하는 핵심 기여자와 프로토콜에 의해 약속한 기간 정해진 업무를 수행하는 바운티 헌터, 네트워크(생태계) 참여자, 토큰 보유자(홀더)로 이루어져 있다. 그러면 각각의 DAO 구성원들이 DAO 생태계 안에서 어떻게 돈을 버는지 살펴보자.

① 핵심 기여자

자금 여유가 많은 DAO는 표준 급여 모델을 채택하기도 한다. 연Yearn 이나 스시Sushi와 같은 프로토콜은 스테이블 코인을 기반으로 급여를 지불하고 프로토콜에서 발생하는 토큰을 보너스로 제공한다.

DAO에는 프로젝트를 세팅하고 잘 돌아갈 수 있도록 도와주는 사람들이 필요하다. DAO가 정해진 프로토콜에 의해 운영되지만, 실제 사람들이 해야 하는 일도 적지 않다. 프로젝트를 홍보해야 하는 일, 오류가 나지 않는지 지속적으로 관리하는 일, 프로젝트가 다른 기업과 협력해야 한다면 협상을 체결하는 일, DAO에 올라온 제안에 대해 투표를 진행하는 일 등을 사람이 해야 한다. 이렇게 상시적으로 DAO 프로젝트를 위해 일을 하는 사람들을 '핵심 기여자'라고 한다. 이들은 자신의 가치를 입증해 풀타임 DAO 일자리, 즉 정규직 근무자로서 높은 급여를 받을 수 있다. 핵심 기여자들의 연봉은 수백만 달러에 달하기도 한다.

핵심 기여자는 프로젝트 내에서 이루어지는 과정에 대해서는 일절 관여하지 않는다. DAO 생태계가 자율적으로 돌아가고 가치를 높일 수 있도록 풀타임으로 지원하는 역할만 할 뿐이다. 그 대가로 생태계에서 발생하는 수익 중 일부를 월급으로 받는다. DAO의 핵심 기여자들은 일반 직장인처럼 일해서 돈을 버는 'Work-to-Earn'의 방식으로 수익을 얻는다.

② 바운티 헌터

바운티 헌터Bounty Hunter는 포상금을 노리는 사람, 현상금 사냥꾼을 의미한다. DAO에서 바운티 헌터는 DAO의 성장에 기여하고 보상을 받는 전문가들을 말한다. DAO도 재무나 개발 설계 등 특정 분야 전문가의 도움이 필요하다. 이들은 약속된 기간에 작업을 완료하면 약속된 토큰을 지급받는다. 보통 바운티 헌터는 공개적으로 모집하며 신청이나 선정 과정은 DAO의 규정에 따라 결정된다.

바운티 헌터들로 구성된 DAO도 있는데 재무 관리를 해주는 라마

DAO_{Llama DAO}, 웹 3.0 소프트웨어 디자인과 개발을 해주는 레이드길드 raidguild DAO 등이 대표적이다.

버그 바운티를 이용해 수익을 창출하는 경우도 있다. 다양한 버그 바운티 플랫폼들이 있는데, 대표적인 서비스인 DVP_{Distributed Vulnerability Platform}, 해커원, 버그 크라우드 등에 접속해보면 각자 웹 페이지에 버그 바운티 현황이 공개되어 있다. 다양한 대상으로 여러 취약점이 제보되고 있고, 그 대상과 취약점의 정도의 따라 다양한 금액으로 바운티를 제공한다. 바운티를 제공해주는 단위와 수단 등은 서비스별로 다른데, 실제로 버그 바운티를 이용하여 많은 개발자가 자신의 전문 기술을 바탕으로 수

DVP에 올라온 버그 바운티 순위 현황

순위	화이트 해커		평판	레벨	보상	결함 수
				2019	12	
1	毕竟话少	장점: Web security, Mobile client security	429	청동 채굴자	7.10 Ether 320 DVP ≈ ¥ 7340	6
2	kennys1	장점: Web security, Server security, Algorithm security, Threat intelligence	318	청동 채굴자	5.30 Ether 0 DVP ≈ ¥ 5471	2
3	SantanX	장점: Web security	288	청동 채굴자	4.80 Ether 0 DVP ≈ ¥ 4955	1
4	chris_L	장점: Web security, Server security, Mobile client security	86	임시 채굴자	1.30 Ether 810 DVP ≈ ¥ 1368	9
5	talko	장점: Security agreement	30	임시 채굴자	0.50 Ether 0 DVP ≈ ¥ 516	1
6	CyberSecurity	장점: Threat intelligence	21	임시 채굴자	0.35 Ether 0 DVP ≈ ¥ 361	1

출처: DVP 웹 사이트

익을 창출하고 있다.

이처럼 바운티 헌터는 조직에 기여(컨트리뷰트)하는 'Contribute-to-Earn' 방식으로 돈을 번다. 프리랜서와 같이 자유도는 높지만 수익이 불연속적이라는 단점도 있는데, 버그 바운티와 같이 과제를 부여하고 이를 달성하는 구성원에게 보상을 제공하는 '바운티 보드' 프로그램이 계속 확대됨에 따라 바운티 헌터는 향후 웹 3.0에서 유망한 직업으로 주목받을 것이다.

③ 네트워크(생태계) 참여자

네트워크 참여자는 DAO 프로젝트가 제공하는 서비스의 이용자로, 유튜브로 치면 유튜브 크리에이터라 할 수 있다. 웹 2.0에서는 플랫폼을 성장시킨 일등공신이지만 플랫폼 성장에 기여한 만큼 성과를 배분받지 못했다. 하지만 DAO에서는 참여자들이 네트워크에서 활동하는 것 자체가 네트워크 성장에 도움이 되므로 그에 따른 정당한 보상을 제공한다. 생태계에 참여해 돈을 버는 'Participate-to-earn'이라 할 수 있다.

게임 플레이를 하면 그 게임을 활성화시키고 사용자들도 돈을 번다Play to earn. 플랫폼의 성격에 따라 사용자가 무엇인가를 배우거나 콘텐츠를 만들어 네트워크에 참여하고 이를 통해 돈을 벌 수도 있다. 네트워크에 참여해 배우는 것이 그 네트워크 활성화에 도움이 된다면 배우는 행위에 대해 보상이 주어진다Learn-to-eran. 많은 사용자에게 웹 3.0 서비스는 아직 어렵고 익숙하지 않기 때문에, 서비스 사용 방법을 배우는 행위에 대해 리워드를 제공하는 것이다. 무엇인가를 창조한 대가로 돈을 버는 모델도 있다Create-to-earn. NFT 마켓플레이스인 슈퍼레어는 NFT 창작자에게 슈퍼레어 토큰을 나눠준다. 창작자들은 NFT를 판매해서 돈을 벌기도 하지만, 마켓플레이스에 기여한 자체로 토큰을 지급받는다.

네트워크 참여자가 보상을 받는 데 있어 참여자가 어느 정도의 기여를 했고 정말로 생태계의 가치를 높이는 데 합당한 기여를 했는지에 대한 평가가 필요하다. 일반 기업이라면 인사 담당 부서에서 직원의 평가, 보상과 관련한 업무를 맡겠지만, DAO는 그런 부서가 따로 존재하지 않는다. 대신 코디네이프Coordinape, 소스크레드SourceCred 등 여러 평가 툴을 이용해 네트워크 참여자의 활동과 성과를 평가해 보상을 지급한다.

④ 토큰 보유자(홀더)

토큰 보유자는 주식회사의 주주와 유사하다. 이들은 'Invest-to-Earn', 즉 투자해서 돈을 번다. 토큰 보유자는 커뮤니티를 위해 적극적인 활동을 하지 않는다. 다만 토큰을 보유하고 있기 때문에 커뮤니티의 성장 및 토큰 가치의 증대를 위해 투표를 할 수 있다. 기업이 잘되면 주주들이 배당을 받는 것처럼 커뮤니티가 성장하면 그 수익이 토큰 보유자들에 배분된다.

또한 토큰 보유자는 DAO에서 발생되는 수익에 대해서도 배분받을 권리가 있다. 뱅크리스 DAOBankless DAO, 메타팩토리MetaFactory, NFT 쇼케이스NFT Showcases 및 BED 인데스BED Index 등은 수익 공유 메커니즘을 적용하고 있는데, 생태계 참여자 모두가 상품 및 NFT 판매 수익의 일부를 받을 수 있다.

대기업 명함이 아닌 개인의 전문성과 역량으로 인정받는 웹 3.0 사회

웹 3.0 시대에서 'X2E'가 갖는 의미는 일하는 시간에 대한 주도권을 내가 갖는 동시에 자신의 전문성과 조직에 대한 기여를 공정하게 보상받을 수 있게 된다는 것이다. 물론 DAO가 주도하는 웹 3.0 시대가 오더라도, 회사에서 현장에서 일하고 돈을 버는 Work to Earn이 완전히 없어지지는 않을 것이다. 안정적인 수익 창출은 일상생활 유지에 있어 절대적으로 중요하고, 직장이라는 존재는 지금의 사회에서 단순히 돈을 버는 곳 이상의 의미(예를 들어 사회적 지위나 평판, 인적 네트워크 형성의 장 등)를 갖기 때문이다.

하지만 웹 3.0시대가 도래해 DAO가 보편화되면 직장에서 일정 시간 일하고, 그에 따라 월급을 받는 구조는 크게 바뀔지도 모른다. 투입 대비 소득이 적거나 시간 투입을 많이 요구하는 직장의 인기는 감소하고, 대신 DAO가 기존의 회사 조직을 대체하게 되면 다양한 방식으로 소득을 올리는 사람들이 늘어날 것이다. 본업은 지금처럼 하면서 일정 부분 안정적 수익은 창출하되, 각자 개인이 가진 전문성을 바탕으로 DAO 프로젝트를 수행하여 보상을 받고, 이러한 활동을 통해 얻은 수익을 다시 투자하는 재테크로 부를 창출할 수도 있다. 지금의 전문 유튜버처럼 아예 전문 DAO 참여자로 본업을 바꾸는 이도 있을 것이다.

어쩌면 웹 3.0 시대에는 "너 어느 회사 다녀?", "나 대기업 XX에 다닌다" 식의 회사 이름으로 평가하는 것이 아닌, "너 어느 DAO 소속이야?", "나 XX 토큰 기반 DAO 20곳에서 일해"라고 말하며 토큰과 DAO가 평가 잣대가 되지 않을까 상상해본다. 대기업 명함, 안정적인 직장 대신 개인의 전문성과 역량이 인정받는 사회, 그것이 웹 3.0의 X2E가 그리는 미래 모습이 아닐까.

DAO를 만들고
운영해보자

DAO 툴로 누구나 DAO를 만들 수 있다

우리는 회사나 일상생활 속에서 단체 활동과 관련한 의사 결정을 하기 위해 투표를 진행하기도 한다. 예를 들어 조직에서 체육 행사를 하려고 하는데 등산을 할지 자전거를 탈지 산책을 할지 구성원들의 의견을 물어봐야 할 때 주로 투표를 통해 결정한다. (물론 기관장의 한마디에 결정되는 조직도 있기는 하다.) 요즘은 즉석에서 스마트폰으로 투표를 할 수 있도록 도와주는 앱도 있어 구성원이 아무리 많고 재택근무 등으로 한 곳에 모여 있지 않아도 메신저를 통해 실시간으로 투표가 가능하다. 투표 결과도 바로 나오기 때문에 결과 조작에 대한 우려도 없다. 경비를 걷어 여행을 가야 하는 상황이라면 모바일 송금 앱이나 모바일 페이 등을 이용해 손쉽게 돈을 주고받을 수 있다.

DAO의 운영도 이와 유사하다. 차이점이라면 돈 대신 암호화폐를 이

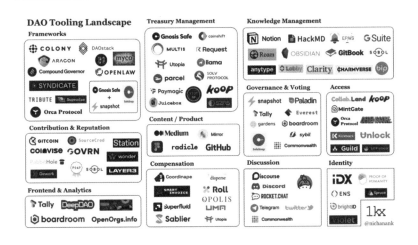

출처: Nichanan Kesonpat - Organization Legos: The State of DAO Tooling (Medium)

용하고 중앙 관리자 없이 스마트 컨트랙트에 의해 운영된다는 점이다.

어떠한 목적 달성을 위해 DAO를 만들고 싶다면 이를 지원하는 툴tool
을 이용하면 가능하다. DAO를 지원하는 툴은 모바일 투표 앱처럼 DAO
의 기본적인 틀을 만들어주는 프레임워크Frameworks 툴을 비롯해 DAO
에의 공헌을 가시화하는 툴, 조직의 운용 효율을 유지하기 위한 툴, 의사
결정을 조정하는 툴 등 다양하다.

DAO는 참가가 간단하고 스위칭 비용도 낮기 때문에 사용자가 커뮤니
티에 계속 속해 있도록 어떻게 유지하느냐가 관건이다. DAO를 설립하기
전부터 디스코드Discord나 트위터Twitter 등을 통해 지속적으로 커뮤니케
이션하면서 다른 멤버와의 연결을 구축하고, 어느 정도의 공감대가 형성
되었을 때 비로소 DAO를 만들어 참여하도록 하는 일련의 과정이 필요

하다.

따라서 DAO를 시작할 때는 다음과 같은 사항들을 고려하여 적절한
툴을 선택하는 것이 중요하다.

- DAO 운영에 대한 기회와 정보를 누구에게 언제 어떤 방법으로 제
  공할 것인가?
- 어떻게 기여도를 정량화하고 인센티브를 줄 수 있을까?
- 어떻게 역할과 평가 시스템을 통해 신뢰를 구축할 것인가?

최근에는 개발자가 아닌 개인도 손쉽게 DAO를 만들 수 있는 플랫폼
도 등장했다. 소셜 블록체인 데소DeSo의 창립자가 만든 'DAODAO'로,
이름과 목표, 자금 조달 마일스톤 등을 입력하는 것만으로 DAO를 만들
수 있다. 또한 DAO 툴을 스스로 커스터마이즈해서 만들고 싶은 사람은
개발 툴이 정리된 'DAO Masters' 사이트를 이용하면 편리하다.

DAODAO와 DAO Masters

출처: https://daodao.zone, https://www.daomasters.xyz

DAO 프레임워크 툴 '아라곤Aragon'으로 DAO 만들기

DAO 구축 서비스를 DAO 툴링tooling이라고 하는데, 아라곤Aragon, STPVerse Network, 다오스택DAOstack, 오픈제플린Open Zeppelin 등이 대표적인 툴이다. 이러한 DAO 툴링을 통해 인터페이스를 구축하고, 블록체인과 스마트 컨트랙트를 배포할 수 있다. 이 중 아라곤Aragon은 다양한 옵션과 편리한 유저 인터페이스로 DAO를 만드는 툴로 많이 활용되고 있다.

아라곤Aragon은 이더리움과 폴리곤 블록체인 기반 DAO를 지원하는데, 여기서는 이더리움 기반의 DAO를 만들어본다. 이를 통해 찬반 투표, 기금 마련 등 다양한 DAO 활동을 할 수 있다. DAO를 생성하기 앞서 암호화폐 지갑인 메타마스크Metamask의 실행과 네트워크 수수료 등 가스요금을 지불하는 데 필요한 이더Ether를 먼저 준비해야 한다.

① 시작

아라곤Aragon에 들어가서 'Create your DAO'를 클릭 후, 메인넷과 테스트넷 중에서 선택한다. 네트워크 선택 후, 자신의 월렛(암호화

출처: 아라곤 웹 사이트

폐 지갑으로, 메타메스크, 렛져 등이 대표적)을 먼저 연결하고 'create an organization'을 클릭한다.

② 탬플릿을 선정한다.

Company, Membership, Reputation, Open enterprise, Dandelion, Fundraising 등 다양한 탬플릿이 있는데, 만들려는 DAO 목적에 맞게 선택한다.

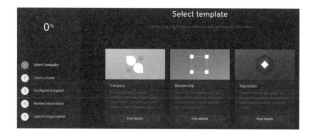

- COMPANY 탬플릿: 전송 가능한 토큰을 통해 이 조직의 오너십을 가져갈 수 있다. 얼마나 가지고 있느냐에 따라 의결권이 정해짐.
- MEMBERSHIP 탬플릿: 대체 불가능한, 즉 멤버십 자체로 고유한 특성을 지닌 형태의 토큰이 발행되며, 1인당 1개의 멤버십을 가지고 공정하게 1인 1투표권의 거버넌스를 지님.
- REPUTATION 탬플릿: 평판을 대표하는 NFT 토큰이 발행되며 평판에 따른 의사 결정이 이루어짐.
- OPEN ENTERPRISE 탬플릿: 프로젝트 관리나 예산 관리 등 조직을 위한 여러 애플리케이션을 포함.

- DANDELION 탬플릿: 서로 의사가 다를 경우에 기여자들끼리 협동할 수 있도록 설계.
- FUNDRAISING 탬플릿: 투명하고 책임감 있는 크라우드 펀딩 캠페인 실행.

③ DAO의 이름을 설정한다.

운영하려는 DAO의 이름을 설정한다. 한 번 설정하면 바꿀 수 없으니 유의해야 한다.

④ 의사 결정 및 투표 방향을 설정한다.

의사 결정 및 투표 방향을 정할 수 있는데, 최소 찬성에 대한 비중 및 투표 기간 등을 설정할 수 있다. 서포트 비중Support을 50%로 정하면, 실제 투표에서 총인원의 50% 이상이 찬성해야 제안이 성립된다. 최소 동의 비중Minimum approval percentage도 정할 수 있는데, 서포트 비중과 최소 동의 비중은 매우 엄격한 요구 조건이므로 충족되지 않으면 안 된다.

투표 기간은 멤버들이 투표할 수 있는 기간이다. 토큰 이름이나, 토큰 심볼(Etherium이면 ETH), 토큰 홀더를 설정할 수도 있다. 여러 명이 시작하는 DAO라면 홀더 인원을 추가해 토큰을 배분한다.

⑤ 정보Information를 확인하고 DAO를 시작한다.

세팅을 최종적으로 확인 후, 실수가 있다면 돌아가서 변경한다. 승인을 위해 메타마스크 팝업창이 뜨고 클릭하면 DAO가 시작된다.

DAO에 참여해
보상과 일하는 즐거움 모두를 얻다

참여하고 싶은 DAO를 찾아보자

DAO는 참여자 수와 자금 규모가 늘어나고 미술, 스포츠, 크라우드펀딩, 금융 등 주류 시장에서 존재감을 드러내면서 대중 속에 자리 잡아 가고 있다. 딥다오_{DeepDAO}에 따르면 2021년 12월 기준 DAO는 187개, 관련 자금 규모는 117억 달러, 참여자 수는 160만여 명에 달한다.

독특하고 다양한 목적을 지닌 수많은 DAO는 크게 10개 카테고리로 나눌 수 있다.

① Protocol DAO: 2차 유통 거래를 가능하게 하는 ERC-20 토큰을 만드는 DAO
② Media DAO: 사용자가 참여하여 미디어 제작을 하는 DAO
③ Social DAO: 같은 취미나 기호를 가진 사람이 모여 소셜 커뮤니

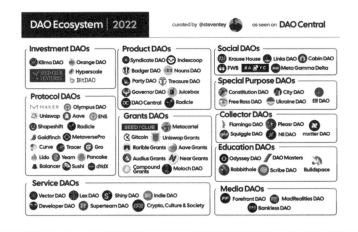

출처: What is a DAO? (In 2022) - DAO Central Blog

티 요소가 강한 DAO

④ Grants DAO: 새로운 프로젝트를 시작하기 위해 자금을 조달하는 DAO

⑤ Collector DAO: 여러 사람이 NFT를 구매하는 등 공동으로 프로젝트에 투자하기 위한 DAO

⑥ Service DAO: 같은 영역의 전문가들로 구성되어 서비스를 제공하는 DAO

⑦ Education DAO: 웹 3.0의 보상(인센티브) 구조를 활용하여 교육을 제공하는 DAO

⑧ Products DAO: 특정 제품 개발을 위한 DAO

⑨ Special Purpose DAO: 특정 활동이나 기부 등을 수행하기 위한 DAO

출처: YoursDAO 웹 사이트

⑩ Investment DAO: 기존 펀드와 유사한 형태로 웹 3.0 스타트업의
창업을 지원하는 등 투자를 목적으로 하는 DAO

수많은 DAO 중에서 자신이 좋아하는 DAO를 찾을 수 있게 도
와주는 'DAO Central'이나 'YoursDAO' 등의 플랫폼도 있다.
'YoursDAO'라는 매칭 플랫폼에는 150개 이상의 DAO가 등록되어 있
어 찾는 주제의 검색어를 입력하면 관련 DAO들을 찾아서 보여준다.

주목할 만한 DAO 18선

수많은 DAO 중에서 가장 활발하게 활동을 하고 있고, 대중들의 관심
을 받고 있는 18개 DAO를 소개한다. 관심 있는 DAO가 있다면 한번 참
여하여 보상도 얻고 즐거움도 얻어 보도록 하자.

① 메이커다오MakerDAO

메이커Maker는 분산형 담보 금
융 플랫폼으로, 메이커다오Maker
DAO를 통해 스테이블 코인인 다이
DAI와 거버넌스 토큰인 메이커MKR
를 발행하고 별도의 신용 확인 없

이 암호화폐 대출 서비스를 제공한다. 이더리움, 컴파운드 등 암호화폐를
담보로 넣으면 스테이블코인 다이DAI가 발행돼 대출이 진행된다. 대출은
중개 기관 없이 스마트 컨트랙트를 통해 처리된다. 코인게코CoinGecko에 따
르면 DAI의 시가총액은 2021년 1월 10억 달러에서 12월에 90억 달러
로 급증했다. 메이커다오 거버넌스에는 MKR 토큰이 사용된다. MKR 보
유자는 메이커다오 플랫폼에 대한 의결권을 가진다. MKR 보유자들은
2021년 6월 투표를 통해 화물 운송장, 부동산, 단기 매출 채권 등 실물
자산을 토큰화해 담보로 활용한다는 제안을 통과시키기도 했다.

② 브레인트러스트Braintrust

브레인트러스트Braintrust는 중개자 없이 프리랜서와 고용주를 직접 연
결하는 개발자 및 인력 채용 플랫폼 DAO이다. DAO에 소속된 멤버는
임금의 약 20%(수입이 1만 달러 이상인 경우는 5%)를 환원하는 시스템으로
되어 있어, 결과적으로 프리랜서의 저임금 노동을 방지한다. 고용하는 기
업 측도 처리 수수료를 DAO에 지불한다. 월 단위로 정액 요금을 지불하
거나 계정 매니저를 제공하는 유료 플랜도 있다. 새 멤버를 초대하면 토큰

출처: 브레인트러스트 웹 사이트

으로 보상을 받을 수도 있어, 일 잘하는 사람들을 계속해서 초대하는 선순환을 형성함으로써 DAO가 제공하는 일의 품질이 보장된다는 장점이 있다.

③ 플레저다오PleasrDAO

플레저다오PleasrDAO 는 NFT의 공동 구매를 목적으로 설립된 DAO이다. 고가치 NFT에 공동으로 투자하고 스마트 컨트랙트를 통해 소유권을 공유한다. 원래는 디지털 아티스트 피피플레저pplpleasr가 유니스왑Uniswap V3 설립을 기념하여 만든 NFT를 구입하기 위해 트위터를 통해 설립되었다. 이 경매의 수익은 아시아계 미국인과 태평양 제도에 사는 마이너리티의 커뮤니티를 지원하는 데 사용되었다.

현재도 활동은 계속되고 있어 에드워드 스노든Edward Snowden(미국 중앙정보국CIA과 미국 국가안보국NSA에서 일했던 컴퓨터 기술자로 NSA가 전 세계를 대상으로 도청과 사찰 등을 통해 무차별적 정보 수집을 하고 있다고 폭로)의 NFT

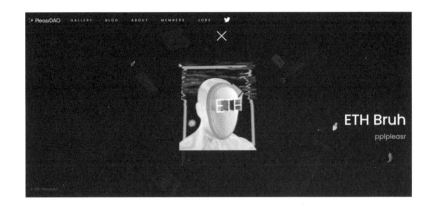

를 550만 달러에, 힙합 그룹 '우탱 클랜Wu-Tang'의 7번째 앨범 한정판 〈옛날 옛적 소림사에서Once Upon a Time in Shaolin〉를 400만 달러에 사들였다. 밈 코인의 시작인 시바이누 이미지를 400만 달러에, 로스 울브리히트의 NFT 제네시스 콜렉션Ross Ulbricht Genesis Collection을 630만 달러에 매입하기도 했다.

④ 오디세이 다오Odyssey DAO

오디세이 다오Odyssey DAO는 질문을 받고 지식을 공유하는 형태로 웹 3.0 교육 콘텐츠를 제공하는 DAO이다. NFT나 디파이Defi 등 토픽별로 학습의 로드맵이 되는 '패스'가 설정되어 있어, 패스에 따라 배워가면서 기초부터 응용까지 모든 지식을 습득할 수 있다(www.odysseydao. com).

커뮤니티는 디스코드Discord에서 운영되며 일주일에 수차례 음성 채널

을 활용한 미팅도 열리고 있어 커뮤니티에 소속된 멤버와 친목을 다질 수 있다. 웨비나, 워크숍, 전문가 및 게스트가 답하는 Q&A 코너 등도 상시 개최되어 있어 콘텐츠가 매우 충실하다. 게다가 가입은 무료이다. 웹 3.0과 블록체인, 이더리움, NFT, 디파이Defi 등 보기만 해도 머리가 지끈거리는 어려운 용어들을 조금이나마 쉽게 이해하고 싶다면 꼭 이곳을 방

문해보기를 추천한다.

⑤ 미러Mirror

미러Mirror는 2020년에 발표된 분산형 블로그 플랫폼 DAO이다. 글쓰기 블로그인 미디움Medium과 뉴스 레터 서비스 서브스택Substack, 크라우드 펀딩 서비스 킥스타터Kickstarter의 요소들을 결합한 탈중앙 조직이다. 블록체인을 통해 작가에게 정당한 수익을 제공하는 것이 목표다. 작가는 콘텐츠를 NFT화하여 경매에 올릴 수 있고, 독자는 그 NFT를 구입해 이익이 작가에게 환원되는 구조이다. 금전적 이득뿐만 아니라 기사 콘텐츠가 블록체인에 기록되어 복사 및 복제를 방지할 수 있다.

출시 당시에는 기존 회원이 지망생에 투표하는 '주간 WRITE' 경연 대회에서 상위 10위권에 들어야 가입할 수 있었지만, 이후에 누구나 참여할 수 있는 방식으로 바뀌었다. 대신 주간 경연 대회에서 10위권에 든 작

비탈릭 부테린이 출연하는 이더리움 장편 다큐멘터리 〈Ethereum: The Infinite Garden〉 촬영 현장

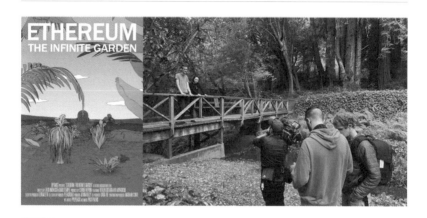

출처: 미러 웹 사이트

가에게는 전용 도메인 이름이 제공된다.

크라우드 펀딩의 기능도 존재해 독자적인 ERC-20 토큰을 만들어 펀드 지원자에게 제공할 수도 있다. 실제로 비탈릭 부테린Vitalik Buterin이 출연하는 이더리움 장편 다큐멘터리 영화 〈Ethereum: The Infinite Garden〉은 미러Mirror를 통해 자금 조달이 이루어졌는데, 불과 3일 만에 목표치인 750ETH(약 150만 달러)를 넘어선 1035.96ETH를 모금하였다. 조달 자금의 95%인 984.16ETH는 영화 제작에 사용될 예정이고, 2%는 탄소 감축을 위한 'Carbonfund.org'에 기부, 3%는 깃코인그랜츠Gitcoin Grants를 통해 오픈소스 이더리움 프로젝트를 지원하는 데 활용될 예정이다. 해당 다큐멘터리 영화는 2023년 겨울에 공개될 예정이다.

⑥ 비츠다오 BeetsDAO

비츠다오 BeetsDAO 는 음악 NFT 매입을 목적으로 한 DAO이다. 원래는 디스코드 Discord 서버에서 알게 된 58명의 사람이 음악 NFT '오일러비츠 EulerBeats' 커뮤니티에서 오일러비츠 EulerBeats NFT를 구입하기 위해

출처: BeetsDAO 웹 사이트

스눕 독의 냥도그 Nyan Dogg NFT

출처: BeetsDAO 웹 사이트

2021년 3월에 설립된 것이 시초이다. 오일러비츠_{EulerBeats} NFT는 오디오 파일에 아트워크가 붙여진 NFT 컬렉션으로 비츠다오_{BeetsDAO}는 4개를 구입했다.

비츠다오_{BeetsDAO}는 자금을 모으는 일 외에도 아트워크나 음악 제작을 의뢰하는 역할도 담당하고 있다. 2021년 4월에는 오리지널 냥캣_{Nyan Cat} 아티스트와 전설적 랩퍼 스눕독_{Snoop Dogg}과의 합작을 이끌어내 '냥도그_{Nyan Dogg}' NFT를 출시, 25만 달러 상당의 수익을 올렸다.

⑦ 에머네이트_{Emanate}

에머네이트_{Emanate}는 음악 업계의 수익 구조 문제에 주목해 스마트 컨트랙트를 이용하여 기존 음원 시장의 비효율적인 시스템을 개선하려고 만든 블록체인 기반의 음원 거래 플랫폼이다. 다양한 음원 관계자들이 자신의 창작물을 공유하여 작품을 만들 수 있도록 지원한다. 실시간으

출처: 에머네이트 웹 사이트

로 아티스트에게 직접 수익이 지급되고, 청취자와의 교류 및 네트워크 관리를 위한 'EMCEmanate Music Co-operative'라고 불리는 탈중앙화 자치 커뮤니티도 존재한다.

마우스트랩Mau5trap, 블랙 북 레코드스Black Book Records, 월드 페이머스 HQWorld Famous HQ, 미디엄레어레코드스MediaumRareRecords 등 인디 음반 업체와 협력 관계에 있어, 해당 아티스트가 발표한 곡은 물론 커뮤니티로부터 제공된 음악도 들을 수 있다.

아티스트뿐만 아니라 청취자 측에도 보상이 주어지는 것이 특징이다. 좋아하는 음악, 아티스트를 커뮤니티 내에서 공유해 보상을 얻거나, 작성한 플레이리스트를 통해 소액의 금전적 이득도 얻을 수 있다.

⑧ 프라이즈 다오Fries DAO

프라이즈 다오Fries DAO는 'DAO에서 관리하는 패스트푸드 프랜차이즈 제국'을 비전으로 내걸고, 버거킹, 타코벨, 도미노 등의 패스트푸드 프랜차이즈 구매를 목적으로 삼아 2021년 12월에 설립되었다. (Fries는 감자튀김인 프렌치 프라이즈French Fries에서 따온 말이다.) 사실 시작은 암호화폐 투자에 실패한 사람들이 맥도널드 같은 패스트푸드 체인점에서 일하는 것을 보고, 트위터에 "전 세계 패스트푸드점을 사들여 모든 암호화폐 거래자 들에게 일자리와 음식을 제공하도록 하자"라고 올린 반 농담에서 비롯되었다.

DAO 설립 첫해 목표는 패스트푸드점을 하나 이상 구매하는 것인데, 이것이 이뤄지지 못하면 모금된 금액은 비용을 제외한 후 커뮤니티에 반환

we're buying fast food places

a decentralized social experiment where a crypto
community builds and governs a fast food franchise
empire via wisdom of the crowd

for members ↓   for franchisees ↓

되도록 하였다. 프라이즈 DAO는 식사 무료권이나 할인 등의 특전이 붙은 NFT 멤버십 카드를 판매하여 무려 540만 달러 이상의 자금을 확보했다. 여기에 전前 도미노 피자 부사장 코리 스피로프Kory Spiroff가 어드바이저로 합류하면서 그 활동은 점차 확대되고 있다.

거버넌스 토큰인 프라이즈FRIES 토큰도 발행했는데, 프라이즈FRIES 토큰 보유자는 퀵서비스 레스토랑quick service restaurant QSR(패스트푸드의 좋지 않은 이미지를 없애고자 최근 QSR이라는 용어로 변경해 사용)의 분산 네트워크 운영에 참여할 수 있고, 자금의 사용처와 어느 점포를 인수할지에 대해서도 발언할 수 있다. 자금은 패스트푸드 레스토랑 브랜드를 인수하고 운영하는 데 사용되는데, 파트너사 후보로 서브웨이, 버거킹, 파파이스, 도미노피자를 주시하고 있다.

⑨ 루크퍼퓸Rook Perfumes

메타버스에서 '향'을 연구하는 영국의 향수 브랜드 루크퍼퓸Rook

Perfumes 은 사용자와 공동으로 향수를 개발했다. 세계 최초로 DAO에서 공동 개발한 향수이다.

루크퍼퓸이 발행한 NFT를 구입한 사용자는 메타버스상에서 토론을 하거나 향수에 대해 배우고 게임에 참여하는 등 약 4개월간의 프로젝트에 참여하게 된다. 그리고 최종적으로는 공동 디자인한 NFT 라벨이 붙은 실물의 향수를 제공받는다. 또한 DAO에 소속된 멤버가 개발한 향수를 판매할 경우 매출에 따른 로열티도 받을 수 있다.

⑩ 얍 다오YAP DAO

얍YAP DAO는 2018년에 결성되어 디파이Defi(탈중앙화 금융) 업계에서 PR 및 마케팅 지원을 제공하는 커뮤니티이다. 마케터, 콘텐츠 제작자, 디자이너 등 비非개발자들이 디파이Defi 시장에서 일할 수 있도록 지원하는 서비스 마켓플레이스이다.

실제로 디파이DeFi 업계에서는 커뮤니케이터, 마케터, 콘텐츠 제작자, 소셜 미디어 관리자, 디자이너가 많이 부족한데, 특히 효과적이고 생산적인 방식으로 여론을 형성할 수 있는 커뮤니케이터, 마케터가 없으면 디파이DeFi 생태계가 작동하지 못할 정도로 이들의 역할은 매우 중요하다.

⑪ 디센트럴라이즈드 픽처스Decentralized Pictures

디센트럴라이즈드 픽처스Decentralized Pictures는 영화 제작 지원을 목적으로 설립된 DAO이다. 영화 제작자, 영화 팬, 아티스트로 구성되어 크리에이터에게 피드백과 의견을 제공함으로써 뛰어난 재능과 콘텐츠가 세상에 선보이도록 하는 것을 사명으로 하고 있다. 영상 업계에 소속된 사람들에 의해 설립되어, 업계와의 연결이 어렵거나 금전적인 이유로 제작이 어려웠던 크리에이터에게 기회를 제공하는 역할도 수행한다.

크리에이터의 선정은 토큰 보유자가 투표를 실시해 결정하고, 수상자는 자금 조달이나 제작 및 커리어 서포트, 톱 에이전시와의 미팅 등을 제공받을 수 있다.

⑫ 옵스큐라Obscura

포토그래퍼를 위한 DAO인 옵스큐라Obscura는 보다 많은 사진 작가가 자신의 작품을 판매할 수 있도록 지원하고자 만들어졌다. 커뮤니티 내에서 베테랑 포토그래퍼와도 만날 수 있고, 사진을 NFT화하기 위한 지식을 배울 수도 있다.

⑬ 비트다오BitDAO

다양한 디파이DeFi 생태계에 투자하기 위한 DAO다. 보유 자금 기준 세계 최대 규모를 자랑한다. 여러 차례 대형 자금 조달에 성공해 25억 달러 이상을 운용하고 있다. 피터 틸Peter Thiel, 앨런 하워드Alan Howard, 파운더스 펀드Founders Fund 같은 대형 투자자 그룹들도 지원했다. 싱가포르 파생 상품 암호화폐 거래소 바이비트Bybit는 전체 거래량의 0.025%(연 10억 달러 상당)를 비트다오에 투입하기로 약정했다. 전통적인 벤처 펀드에 블록체인 기술을 집목한 형태로, 자체 토큰 BIT 보유자만이 투자 집행을 제안하고 투표할 수 있다. 비트다오는 아트, 엔터테인먼트, 금융, 기술 부문 전반에서 웹 3.0의 발전을 지원할 계획이다. 스테이킹, 대출 등에 자금을 활용

출처: 비트다오 웹 사이트

할 수 있는 솔루션도 개발하고 있다.

⑭ 디센트럴랜드 다오 Decentraland DAO

주택보유자협회와 도시계획위원회가 결합된 형태의 메타버스 관리 플랫폼이다. 이용자가 NFT 기반 토지, 아이템 등을 생성, 거래, 보유할 수 있는 블록체인 기반 메타버스 디센트럴랜드의 가상 토지 9만 필지 이상을 관리한다.

중앙화된 메타버스의 경우 관리자가 이용자들을 마음대로 통제하고 검열할 수 있다는 치명적인 문제가 있다. 또한 서비스 운영이 갑자기 중단되면 이용자들이 메타버스에서 사 모았던 아이템들은 모두 사라지고 만다. 디센트럴랜드와 같은 블록체인 기반 메타버스 플랫폼은 특정 운영자가 아닌 이용자 커뮤니티의 소유로, 플랫폼 내 토지와 건물, 아바타 의상 등의 매매는 스마트 컨트랙트를 통해 자동으로 이뤄진다. MANA는 DAO 투표에 사용되는 거버넌스 토큰으로, 랜드LAND와 내 아바타가 입

출처: 디센트럴랜드 웹 사이트

을 수 있는 캐릭터 의상 '웨어러블' 등을 매매할 때도 사용된다. NFT를 매매하는 데 사용되기 때문에 디센트럴랜드 MANA는 대표적인 NFT 관련 코인으로 꼽힌다.

디센트럴랜드의 경우 디센트럴랜드 DAO 참여자들이 투표를 통해 디센트럴랜드 운영 방향을 결정한다. 이때 투표권은 보유하고 있는 디센트럴랜드 코인 MANA 수량, 디센트럴랜드의 가상 부동산 랜드LAND나 건물 수로 결정된다.

DAO가 투표로 결정하는 사안들에는 "LAND 등 플랫폼 내 부동산에 새로운 요소를 집어넣거나 프로토콜을 업데이트할지 말지", "LAND 경매 일자를 언제로 할지", "아바타 의상 등을 판매하는 마켓플레이스의 수수료를 얼마로 할지" 등이 있다. 디센트럴랜드 DAO의 투표 페이지에 들어가 보면 여러 투표가 진행되고 있음을 알 수 있다. 디센트럴랜드 토큰 마나MANA와 가상 토지 랜드LAND의 보유자는 보조금 지급, 변경 사항 제안 등 디센트럴랜드 운영에 참여할 수 있으며, 보유 자산에 비례하는 투표권을 행사할 수 있다.

⑮ 프렌즈위드베네핏다오FriendsWithBenefitsDAO, FWB

FWB 토큰 보유자에게만 개방되는 회원 전용 암호화폐 소셜 클럽이다. 유명 개발자, 예술가 등이 참여하는 배타적인 커뮤니티로, 토큰 보유량에 따라 단계적으로 고급 정보, 비공개 행사 등을 접할 수 있게 된다. 토큰 1개를 보유하면 관련 뉴스 레터를 구독할 수 있고, 5개를 보유하면 비공개 행사에 입장할 수 있는 식이다. 75개 토큰을 보유하면 다오의 핵심

출처: FWB 웹 사이트

활동인 디스코드discord 채널에 참여할 수 있다.

⑯ 렉스다오LexDAO

법률과 암호화폐를 좋 아하는 엔지니어들이 모 인 조직이다. 큰 비용이

드는 법률 서비스를 대신할 수 있는 솔루션을 개발한다. 은행이나 제3자 를 이용하지 않고, 상품이나 용역이 제공될 때까지 자금을 묶어둘 수 있 는 '렉스락커LexLocker', 법 전문 엔지니어로 구성된 '다중 서명 패널을 통 한 중재 서비스' 등을 개발했다. 블로그를 통해 블록체인 법률 분쟁에 대 한 인사이트도 공유하고 있다.

⑰ 레이드길드RaidGuild

프리랜서 개발자와 디자이너가 만든 웹 3.0 마케팅과 디자인 에이전시 조직이다. 웹 3.0 발전을 위해 자원과 브랜딩, 협업 도구를 공유하며 컨설팅, 디자인, 풀스택 개발, 마케팅 서비스를 제공한다. 작업 수익금은 오픈 소스 툴링과 공공재 개발에 사용한다. 2020년 출시됐으며, 누적 회원 수 130명, 누적 자금 620만 달러를 보유하고 있다.

출처: 레이드길드 웹 사이트

⑱ 유니스왑 다오Uniswap DAO

유니스왑 DAO는 탈중앙화거래소DEX인 유니스왑의 거버넌스 조직이다. 유니스왑 개발팀은 지속 가능하고 경쟁력 있는 DEX를 위해 2020년 9월 거버넌스 토큰인 UNI를 출시, 커뮤니티가 일상 운영과 개발에 대해 공식적으로 의견을 낼 방안을 마련했다. 유니 토큰 보유자는 유니스왑 프로토콜의 운영이나 인프라 변경 제안에 투표할 수 있다. 유니스왑다오가 일부 스테이블코인 스왑 수수료를 인하를 결정해 유니스왑으로 물량이 쏠리는 등 디파이 시장에서 상당한 영향력을 행사하고 있다.

출처: 유니스왑 웹 사이트

제5장

웹 3.0과 ESG: 웹 3.0으로 환경, 사회, 지배 구조 문제를 해결하다

WEB 3.0
A REVOLUTION
IS COMING

웹 3.0과 ESG의 지향점, '주주 자본주의 탈피'

'이해관계자 자본주의'라는 공통분모

웹 3.0은 탈중앙화 자율 조직 DAO를 중심으로 생태계(블록체인 네트워크) 참여자 모두에게 이익(보상, 여기서는 암호화폐)이 배분되는 토큰 이코노미를 지향한다. 이는 '기업의 주인은 주주'이고 기업의 이익은 주주에게 우선적으로 분배되는 '주주 자본주의'에서 생태계 참여자를 중시하는 이른바 '참여 자본주의, DAO 자본주의'로의 전환을 의미한다. 프로토콜 기반의 토큰 이코노미를 중심으로 펼쳐질 새로운 자본주의는 그동안 이익 창출에 직·간접적으로 기여했던 고객, 근로자, 거래 기업, 지역 사회 등 혜택에서 소외되었던 참여자, 즉 이해관계자들에게 정당한 방법으로 이익을 배분함으로써 '장기적 가치'를 창출하는 선순환 시스템을 만든다.

그런데 웹 3.0을 설명하다 보니 떠오르는 단어가 하나 있다. 바로 ESG다. 앞으로 모든 투자에 있어서 ESG를 평가 기준으로 삼겠다며 ESG 확

산의 기폭제 역할을 한 세계 최대 자산운용사 블랙록의 래리 핑크 회장
은 그룹 내 CEO들에게 다음과 같은 내용의 연례 서신을 보낸 바 있다.

> "사회는 공기업·사기업을 막론한 모든 기업에 사회적 목적에 봉사
> 하라고 요구하고 있습니다. 오랜 시간에 걸쳐 번창하기 위해서는 기
> 업이 재무 실적만 챙겨서는 안 됩니다. 기업은 사회에 어떻게 긍정적
> 으로 이바지하고 있는지도 보여주어야 합니다. 주주, 직원, 고객, 사
> 업장이 위치한 지역 사회와 같은 모든 이해관계자에게 골고루 이익
> 을 나누어줄 수 있어야 합니다."
>
> 리베카 헨더슨,《자본주의 대전환》,
> 1장 '주주 자본주의는 이미 시효가 끝났다' 중에서

ESG는 환경Environmental, 사회Social, 지배 구조Governance를 뜻하는 말
로 기업 경영에서 지속 가능성을 달성하기 위한 비재무적 핵심 요소이다.
ESG는 단기적인 성과보다 기업의 장기적 성장 및 지속 가능 경영에 초점
을 맞추어 투자 및 경영을 추진한다.

주가를 최대한 올리고 배당이나 자사주 매입을 통해 주주 이익을 극대
화하는 등 단기적 성과에만 치중했던 주주 자본주의는 시간이 지날수록
부작용이 발생하면서 오히려 기업의 장기적인 성장을 저해한다는 비판
이 제기되었다. 기업이 벌어들인 이익을 주주에게 과도하게 배당해 이익
에 기여한 근로자들 연봉을 올리지 못하거나 거래 기업에 단가를 올려주
지 못하는 일이 발생하는가 하면, R&D 투자, 우수 인재 확보 등 장기적

성장을 위한 투자가 위축되면서 기업 경쟁력이 약화되고 결국 이익이 감소하는 악순환을 초래하게 되었다.

그래서 2019년 8월, 아마존, 애플 등 미국의 영향력 있는 CEO 181명으로 구성된 '비즈니스 라운드 테이블BRT'에서는 "주주 자본주의의 시대는 막을 내렸다"라고 선언하며, 기업의 목적은 '고객, 근로자, 거래 기업, 지역 사회, 주주 등 모든 이해관계자에게 봉사하는 것'임을 분명히 하는 '이해관계자 자본주의'가 대두되었다. 오랜 시간 자본주의 사회에서 절대적 기준으로 인식되어 온 주주 자본주의에 종지부를 찍고 이해관계자 자본주의를, 그것도 자본주의의 대표라 할 수 있는 미국의 CEO들이 선언한 것이다.

BRT 선언 이후 블랙록을 중심으로 한 글로벌 투자 기관들은 ESG 투자에 동참하기 시작했고, ESG는 이제 주주 자본주의에서 이해관계자 자본주의로 변화하는 전 세계적인 대전환기의 핵심 트렌드로 자리매김

웹 3.0의 토큰 이코노미와 ESG의 이해관계자 자본주의는 주주 자본주의 탈피를 지향

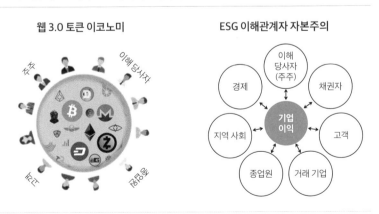

웹 3.0 토큰 이코노미

ESG 이해관계자 자본주의

하였다.

이처럼 참여자 모두에게 이익을 배분하는 웹 3.0의 토큰 이코노미와 이해관계자 자본주의를 중시하는 ESG는 기존의 주주 자본주의에서 탈피해 생태계 참여자 모두가 소외되지 않고 정당하게 이익을 누릴 수 있도록 한다는 점에서 일맥상통한다.

웹 3.0을 통한 ESG 경영으로 위기를 극복하고 장기적 가치를 실현

웹 3.0이 기업과 사회에 도입되어 제대로 실현된다면 ESG가 추구하는 '이해관계자 자본주의' 역시 자연스럽게 구현될 수 있다. 토큰 보유자는 기업의 구성원이자 고객이며 이해관계자이다. 1토큰당 1투표권이 제공되므로 보상은 물론 기업의 사업 방향, 인사 결정, R&D 투자 등 경영 전반에 관여할 수 있어 기업이 올바른 방향으로 나갈 수 있도록 컨트롤 할 수 있다. 또한 기업은 운영 투명성을 위해 회계 감사를 받지만, 웹 3.0이 도입되면 활동과 거래 내용이 모두 블록체인에 기록되기 때문에 거래 내역을 누구나 확인할 수 있어 투명성이 높다. "주주는 기업의 주인이다"라는 오래된 자본주의 명제는 웹 3.0을 통해 고객, 근로자, 거래 기업, 지역 사회, 주주 등 다양한 이해관계자들을 만족시키는 자본주의로 변화해야 한다.

실제로 최근 들어 많은 국가와 기업은 환경 및 사회, 기업의 지배 구조 문제를 해결하기 위해 웹 3.0의 기반 기술인 블록체인이나 DAO를 도입하고 있다. ESG가 기업 경영의 대세가 된 지금, 웹 3.0은 차별화된 경쟁력과 함께 기업의 장기적 가치를 창출하는 중요한 요소로 작용할 것이다. 주주 자본주의가 주주만을 위한 일차원적 경영이라면, 웹 3.0에 기반한 이해관계자 자본주의는 생태계 참여자와 상생하는 입체적 경영이다. 코로나 사태, 러시아-우크라이나 전쟁, 인플레이션과 금리 인상 등 급변하는 세계 정세 및 위기 속에서 웹 3.0을 통한 이해관계자 자본주의의 실천은 위기를 극복하고 기업의 장기적 경쟁력을 높이는 강력한 수단으로 부상할 것이다. 다가올 웹 3.0 시대에서 살아남는 기업은 어쩌면 ESG 경영을 가장 잘하는 기업이 아닐까 한다.

ESG의 진정성은
언데일치(言D一致)에서 비롯된다

ESG 선언과 그에 따른 결과 데이터는 같아야 한다

2021년에 《ESG 혁명이 온다》를 발간한 후 여러 기업과 기관들을 대상으로 ESG 관련 강연 및 컨설팅을 한 바가 있었다. 전 세계적인 트렌드인 만큼 ESG 경영에 대한 관심과 열의가 높았었는데, 특히 많이 받았던 질문 중 하나가 'ESG의 진정성'에 대한 것이었다. ESG의 진정성이 중요한 것은 잘 알겠는데, 이 진정성을 어떻게 나타내고 파악할 수 있는지에 대한 질문이었다.

그때마다 필자는 "진정성은 파타고니아 이본 쉬나드 회장의 경우처럼 CEO나 창업자의 확고한 ESG 철학과 비전이 경영 전반에 깔려 있어야 한다"고 강조한다. 그러면서 또 하나 이야기하는 것이 있다. "ESG의 진정성은 '언데일치言D一致'에서 비롯된다. CEO나 경영진이 내뱉은 말言과 그에 따른 데이터Data가 같아야 한다. ESG 경영의 진정성은 신뢰할 수 있는 데이터가 뒷받침되어야 한다"라고 역설한다.

사실 기업의 ESG 활동을 평가함에 있어서 현재 판단 근거로 활용하고 있는 유일한 자료는 기업이 발표하는 공시 보고서이다. 물론 공시 보고서는 공시 작성 지침에 따라 기준에 맞게 알기 쉽고 충실하게 작성되고, 그래야만 한다. 특히 ESG 경영 활동과 성과를 외부에 공개하는 지속 가능 보고서는 글로벌 가이드 라인에 따라 최근 3년간의 ESG 내용을 보고한다. 그런데 지속 가능 보고서를 기업이 자체적으로 작성하기 때문에 데이터의 신뢰도를 보장할 수 없는 경우가 있다. 심지어 데이터를 조작(워싱)하거나 과장하는 일도 종종 발생한다. 제3자 기관의 검증을 받는다고 하지만 기업이 제출한 문서와 실무자 인터뷰에만 의지하기 때문에 마음만 먹으면 얼마든지 거짓되거나 과장된 보고서를 만들 수 있다. 제3자 기관을 선정하고 비용을 지급하는 것도 역시 기업이기 때문에 보고서의 내용을 100% 신뢰하기란 쉽지 않다.

기업의 ESG 선언은 말에서 그치지 말고 데이터로 진정성을 보여줘야 한다

'언데일치(言D一致)'
"말과 그에 따른 데이터가 같다"

웹 3.0
(블록체인)   데이터
투명성   ESG

데이터 조작으로 유명한 사례로 '폭스바겐 배기가스 조작 사건'이 있다. 2015년 9월, 폭스바겐의 디젤 엔진에서 배기가스가 기준치의 40배나 발생한다는 사실이 밝혀졌는데, 문제는 주행 시험 중에만 저감 장치를 작동시켜 환경 기준을 충족하도록 엔진 제어 장치를 프로그래밍했다는 것이다. 게다가 폭스바겐 규제 준수 책임자가 배출 가스 문제를 기술적 결함에서 발생한 것처럼 인증 서류를 1년 넘게 위조했다는 사실이 드러났다. 폭스바겐은 대규모 리콜과 과징금 그리고 수많은 민사 소송에 시달리며 기업 실적에 막대한 손실을 입었다.

2021년 3월에는 중국 허베이河北성 탕산唐山시의 4개 철강사가 탄소 배출 저감 의무를 회피하려고 데이터를 누락 또는 위조했다가 기소되기도 했다. 이 일을 계기로 중국 환경부는 탄소 배출권 및 탄소 배출 허용량 관리 규정을 통해 데이터 위조 처벌 및 탄소 배출권 거래에 대한 감독을 강화하였다.

웹 3.0 기반 기술로 ESG 데이터의 위변조를 방지하다

기업의 ESG 경영은 기업이 속한 산업과 비즈니스 환경, 이해관계자와의 커뮤니케이션 및 피드백 등 다양한 요인에 따라 달라진다. 국내외 ESG 평가 기관만 해도 150개 이상이 될 만큼 정답도 없고 결과도 제각각이다. 그렇기 때문에 ESG 경영의 진정성을 가늠하기 위해서는 신뢰할 만한 데이터가 요구된다. 보고 가능하고 재현 가능하며 감사 가능한 데이터가 있어야 하고, 무엇보다 인위적인 위조나 변조가 불가능해야 한다.

이에 대한 해결책으로 떠오르고 있는 것이 웹 3.0의 기반 기술인 블록체인이다. 분산 저장 및 암호화 기술을 적용해 데이터의 위변조나 해킹을 원천 차단하는 블록체인은 데이터의 투명성이 절대적으로 요구되는 ESG에 가장 적합한 IT 기술이라 할 수 있다.

예를 들어 현재의 탄소 배출권 시장은 특정 국가와 기업에 집중되어 있고 투명성이 부족하다. 블록체인의 분산원장 기술은 거래의 안전성과 투명성을 높이는 동시에 개인이나 기업이 중개 기관의 개입 없이 보다 직접적으로 탄소 거래와 구매를 가능하게 할 수 있다. 게다가 탄소 배출권 시장은 대부분 장외 시장에서 거래되고 있어 거래와 보관의 비효율성 문제도 발생한다. 만약 탄소 배출권 거래에 소유권의 증명서이자 자산의 성격을 지닌 NFT를 적용한다면 개인 대 개인은 물론 기업 대 기업 및 기업과 개인, 개인과 정부 간 탄소 거래 시장이 생겨날 수도 있다.

탄소 배출권 거래소 에어카본AirCarbon은 탄소 거래 시스템에 분산원장 기술을 사용하는 글로벌 탄소 거래소이다. 탄소 시장에 전통적인 상품 거래 인프라를 도입한 것인데 블록체인을 이용하여 추적 가능하고 투명한 거래 정보를 제공한다. 블록체인 기반이므로 모든 참가자가 거래소에서 사용하는 에어카본 토큰에 기록된 특정 탄소 크레딧을 조회할 수 있다. 토큰의 소유권 정보는 기본적으로 기밀성을 보장하기 위해 익명으로 유지되지만 탄소 거래에 관심이 있는 기업에는 오픈되어 있다. 기업용 블록체인 솔루션 개발사인 페린Perlin과도 파트너십을 체결해 전 세계 탄소 배출량의 2.5%를 차지하는 항공 분야 대상의 시스템을 개발 중이다.

환경 오염의 주원인 중 오·폐수를 처리하는 슬러지sludge(하수 처리를 하거나 정수를 하는 과정에서 생기는 침전물) 산업에서도 블록체인이 활용되고 있다. 하수 슬러지는 해양 배출이 엄격하게 금지되어 관리되므로 슬러지의 투명한 관리와 처리가 필수적이다. 블록체인을 도입하면 정부 지자체 기관에서 슬러지 처리 공장에 슬러지 처리를 위탁할 시 슬러지의 양, 일자, 슬러지 배출처 정보 등 관련 정보들을 블록체인에 기록하여 투명하게 보관한다. 슬러지 처리 후 얻는 탄화물은 연료탄으로 화력발전소에 판매하고 이때, 화력발전소 정보, 탄화물 양, 거래 일자 등의 정보들도 블록체인에 기록하여 보관한다.

웹 3.0 시대가 도래하면 말로만 외치던 ESG 경영은 더 이상 통용되지 못한다. CEO가 선언한 ESG 목표와 여러 활동은 블록체인에 기록되어 모든 참여자가 지켜보는 가운데 절대적으로 실행되어야 한다. 웹 3.0 사회에서 ESG 경영을 수행하는 모든 기업은 백마디 말이나 세련된 광고가 아닌 투명하고 정확한 데이터로 진정성을 보여줘야 할 것이다.

환경 문제 해결에 앞장서는
웹 3.0

블록체인으로 플라스틱 폐기물 재활용을 관리하다

2017년 5월 독일 본에서 열린 UN 기후 회의climate conference에서는 이더리움 블록체인을 이용하여 기후변화에 대처하자는 방안이 제안되었다. '기후변화에 관한 유엔 기본 협약UN Framework Convention on Climate Change' 직원인 알렉산드르 겔레트 파리는 "블록체인은 이해관계자의 참여와 투명성을 증진시키고 기후변화 대응을 위한 신뢰와 혁신적인 솔루션을 제공"한다고 주장했다. 블록체인이 지구 환경 보호를 위한 만병통치약은 아니지만, 환경 파괴에 효과적으로 대처하기 위한 강력한 도구가 될 수 있다.

플라스틱 뱅크Plastic Bank는 2013년 캐나다 밴쿠버에 설립된 사회적 기업으로 블록체인 기술을 기반으로 폐기물 재활용 프로그램을 운영한다. 플라스틱 뱅크는 플라스틱으로 인해 바다가 오염되는 경우의 80%가 저

개발 국가에서 일어난다는 점에 착안해 비즈니스 모델을 만들었다. 저개발 국가의 빈곤층이 바다에 버려진 플라스틱을 수거해오면, 이를 물질로 보상해준다. 이는 바다의 수질 오염을 방지하면서도 빈곤층이 일정 수준 이상의 생활을 할 수 있게 해준다. 일석이조의 효과이다.

하지만 이 과정에서 플라스틱 뱅크는 두 가지 문제점에 봉착했다. 첫 번째는 이 모든 거래 과정을 펜과 종이로 일일이 기록해야 한다는 점, 또 다른 문제는 플라스틱을 수거하는 사람들 대부분이 은행 계좌가 없었고, 부패와 범죄로 현금 거래가 매우 위험하다는 것이었다.

이를 해결한 것이 블록체인이다. 플라스틱 뱅크는 IT 기술의 도움을 받기 위해 IBM과 협업을 택했다. 리눅스 기반의 소형 메인프레임 시스템인 'IBM 리눅스원'에 프라이빗 클라우드 기반의 블록체인을 구축했다. IBM이 주도하고 있는 오픈소스 블록체인 프로젝트인 '하이퍼렛저' 기술을 통해 디지털 토큰token 보상 시스템을 만들었다.

이를 통해 플라스틱 뱅크는 수거한 플라스틱을 현금화하고 빈곤층에게 제공하는 보상 체계, 플라스틱을 구매하는 기업과의 거래 등 플라스틱 재활용의 모든 거래를 실시간으로 기록할 수 있게 했다. 현금 거래에서의 불신을 해소하고, 신뢰를 확보했다.

은행 계좌가 없는 저소득층 사람들은 스마트폰 애플리케이션의 디지털 지갑을 통해 지급된 토큰(크레딧)으로 생수나 음식, 연료 등을 살 수 있다. 플라스틱 뱅크와 협약을 맺은 특정 가게에서 가능하다. 심지어 일부 학교는 수업료를 이 디지털 토큰으로 받는다. 수거된 플라스틱을 구매하는 기업들 역시 블록체인의 공급망 투명성을 기반으로 안심하고 거래할

플라스틱 수거를 통한 토큰으로 물건을 구매하는 사람들

수 있다.

탄소 배출권과 암호화폐의 결합으로 보상과 거래 투명성을 모두 실현

탄소 배출권 거래제는 정부가 온실가스 배출권 총량을 설정해 개별 기업들에 할당하고, 할당 범위 내에서 배출을 허용하면서 여분 또는 부족분에 대해 타 기업과의 거래를 허용하는 제도이다. 이는 환경 오염 감소 비용이 적게 드는 장점이 있지만, 제도 운영을 위한 행정 비용 등이 크다는 단점도 있다. 국내의 경우, 기업들은 정부에서 할당받은 배출권을 온실가스종합정보센터GIR에 등록하고, 한국거래소나 장외 시장에서 거래할 수가 있다. 하지만 1회 거래량 단위가 커서 일반인들의 접근이 어려운 현실이다.

만약 블록체인 기술이 적용된다면 개인도 안전하고 투명한 탄소 배출권의 거래가 가능해진다. 영국의 탄소 배출권 거래소 CTX는 미국 블록체인 기업 클라이밋코인과 개인 간 블록체인 기술을 이용한 탄소 배출량 거래 시스템에 대한 계약을 체결했다. 기후변화 대응에 공감하는 참여자들에게 암호화폐를 발행함으로써 블록체인 기술을 활용한 탄소 배출권 시장 대중화에 공헌하였다. 2021년 5월에는 오염원과 탄소 발자국을 감소시키고 신재생 에너지와 나무 조림을 확대하자는 취지에서 만든 친환경 지향 암호화폐 '그린트러스트GreenTrust'가 해외에서 상장된 바 있다. 또한 글로벌 탄소 크레닛으로 개인, 기업 모두가 기후변화에 대응하고 단소 배출권 거래에 참여할 기회를 확대시키고자 만든 블록체인 기반 암호화폐인 'MCO$_2$' 토큰이 상장되기도 했다.

일본 IBM과 미쓰비시중공업은 탄소 포획 및 재활용 솔루션 개발을 위해 블록체인 기술을 활용하여 이산화탄소를 추적하고 재활용하는 시스템 CO$_2$NNEX를 공동 개발하고 있다. CO$_2$NNEX는 블록체인을 사용하여 이산화탄소의 포획 및 배포에 대한 데이터를 추적하여 투명성을 높이고 이산화탄소 포획과 사용률에 대한 데이터를 획득함으로써 기업에 탄소 중립 지원을 제공할 수 있다. 또한 탄소 공급망도 가시화됨에 따라 ESG에 관심이 높은 투자자들을 확보할 수 있다.

IBM은 미세 먼지 문제를 해결하기 위해 중국 기업인 '에너지 블록체인 랩스'와 파트너십을 체결해 탄소 배출을 관리하는 '그린 자산 관리 플랫폼'을 개발하기도 하였다. 여러 공장의 탄소 배출을 블록체인으로 수치화하여 기록하고 스마트 컨트랙트를 통해 자동으로 정산해 참여자들에게 기록들을 투명하게 공개하여 저탄소 배출을 이끌어낸다.

한편 캐나다의 블록체인 기반 기후 솔루션 기업 베리트리Veritree는 나무 심기 과정에 블록체인 기술을 적용한다. 나무 하나하나가 제대로 자리 잡았는지 추적하고, 망가진 숲이 다시 조성되고 있는지 확인하기 위함이다. 나무를 심는 데 후원한 후원자들은 스마트폰을 통해 나무의 상태를 확인할 수 있다. 삼성전자는 베리트리와 업무 협약을 맺고 마다가스카르에 맹그로브 나무 200만 그루를 심겠다고 발표하기도 하였다. 맹그로브 나무는 탄소 흡수량이 뛰어난 나무로 알려져 있는데, 이 프로젝트로 약 200헥타르의 땅을 회복시키고, 향후 25년간 10억 파운드의 이산화탄소가 흡수될 것으로 보고 있다.

웹 3.0 시대에서의 탄소 중립 활동은 목표치 달성을 위한 무조건적인 감축 노력보다는 이처럼 블록체인 기반하에서 투명하게 정보가 공유되면서 암호화폐 보상을 통한 자발적 감축 노력이 확산될 것으로 기대되고 있다. 탄소 중립 실현에 기여하고자 하는 많은 개인과 단체 등의 자발적 참여가 확대된다면 2050년까지 '순 탄소 배출량 0(제로)'는 결코 불가능한 목표는 아닐 것이다.

환경에 진심인 DAO, 지구를 지킨다

탄소 배출권 시장은 강제성 여부에 따라 규제를 통해 탄소 배출권 거래가 이뤄지는 의무적 탄소 시장Compliance Carbon Market과 탄소 중립 선언 및 RE100('Renewable Energy 100%'의 약자, 기업이 사용하는 전력의 100% 를 재생 에너지로 충당하겠디는 자발적 캠페인) 선언을 위한 자발적 탄소 시장 Voluntary Carbon Market으로 나뉜다. 의무적 탄소 시장은 온실가스 배출권의 할당 및 거래에 관한 법률에 따라 탄소 배출 감축 의무가 있는 기업에 강제된 시장이다. 환경부에서 할당하는 탄소 감축 의무가 있는 업체, 유동성 및 가격 발견 기능 업무를 수행하는 시장 조성자, 고유 재산을 운용하고 있는 탄소 배출권 거래 중개 회사 등이 참여한다.

반면 자발적 탄소 배출권 시장은 정부가 할당한 의무적 시장 이외의 모든 탄소 시장을 의미한다. 기업이나 기관, 개인들이 사회적 책임과 환경 보호를 위해 자발적으로 탄소를 감축하기 위한 시장이다.

탄소 배출권 인증 및 발행 기관인 베라VERRA는 공급 업체와 협력하여 자발적 탄소 시장 활성화를 위한 '카본 DAOCarbon DAO'를 설립하였다. 카본 DAO는 SFSTSemi-Fungible Security Token(부분 대체 가능 토큰)를 발행해, 이 토큰에 고유한 VCUVerified Carbon Units(인증된 탄소 단위) 참조 번호와 프로젝트 유형, 출처 등 식별 가능한 다양한 속성을 기록한다. SFST는 대체 가능한 탄소 토큰과 교환하여 탄소 풀에 예치할 수 있다. 그리고 이 탄소 토큰을 소각하면 1톤의 탄소 배출량이 감소된다. 탄소 배출권은 카본 DAO가 승인한 오프체인off-chain(해당 블록체인 외부의 네트워크) 관리인이 보유하는데, DAO는 소각된 탄소 배출권을 철회하고 폐기시키는 역할을 수행한다. 또한 실시간 대시보드를 통해 스마트 컨트랙트로 관리되는 탄소 상쇄Carbon offset 양을 추적하고 지원하는 프로젝트를 탐색할 수 있다. DAO라는 자율화된 조직을 통해 투명한 탄소 거래와 함께 시장의 비효

율성을 줄이고 공정한 시장 가격을 보장한다.

디아톰Diatom DAO는 해양 보호를 위해 바다에서 플라스틱 폐기물을 제거하는 검증된 프로젝트에 직접 투자하여 바다의 생명 유지 시스템을 복원하는 생태계를 조성하고 화폐를 개발한다.

식물성 플랑크톤인 'Diatoms'에서 이름을 따온 디아톰은 생태계를 오염시키는 방대한 양의 플라스틱 쓰레기를 제거하여 고래와 식물성 플랑크톤 개체 수를 활성화시키는 데 초점을 맞춘 DAO이다. 해양 플라스틱 제거 자금을 지원하는 동시에 기업들에 플라스틱 쓰레기를 상쇄할 수 있는 검증된 수단을 제공한다. 즉 탄소 배출권 시장에서의 크레딧처럼 기존 가치 사슬을 기반으로 하는 새로운 가치 사슬을 구축할 플라스틱 환원 크레딧PRC을 개발하고 있다. 플라스틱 폐기물의 제거를 위한 PRC를

디아톰 DAO와 웨일즈 NFT

출처: Diatom DAO 웹 사이트

발행한 다음, 디아톰의 금고에 보관한다. 이를 통해 바다와 미래를 보호할 탈중앙화 재생 금융 모델이 만들어진다.

　기업들이 탄소 배출량을 상쇄하기 위해 탄소 배출 시장에 막대한 자본을 투자하고 있는 것처럼, 디아톰은 해양 플라스틱을 제거하는 PRC 검증 프로젝트에 투자하여 플라스틱 폐기물을 없애는 데 기여한다. 디아톰이 지구의 생명을 유지하는 필수 공생 생물학적 시스템 프로젝트의 자금 지원을 위해 2021년 12월 1일 출시한 웨일즈Whalez NFT는 며칠 만에 약 540만 달러의 자금을 확보하며 유례없는 성공을 거두었다. 웨일즈 NFT의 판매로 바다에 버려지는 약 360만 kg의 플라스틱 폐기물을 제거할 수 있었다. 웨일즈 NFT의 성공적 판매는 디아톰 DAO를 통한 바다 보호 프로젝트가 수십억 달러를 조달하고 촉매 작용을 할 수 있는 장기적 잠재력이 있다는 것을 증명했다.

블록체인으로
공급망 문제를 해결하다

ESG의 핫 이슈로 떠오른 공급망 문제

ESG 중 S, 사회Society 영역에서 최근 주목받고 있는 분야가 공급망이다. 2022년 초에 유럽연합EU 집행위원회는 '기업 지속 가능성 공급망 실사 지침'을 발표하여 공급망 실사를 정책과 제도 영역으로 편입시켰다. UN 글로벌 컴팩트Global Compact(UNGC 코피 아난 전 UN 사무총장의 주도로 2000년 7월 출범한 기업의 사회적 책임에 관한 국제 협약. ESG의 지향점인 지속 가능 발전 목표Sustainable Development Goals의 목표 달성도 지원)에 따르면, '지속 가능한 공급망'은 제품 및 서비스의 생애 주기에서 발생하는 환경, 사회, 경제적 영향을 관리하고, 건전한 지배 구조를 형성하는 것으로 정의된다. 공급망에서 ESG 이슈가 발생하면 브랜드 가치 하락뿐만 아니라 제품 수급에도 영향을 미칠 수 있다. 그렇기 때문에 앞으로는 기업의 공급망 관리가 ESG의 중요 요인 중 하나로 부각될 전망이다. 공급망 전반에서 부각

업종별 공급망 ESG 이슈

리스크 노출도	업종	이슈
매우 높음	건설/자재, 조선/기계	- 산업 현장 내 공급망 관련 사고는 재발률이 높고, 외주화가 많은 산업의 특성상 사회 이슈로 부각
높음	자동차, 시멘트, 에너지/화학, 철강, 헬스케어, IT, 가전, 운송	- 중소 협력사 비율이 높고 온실가스 감축 공동 대응이 많이 필요 - 스타트업 및 헬스케어 부분은 공급망 리스크가 높다고 판단
보통	비철/목재, 상사/자본재, 화장품/의류	- 제품의 위해성으로부터 소비자 안전 해소 부담
낮음	보험, 증권, 통신, 호텔/레저	- 자산 포트폴리오상 피투자 기업의 온실가스 감축 대응 필요
매우 낮음	엔터/콘텐츠, 미디어/교육	- 콘텐츠 제작은 외주 비율이 높으나 타 업종 대비 이슈 낮음.

출처: 한화투자증권, 〈하도급업체 등 협력업체 전반으로 ESG 범위 확대〉, 2021. 11.

되는 ESG 이슈를 보면 위의 표와 같다.

커피의 전 유통 과정을 블록체인에 기록하는 '쌩크 마이 파머'

전 세계에서 매년 5,000억 잔 이상의 커피가 소비됨에도 불구하고 커피를 마시는 소비자들은 원산지가 어디인지 정도만 알 뿐, 어떤 과정을 거쳐 우리가 마시는 곳까지 왔는지는 알 수가 없다. 실제로 커피의 유통 과정은 나무 심기 및 재배부터 시작해서 수확, 건조, 포장, 블렌딩 및 볶는 콩에 이르기까지 복잡한 과정을 거친다. 또한 이 과정에서 몇몇 중개자는 판매용 선반에 커피 원두를 진열하기 전에 특수한 작업을 수행하기도 한다. 문제는 복잡한 유통 과정으로 인해 재배하는 농부들이 충분한 생계비를 보장받지 못한다는 것이다. 유통 과정에서 정확한 정보를 얻을 수 없어 은행에서 대출을 받기도 어렵다. 이런 커피의 공급망 문제점을 해결하고자 설립된 회사가 파머 커넥트Farmer Connect이다.

데이브 베렌스Dave Behrends가 2019년에 설립한 파머 커넥트Farmer Connect는 농민 및 소비자를 위한 최첨단 기술 및 솔루션을 제공하는 스타트업이다. "전 세계 커피의 유통 과정을 추적하고 효율성과 공정성을 높일 수 있는 애플리케이션을 설계"하는 것이 목표였던 데이브 베렌스는 블록체인을 이용해 커피 원두 유통을 추적하는 플랫폼 '쌩크 마이 파머Thank My Farmer'를 개발했다. 쌩크 마이 파머는 IBM의 블록체인 기술이 적용되어 커피 원두의 생산부터 유통까지의 전 과정이 블록체인상에 투명하게 기록된다. 또한 기록된 데이터는 생산자와 도매 업자, 소매 업자 등 생산 과정에 관여하는 모든 참여자가 공유하기 때문에 커피 원두 거래의 신뢰성이 보장된다. 소비자들은 쌩크 마이 파머의 큐알코드QR code를 이용하여 본인이 구매한 커피 원두의 생산지, 유통 과정 등 다양한 정보를 얻을 수 있다.

예를 들어 수마트라섬에서 수확한 '오랑우탄 커피'라고 불리는 커피콩 패키지에 있는 QR코드를 읽으면 지도에 인도네시아 수마트라섬 북부 가요고원에 있는 생산지가 표시된다. 지도에는 수마트라의 항구에서 출발해 독일 북부 창고를 거쳐 영국의 커피 가공 시설까지 도착한 과정이 표시된다. 커피콩이 어떤 경로를 따라 소비자에게 도착했는지를 한 눈에 알 수 있다. 소비자들은 커피 한 잔을 즐기면서 세계를 여행한다.

파머 커넥트는 커피와 초콜릿 등을 재배하는 농부와 연결하여 제품 추적 블록체인 서비스를 제공하는데, 주로 농부들이 ID 애플리케이션으로 공급망에 접속하여 대출을 받을 수 있도록 하며 신분과 수입에 대한 증거를 얻고 상품에 대한 정보를 저장 및 공유할 수 있도록 도와준다. 특정 기업이 독자적으로 시스템을 만들어도 커피콩의 전 유통 경로를 파악하기란 쉽지 않다. 심지어 생산지나 생산 날짜를 위조하는 경우도 있다. 그래서 분산형 시스템으로 정보를 관리하고 변조가 어려운 블록체인을 사용한 것이다.

파머 커넥트는 소브린재단Sovrin Foundation과 협력하여 커피 생산자에게 자격 증명이 내재된 고유 디지털 ID도 부여한다. 디지털 ID를 통해 유통업자는 생산자가 안전하게 인증된 생산자인지 확인할 수 있다. 또한, 디지털 ID는 은행 계좌나 암호화폐 지갑과 연동되어 소비자가 애플리케이션을 통해 생산자에게 직접적으로 지원하는 게 가능하다. 또한 자기주권신원SSI, Self-Sovereign Identity(분산신원인증-DID, Decetralized Identifier- 기술을 이용하여 직접 본인의 신원 정보와 자격 증명을 저장, 활용 및 관리하는 것) 솔루션을 통해 생산자는 디지털 식별 문서, 거래 영수증 또는 인증을 한 곳에서

커피 전 유통 과정을 블록체인으로 관리해서 보여주는 쌩크 마이 파머

안전하게 저장하고 관리할 수 있다. 파머 커넥트의 궁극적인 목표는 블록체인을 통한 투명한 공급망 관리로 중소기업 및 개인 농부들이 쉽게 금융에 접근할 수 있도록 지원하는 것이다.

블록체인 기반 공급망 관리로 안전성과 신뢰성 강화

블록체인을 의약품 유통에 접목시킨 사례도 있다. 물류 회사인 DHL은 블록체인을 '제약 상품의 안전성' 확보를 위해 활용하고 있다. DHL이 블록체인을 의약품 운송에 접목한 이유는 안정성이 가장 중요하게 요구되는 분야이기 때문이다. 현재 전 세계적으로 거래되는 의약품 중 웹 사이트를 통해 판매되는 의약품의 50%는 가짜이고, 특히 신흥 시장에서 팔리는 의약품의 30% 이상은 위조 약품이다. 이로 인해 매년 100만 명 이상이 목숨을 잃거나 부작용을 앓고 있다. 만약 의약품 정보를 블록체인으로 제조 업체, 창고, 유통 업체, 약국, 병원 및 의사 등과 공유하고, 배송의 모든 과정을 한눈에 파악하게 되면 가짜 제품이 유통되는 것을 막을 수 있다. 이것이 DHL과 액센추어가 함께 개발하고 있는 블록체인 기반의 직렬화 시스템Serialization System이다.

이 직렬화 시스템의 프로토타입은 공급망 전체에서 의약품을 추적할 수 있는 시스템을 구축했는데, 코로나19 진단 키트 및 백신 운송에서도 활용되어 안전성과 신뢰성을 높였다. 이와 더불어 DHL은 블록체인을 이용해 공급 체인을 통해 들어오는 제품의 명확한 출처와 유통 경로를 추적해 제조 업체, 브랜드 또는 소매 업체와 고객 사이의 신뢰성을 한층 강화하였다.

ESG가 의류 산업에도 확산되면서 친환경 소재를 사용하는 의류 업체들이 늘어나고 있는 가운데 블록체인을 지속 가능한 의류 공급망 관리에 도입하는 기업들도 등장하고 있다.

일반적으로 의류 산업의 공급 체인은 여러 국가에서 최대 7단계의 제조 과정을 거치기 때문에 완제품에 어떤 재료가 들어가는지 추적하기 어려운 경우가 많다. ESG가 글로벌 트렌드로 부상하면서 지속 가능한 소재를 소싱하는 것이 패션 업체들의 최우선 과제가 되었지만, 의류 공급 체인의 모든 단계에서 재료의 투명성을 증명할 수 있는 업체는 극소수이다. 이처럼 모든 공급망에서의 친환경 소재 사용 여부를 추적하기 힘들기 때문에 블록체인이 대안으로 떠오른 것이다. 블록체인을 의류 공급망에 적용하면 업체들은 소재 사용 기록에 대한 결과를 조작하는 것이 불가능해져 소비자들의 신뢰도를 높일 수 있다.

홍콩의 블록체인 기업 텍스타일제네시스TextileGenesis의 경우, '화이버코인Fibercoin'과 '투명성 맵Transparency Map'이라는 공급망 추적 플랫폼을 통해, 의류 공급 체인의 모든 제조 단계에 대해 영구적인 기록을 구축하는 블록체인 기술을 보유하고 있다. 텍스타일제네시스TextileGenesis는 2019년에 오스트리아 섬유 원료 대기업 렌징그룹Lenzing이 만든 섬유 제품에 대해 소비자들이 지속 가능한 소재 사용 여부를 추적할 수 있도록 셀룰로스 섬유 텐슬Tencel 공급망에 블록체인 기술을 공급한 바 있다.

블록체인을 이용한 공급망 관리는 무역 금융 거래의 효율성을 높일 수도 있다. 공급망을 통해 이동하는 모든 제품은 수백 명의 손을 거치면서 국경을 넘어온다. 이때 중간 단계에서의 화물 손실과 파손으로 인한 책임

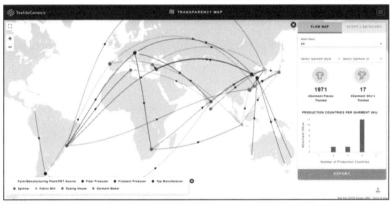

출처: 렌징 웹사이트 및 《뉴스와이어》, 〈렌징, 전례없는 새로운 공급망 추적 시스템 구축〉, 2020. 11. 16.

소재로 많은 분쟁이 발생한다. 또한 프로세스의 많은 부분이 인간에 의해 이루어지기 때문에 데이터가 전체적으로 통합되기가 쉽지 않다. 하지만 블록체인을 이용하면 최소 열흘이 걸리는 무역 결제를 하루로 단축하고 모든 무역 과정을 디지털화할 수 있다. 또한 데이터와 문서에 대한 다

자간 접근이 가능해져 운영의 효율성도 높일 수 있다.

블록체인을 통한 공급망 관리는 산업 전반의 투명성을 확보하고 정보의 위변조 가능성을 획기적으로 감소시켜 공급망 전반에서 제기되는 ESG 이슈들을 상당수 해결할 수 있을 것으로 보인다.

DAO로
건강한 조직 문화를 만든다

조직 내 갈등을 DAO가 푼다

ESG에서 인적 자본Human Capital 영역 중 직원의 건강 및 안전Employee Health & Safety 관리는 매우 중요하다. 특히 안전하고 쾌적한 일터의 마련은 ESG 경영 측면에서 기업의 경쟁력을 높일 수 있다. 선제적인 노동 환경 개선을 통해 직원들의 안전을 지키고 작업 효율성을 높인다면, 이는 기업의 실적 향상으로도 이어진다.

최근 들어서는 조직 내 스트레스로 인한 직원의 사망 사고도 늘어나는 추세여서 수직적 조직 문화에서 비롯되는 문제점을 개선하고자 수평적 조직 문화로 바꾸려는 노력들을 많이 하고 있다. 건강한 조직 문화는 기업 가치에 영향을 미치는 매우 중요한 요소이다. 조직 내 스트레스가 덜한 직원들은 그만큼 업무에 대한 몰입도가 높고, 창의적이며 혁신적인 사고로 문제 해결에 접근하다. 갑질과 고압적인 분위기의 조직에서는 그저 주어진 업무에만 충실할 뿐 더 이상의 새로운 아이디어가 나오지 못한다.

수직적 조지, 수평적 조직, 자율형 조직 등 기업에는 수많은 유형의 조직이 있고 이에 맞는 조직 관리 시스템이 존재한다. 이 같은 조직 시스템에서 모든 규칙과 합의가 인간에 의해 정해지고 집행된다. 문제는 그 인간이 종종 불합리한 의사 결정을 내려 조직 내 갈등과 문제를 야기시킨다는 것이다. 이에 대한 해결책으로 대두되고 있는 것이, 기업 조직의 미래라 불리는 DAO이다.

DAO는 미리 프로그래밍된Pre-programmed 스마트 컨트랙트로 조직 내의 모든 일을 처리한다. 조직원의 인사 정보, 성과, 회계 기록 등 운영에 필요한 모든 정보가 위변조가 불가능한 블록체인에 기록되고, 미리 배포된 스마트 컨트랙트에 의해 승진, 급여 지불, 퇴직 등을 자동적으로 집행한다. 인간의 통제 없이 시스템이 스스로 운영된다.

또한, 기업이나 정부 기관 등 제3자가 주주Shareholders로 참여하는 기존 조직과는 달리, DAO는 조직의 발전과 안정에 기여하는 구성원에게 토큰이 주식처럼 제공된다. 반면 51% 공격처럼 몇몇 구성원이 합심해 악의적인 일을 모의하거나, 조직에 해를 끼친 구성원에 대해서는 패널티를 줄 수 있다.

위계를 기반으로 운영되는 기존 조직과 달리, 이해 당사자들은 합의된 프로그램을 바탕으로 자신의 이익과 발전을 위해 건설적으로 조직에 참여한다. 이렇게 참여를 통해 얻은 지분을 투표에 활용해 조직의 중요한 의사를 결정할 수 있고, 이에 대한 처리와 보상은 그 누구의 주관도 개입되지 않은 스마트 컨트랙트로 집행되니 아무도 이의를 제기할 수 없다. 스테이터스Status의 경우, 동료의 업무 평가, 성과금 지불 내역 등을 이더리움 블록체인에 스마트 컨트랙트로 기록하고, 조직 내 중요한 안건은 자체 네트워크 토큰을 통해 투표로 결정한다.

조직의 문화와 특성에 맞는 DAO로 성공적인 ESG 경영

DAO가 이상적인 조직의 형태인 것은 맞지만, 현실적으로 운영하기엔 아직 완벽하지 않다. DAO는 스마트 컨트랙트를 기반으로 운영되므로 블록체인의 보안성과 안정성이 반드시 확보되어야 한다. 불안정한 스마트 컨트랙트를 기반으로 네트워크를 운영하다가는 외부 해커의 공격으로 조직이 물거품 될 수 있다.

또한 조직 내부 구성원들이 악의적인 목적으로 합심하여 집단 공격을 할 경우, 이를 제대로 탐지하여 처리하지 못하면 조직이 와해될 수 있다. 내부 소행을 효과적으로 탐지하고 처리하려면 빈틈없이 설계된 스마트 컨트랙트 규율이 필요하다.

무엇보다 DAO는 컴퓨터 프로그램에 의해 운영되므로 사람들 사이에서 발생할 수 있는 모든 변수와 상황을 담아낼 수 없다. 조직을 운영하는 구성원은 결국 사람인데, 세상일은 논리와 예측만으로 진행되지 않는다. 프로그램이 모든 경우의 수를 완벽하게 처리할 수는 없다.

그럼에도 불구하고 DAO는 웹 3.0 시대의 기업들이 나아가야 할 미래 조직의 방향성이다. 기업들이 ESG 경영을 추진함에 있어 DAO를 잘 활용하려면 조직의 문화와 특성에 맞는 DAO의 설계가 필요하다. 모든 조직이나 프로젝트를 다 DAO로 만들 수는 없겠지만, 인사 평가 및 보상과 같이 공정성과 합리성이 요구되는 업무나 정확한 기간 및 정량적 결과물이 기대되는 프로젝트에서는 스마트 컨트랙트 기반의 프로그램으로 운영되는 시스템이 강점을 갖는다.

블록체인은 '신뢰'를 바탕으로 한 기술이다. 기업의 구성원이 자신의 성과에 대한 조직의 평가를 완전히 신뢰하고 이에 대한 보상 체계에 불만을 갖지 않도록 하려면, DAO가 제시한 것처럼 누구도 개입하거나 조작할 수 없는 프로그램이 시스템을 운영해야 한다.

앞으로 블록체인이 기술적으로 더 성숙해지면 스마트 컨트랙트에 기반한 조직 관리 시스템을 일상생활에서 자연스럽게 체험하게 될 것이다. 이러한 시스템은 주로 조직 내 합의와 갈등 해결에 사용되며 조직의 공정성과 신뢰성을 제고할 것이다.

제3자에 의존하지 않고 프로그램으로 합의된 공공 장부를 모든 구성원이 신뢰하는 블록체인의 이상이 실생활에서 실현되는 것이다.

토론으로
지배 구조가 투명해지다

회사는 과연 누구의 것인가?

ESG의 G, 지배 구조Governance는 기업의 지속 가능 경영에 막대한 영향을 미치는 요소이다. 기업에 있어서 지배 구조가 중요한 이유는 기업을 소유한 주주와 기업을 경영하는 경영자가 분리되어 주주와 경영자 간 이해 상충 문제가 발생하기 때문이다. 창업주가 회사를 세웠어도 회사가 성장하고 투자자가 회사 주식을 소유하면서 나중에는 투자자들이 창업주를 회사에서 쫓아내는 일도 발생한다.

많은 경영진은 ESG 경영을 수행함에 있어서 투자자들의 강한 실적 압박을 어려움 중의 하나로 꼽는다. 아무리 ESG 활동을 잘해도 투자자(주주)들이 원하는 실적과 이익이 나오지 않으면 당장 ESG 활동을 중단해야 한다.

에비앙evian 생수로 유명한 프랑스 식품 기업 '다농'의 전 CEO 엠마누엘 파브르Emmanuel Faber는 'ESG의 전도사'로 불릴 만큼 ESG 활동에 앞장선 인물이었다. 다농의 경영 이념은 "One Planet, One Health(하나뿐인 지구, 하나뿐인 건강)"로 파타고니아처럼 경영 철학 자체가 ESG인 기업인데 그런 토대를 마련한 사람이 엠마누엘 파브르 CEO이다. 그러나 ESG 경영을 실행해온 파브르 CEO는 2021년 3월 15일에 실적 부진, 주가 하락을 이유로 CEO를 사퇴하라는 이사회의 통보를 받게 된다.

이처럼 지배 구조의 근본적인 목적은 기업의 수익력을 강화하고 기업 가치를 보존하는 것이다. 하지만 지배 구조를 위한 여러 제도를 설계하고 실행함에 있어 주주, 채권자, 종업원 등 여러 이해관계자의 이해가 충돌할 수 있다. 기업 매수에 의하여 새로운 주주가 경영자를 교체할 경우, 자신들이 회사를 소유하고 있다고 생각하는 종업원들로부터는 반발을 불러일으킬 수 있다. 이는 결국 '회사는 누구의 것인가'라는 '이해관계자 자본주의'와 '주주 자본주의'의 오래된 논의로 귀결된다.

지배 구조는 한마디로 기업을 누가 어떻게 운영하느냐에 대한 메커니즘이라 할 수 있는데, 기업이라는 경제활동의 단위를 둘러싼 여러 이해관계자 간의 관계를 조정하는 메커니즘이라고도 할 수 있다. (출처: 김화진, 《기업 지배 구조와 기업 금융》, 2009.)

소유와 경영을 분리하지 않는 웹 3.0에서의 지배 구조

2022년 3월에 열린 제53기 삼성전자 정기 주주총회에 약 1,600명의 주주가 참석하였는데, 이날 눈길을 끈 주주가 한 명 있었다. 11살의 초등학생으로 최연소 주주였다. 이 초등학생 주주는 단 2주를 보유하고 있었

삼성전자 주총에 참석한 초등학생 주주. DAO에서는 몇 개를 가졌든 토큰의 권리를 행사할 수 있다

지만, 삼성전자의 주주로서 당당히 주주총회에 참석한 것이다. 주주로서 삼성전자의 미래에 대해 의견을 낼 수는 있지만, 그렇다고 이 학생이 삼성 전자의 경영에 관여하거나 기업 운영 방식을 바꿀 수는 없다.

만약 이 학생이 어느 DAO의 토큰을 소유했다면 해당 프로젝트 운영에 참여하여 직접 제안할 수 있고, 제안의 채택과 집행 여부를 투표로 진행하여 주주의 권리 남용을 저지하거나 아예 DAO 자체를 분리해 지배력 집중을 견제하는 등 토큰의 권리를 행사할 수 있다.

웹 3.0 기업과 기존 기업 지배 구조의 가장 큰 차이점은 정보의 투명성

과 참여자들의 자유로운 의견 제안이라 할 수 있다. 대다수 DAO 프로젝트에서는 정족수 기반 투표를 사용하는데, 이는 검증되고 신뢰성이 있으며 기존 프로젝트를 통합하는 데 가장 효율적인 방법이기 때문이다. DAO는 구성원의 참여와 보안 및 커뮤니티의 문화에 이르기까지 모든 부분에서 투표 메커니즘이 영향을 미친다. 이를 통해 위험을 최소화면서 최상의 결정을 내릴 수 있도록 함으로써 기업의 지속 가능 경영에 중요한 역할을 할 수 있다.

DAO로 구성된 웹 3.0의 기업은, 회사의 가치 상승을 위한 자본적 기여와 그와 동등한 비자본적 기여를 인정한다. 일하는 자의 기여가 자본적 기여와 동일하게 평가되고, 일하는 자와 자본이 같은 목적 또는 같은 미션의 달성에 노력하며, 일하는 자가 자본을 가지는 자로 전환 가능하다. 자본적이든 비자본적 기여이든 간에 조직의 가치 상승에 기여한 몫을 평가받고 그 가치를 분배받는 선순환 구조가 가시화되고 늘어난다면, 이 조직에 참여하지 않을 사람은 없을 것이다.

DAO의 지배 구조는 계층이 없는 수평적 구조로서 변경을 위해 사원의 투표가 필요하며 투표 결과가 신뢰가 부여된 중개자 없이 자동으로 구현되고 모든 활동이 투명하고 완전하게 공개되는 조직으로 설명한 바 있다. 즉, 경영에 대한 신임(신뢰)을 요구하지 않는 지배 구조라는 점이다.

DAO에서 모든 구성원은 경영자 역할도 겸하는 소유자이며, DAO에서 공유된 계약을 통해 결속되었지만 반드시 조직에 대한 공유된 이익이나 비전을 통해 결속된 것은 아니다. 블록체인이 신뢰(신임)를 관리하는 메커니즘이므로 참여자는 시스템 외에는 누구도 믿을 필요가 없다.

소수 토큰 보유자가 다수를 이기는 방법

만약 ESG 경영을 추진하려는 기업 내 구성원 간의 이견異見이 발생해 ESG 활동이 중단될 위기에 놓인다면 이를 막을 방법은 없을까?

2021년 6월, 세계 최대 정유 회사 엑슨모빌ExxonMobil의 주주총회에서는 ESG를 찬성하는 소수의 투자자가 ESG를 반대하는 CEO에 맞서 이긴 사례가 발생했다. 기후 행동주의 헤지펀드인 엔진넘버원Engine No.1이 엑슨모빌 이사회 의석 가운데 3석을 차지했는데, 이는 엑슨모빌 이사회 전체 의석(12석)의 25%에 해당한다. 놀라운 것은 엔진넘버원의 엑슨모빌 지분 소유 비율은 겨우 0.02%에 불과하다는 것이다.

엔진넘버원은 엑슨모빌 경영진에 대해 수익률이 낮아지는 석유 탐사 사업에 대한 공격적 자본 지출을 줄여 회사 이익을 높이고 주주에게 배당금을 지급할 것을 요구하는 한편, ESG 경영을 위해 4명의 이사 자리를 엔진넘버원이 추천한 사람들로 임명할 것을 요구했다. 하지만 탄소 산업의 미래를 낙관하고 있던 엑슨모빌의 CEO 대런 우즈는 엔진넘버원이 추천한 후보를 수용하지 말도록 다수의 주주에게 요청하고 기후 위기에 대응하지 않는 경영 전략을 고수하겠다고 선언했다.

대런 우즈 CEO의 훼방에 맞서 엔진넘버원은 블랙록의 래리 핑크 CEO 등 주요 기관 투자자들에게 협조 서한 요청을 보내고 캘리포니아 공무원연금CalPERS 및 뉴욕주 공동 퇴직 기금 등 주요 연기금을 설득했다. 엔진넘버원은 엑슨모빌이 생존하려면 기후변화에 적극 대응해 친환경 투자를 늘려야 한다고 주장하며 경영 방침을 대폭 수정해 '큰손'들의 지지를 이끌어냈고, 그 결과 3석의 이사회 자리를 차지했다. 엑슨모빌과의 표 대결에서 이긴 엔진넘버원은 기업의 ESG 부문을 개선하는 첫 행보로 '엔진넘버원 트랜스폼 500 ETF'를 출시하였다. 또한 엔진넘버원은 ETF에 투자한 기업들이 온실가스 감축, 성 평등 등을 잘 지키고 있는지를 감시할 계획으로, ETF를 통해 의결권을 행사하고 기업의 ESG 책무를 강화하겠다는 방침이다.

DAO 기반의 웹 3.0 기업에서도 이와 같은 일이 발생한다면 어떻게 해결할 수 있을까?

DAO에서 토큰 소지자는 DAO의 운영을 통하여 분배받을 수 있는 권리와 회사의 운영에 참여할 권리를 가진다. 토큰을 1개라도 보유한 사람은 회사의 운영에 참가하는 것을 목적으로 하고 경영을 한다. 이는 탈중앙화에 따른 결과이기도 하며 소유와 경영을 분리하지 않는다는 DAO의 특성 때문이기도 하다. DAO의 모든 사원은 직접 경영에 참여할 수 있다. 언제든지 온라인 포럼이나 커뮤니티를 통하여 투표할 안건을 제안할 수 있다. 극단적으로 DAO 자체를 해산하자는 제안도 가능하다. 즉, 제안권에 별도 제약이 없어 누구나 제안할 수 있다.

한편, 토큰 기반의 정족수 투표에 따른 의사 결정 과정에서의 불합리성 문제 즉, 다수 토큰 소지자의 지배력 집중 문제도 DAO에서 당연히 발생한다. 탄소 감축이나 해양 보호에 보다 적극적인 활동을 원하는 구성원이 소수이고 다수 토큰 소지자가 DAO의 ESG 활동에 반대 의사를 던지면 얼마든지 ESG 활동은 중단될 수 있다.

소수 토큰 소지자가 다수 토큰 소지자의 전횡을 방지하기 위해서는 자력으로 토큰을 확보하는 방법이 있다.

토큰 소지자는 본인의 자본적 기여 외에 노무, 서비스, 시간 투여와 같은 기여를 통하여 토큰으로 보상받을 수 있다. 그러나 소수 토큰 소지자의 이와 같은 행위 또한 공개된다. 소수 토큰 소지자의 기여에 따른 토큰 보상에 걸리는 시간과 노력에 비해 자본력을 가진 다수 토큰 소지자는 보다 신속하게 재투자하여 토큰 소지량을 늘리는 방식으로 지배력을 유지하는 것이 가능하다는 점에서 인센티브를 통한 소수 토큰 소지자의 지배력 쟁취에는 한계가 있다.

그다음 소수 토큰 소지자가 취할 수 있는 조치로는 의결권의 대리 행사 권유를 활용하는 것이다. 소수 토큰 소지자가 다수 토큰 소지자의 제안에 반대하는 제안을 하고 의결권의 대리 행사를 권유하는 것이다.

의결권 대리 행사 권유 제도는 다수의 의결권을 확보할 목적으로 피권유자에게 의결권 대리 행사에 필요한 정보가 정확하게 제공되도록 권유 절차 방법 등을 규정하고, 그 내용을 공시하여 해당 회사의 주주에게 의결권 대리 행사의 위임을 권유하는 제도이다.

DAO는 토큰 소지인의 의결권 대리 행사 권유 제도의 활용에 대한 접근성을 높이고 있다. 즉 관련 정보와 인터넷 포럼과 투표 절차 전후 게시되는 자료가 웹상에 게시되며 블록체인을 기반으로 시간 순서대로 기록된다. 기존 중앙집중화된 회사에서의 경영진의 지배권 공고화와 같은 합리적이지 않은 상황이 DAO에서 벌어진다면, 이를 반대하는 토큰 소지자는 의결권 대리 행사 권유를 하고 그의 경영을 중단하고자 하는 뜻과 이유를 커뮤니티에 게재하고 투표에 부칠 기회를 갖는다. (출처: 박수연의 Article, 탈중앙화자율조직DAO의 집단의사결정 과정과 사원의 경영참여의 의미, 스마

투스 디지털전략연구원, 2022.1.13)

앞의 사례로 치면, 대런 우즈 CEO가 기후 위기에 대응하지 않는 경영 전략을 고수하겠다고 선언한 내용을 커뮤니티에 게재하고, 블랙록과 같은 큰 손들의 지지를 이끌어냈듯이 커뮤니티의 지지를 얻어 다수의 의결권을 확보하는 것이다.

두 가지 방법에도 소수 토큰 소지자가 다수 토큰 소지자의 결정을 막지 못했다면 다수결로 정해진 결과에 대하여 순응하거나 아니면 DAO의 구성원 지위를 포기하든지, DAO 자체를 분할시킬 수 있다.

DAO에서는 DAO의 분할이라는 특별하며 강력한 제도가 있다. 새로운 DAO를 형성하기 위한 특별 유형의 의안을 제출하고 승인할 수 있는데, 이 제안에 투표한 토큰 소유자는 DAO를 분할하여 이더ETHER의 일부를 새로운 DAO로 옮기고, 남은 사람은 분할 전 DAO의 사원으로 남는다. 이를 통해 뜻이 맞는 사람들과 새로운 ESG 프로젝트를 진행시킬 수 있다.

제6장

우리의 생활과
웹 3.0

WEB 3.0
A REVOLUTION
IS COMING

우리의 생활에서
웹 3.0이 필요한 이유

지금 우리는 웹 2.0 혹은 웹 2.5의 시대에 살고 있다. 데이터 독점과 개인정보 침해, 빈번한 해킹 및 정보 유출 등의 문제가 있지만, 거대 플랫폼 기업이 제공하는 편리함에 익숙해진 사람들은 굳이 웹 3.0으로 넘어가야 할 필요성을 크게 느끼지 못한다. 그럼에도 불구하고 언젠가는 웹 3.0을 받아들여야 할 것이다. 시대의 흐름과 기술의 발전은 우리가 거부하고 막는다고 해서 진행되지 않는 것은 아니기 때문이다.

스마트폰과 PC로 24시간 인터넷을 즐기고 있는 우리의 생활에서 웹 3.0이 필요한 이유는 무엇일까?

첫째는 보안성이 향상된다. 블록체인의 분산원장 기술은 암호화된 데이터와 암호화된 키값으로만 거래가 이루어지므로 보안성을 높일 수 있다. 새로운 블록은 기존의 블록과 연결되므로 전체 블록 안의 데이터 위변조와 삭제가 불가능하다. 모든 컴퓨터, 모든 블록을 해킹하지 않는 이상 조작이 불가능하다. 중앙화되어 있지 않고 분산되어 있기 때문에 서버가 처리할 수 있는 용량을 초과하는 정부를 한꺼번에 보내 과부하로 서버를 다운시키는 디도스DDoS 공격에도 안전하다.

둘째는 인간의 개입을 최소화하여 그로 인한 오류를 줄일 수 있다. 거래의 인증, 증명 과정에서 은행, 정부와 같은 제3자의 신뢰 조직들을 배제시키고 실시간으로 거래가 이루어지므로 거래 기록의 신뢰성을 확보할 수 있다. 주식 거래 과정을 보면, 기존의 예탁 결제 제도하에서는 공인된 제3의 조직(한국예탁결제원)이 소유한 거래 장부에 기록이 수정돼야 결제가 이뤄지기 때문에 주식 주문일부터 결제까지 3일이 소요됐다. 하지만 블록체인 기반에서는 체결일 당일에 처리가 이뤄질 수 있다. 또한 분산원장 기술로 오류와 실수를 최소화시켜 거래 도중 생길 수 있는 오류의 정정과 수정을 위한 시간을 단축할 수 있다.

셋째는 불필요한 비용을 감소시킨다. 거래 정보와 인증을 위한 중앙 서버와 집중화된 시스템이 필요 없기 때문에 중개료와 수수료 등의 중간 비용이 사라진다. 공인인증서와 같은 제3조직의 인증 없이도 거래가 가능하기 때문에 거래 수수료를 줄일 수 있고, 블록체인 기술 자체적으로도 보안성이 뛰어나기 때문에 보안 관련 투자 비용을 아낄 수 있다. 또한 블록체인 기반 시스템은 공개된 프로그램 소스를 이용하여 쉽게 구축, 연결, 확장할 수 있으므로 IT 구축 비용도 크게 낮출 수 있다. 중앙 서버가 필요 없기 때문에 서버 비용 또한 절감할 수 있다. 물론 이더리움 같은 블록체인 거래 실행에 가스GAS라는 비용이 필요하기는 하다. 소유권을 이전하고 거래 속도를 높이는 등의 과정에서 암호화폐로 블록체인에 수수료를 지불해야 한다. 거래 유형이 다양한 만큼 거래 복잡성에 따라 지불하는 가스량도 달라진다. 그럼에도 불구하고 사용자들은 블록체인의 가치를 높이 평가해 계속해서 블록체인을 이용하고 있고, 가스 비용 문제 또한 다양한 방법으로 해결 중이다. 더 많은 유저가 참여하고 기술이 개발되어 가스 비용이 낮아지면 웹 3.0 생태계의 범위와 유용성은 점점 더 개선될 것이다.

마지막으로 네트워크 참여자들 사이의 거래가 실시간으로 공유되므로 거래의 투명성이 극대화된다. 거래의 모든 내용은 블록체인 네트워크 참여자들에게 알려지고, 참여자들은 거래의 타당성을 검증하고 동의해 줘야 한다. 이러한 과정을 통해 거래의 투명성은 높아지고, 거래가 많아질수록 사회 전체의 신뢰도 역시 높아진다.

이더리움의 공동 개발자인 개빈 우드Gavin Wood가 2018년 9월에 쓴 칼럼 〈우리가 웹 3.0이 필요한 이유Why We Need Web 3.0〉에서는 우리에게 왜 웹 3.0이 필요한지에 대해 다음과 같이 설명한다.

"기술은 종종 과거를 반영합니다. 이전 패러다임과 일치하여 이전보다 더 빠르고, 더 어렵고, 더 좋거나, 더 강하게 작동합니다. 세계 경제가 온라인 상태가 되면서 이전과 동일한 사회 구조를 복제했습니다. (중략)

오늘날 인터넷은 의도적으로 망가졌습니다. 우리는 탐욕스러운 사람, 과대망상자 또는 평범한 악의적인 사람의 손에 부, 권력 및 영향력이 부여되는 것을 보았습니다. (중략) 그들은 우리의 충성심으로 돈을 벌고 우리에게 정보를 제공하고 불편할 때 우리를 차단합니다.
웹 3.0은 새로운 글로벌 디지털 경제와 새로운 비즈니스 모델 및 시
장을 창출할 것입니다. 구글 및 페이스북과 같은 플랫폼 독점을 무
너뜨리고 방대한 수준의 상향식 혁신을 일으킬 것입니다. 광범위한
데이터 트롤링, 검열 및 선전과 같은 개인정보 및 자유에 대한 정부
의 저렴한 공격은 더욱 어려워질 것입니다."

출처: Gavin Wood, 〈Why We Need Web 3.0〉, 2018. 9. 12.

개빈 우드의 말처럼 거대 플랫폼 기업들의 탐욕으로 망가진 기존 웹 생
태계에서 탈피해, 개인이 자신의 창작물과 데이터를 소유하고 자유롭게
이를 거래할 수 있는 새로운 인터넷 세상을 구축하는 것, 이것만으로 '읽
고 + 쓰고 + 소유하는' 웹 3.0의 필요성은 충분해 보인다.

창작자가 대접받는
크리에이터 이코노미의 시대

전 제가 한 거 제가 다 가져갈 거예요

1992년, 한국 가요계에 혜성과 같이 나타난 '서태지와 아이들'은 그야 말로 충격 그 자체였다. 국내 대중음악사가 서태지 등장 이전과 이후로 나뉠 정도로 그 영향력은 어마어마했다. 서태지는 음악도 음악이지만 패션, 사고방식 등 사회와 문화 전반에 혁신을 불러일으켜 '문화 대통령'이라는 칭호를 얻으며 한국 가요사에 큰 획을 그었다.

그런데 서태지와 아이들이 국내 음악 산업에서 큰 의미를 갖는 또 하나의 이유는 음반 제작사 중심의 산업 구조를 창작자(크리에이터) 중심으로 변화시켰다는 것이다. 서태지가 한국 대중음악에 끼친 최고의 혁명은 뮤지션이 음반 산업의 자본으로부터 독립해 음반 산업의 기존 질서를 한번에 붕괴시킨 것이다. 서태지 등장 이전의 음악 산업에서 창작물에 대한 소유권과 그에 따른 수익은 모두 음반 제작사가 가져갔다. 제아무리 잘나

가는 최고의 슈퍼스타라 하더라도 음반 판매에 대한 수익은 제작사가 관리해 저작권료 수익은 매우 미미했다. 이런 업계 통념을 신인 가수였던 서태지가 혁신적인 음악과 함께 깨버린 것이다.

"내가 곡을 만들고 내가 노래 부르고 춤을 추는데 왜 돈은 당신들이 다 가져가나요? 난 그런 거 못 하겠는데요! 전 제가 한 거 제가 다 가져갈 거예요."

출처: 강헌·진중권, 〈고 신해철 헌정 방송〉 중에서 발췌

서태지와 아이들 음반에 대한 판권 및 저작권은 음반 제작사가 아닌 서태지가 직접 관리하게 되었고, 서태지의 등장 이후로 많은 가수가 자신들의 권리를 요구하며 제대로 된 수익을 받기 시작했다. 서태지의 혁명으로 창작자의 권리가 정당한 가치를 인정받게 되었고, 이러한 인식은 콘텐츠 산업 전반으로 확산되어 창작자, 즉 크리에이터가 성장할 수 있는 토대를 마련하였다.

그리고 뒤이어 탄생한 인터넷과 스마트폰은 누구나 창작자가 되고 팬을 모을 기회를 제공하였다. 동시에 크리에이터 시장이 점점 커지자 유튜브, 틱톡, 인스타그램, 스포티파이 등 새로운 기회와 콘텐츠를 제공하려는 플랫폼도 생겨났다. 이러한 플랫폼을 중심으로 본격적인 크리에이터 이코노미가 형성되기 시작했다.

창작자의 창작자에 의한 창작자를 위한
'크리에이터 이코노미'

크리에이터 이코노미Creator Economy(창작자 경제)란 크리에이터가 자신의 창작물을 기반으로 수익을 만드는 산업을 의미한다. 크리에이터는 유튜버, 인플루언서, 가수, 작가, 디자이너, 예술가 등 콘텐츠를 만들고 창작하는 모든 사람을 포함한다. 크리에이터 이코노미가 성장하는 데는 유튜브의 영향이 컸는데, 유튜버가 직업으로 인식되면서 그 영향력과 수익은 높아졌고 더 많은 창작자가 크리에이터 시장에 진출하게 됐다. 2020년 기준 전 세계에서 활동하는 크리에이터 수는 5,000만 명이다. 공급자가 많아지니 콘텐츠를 소비하는 수요자도 증가했고, 그 덕분에 크리에이터 이코노미 시장 규모는 점점 더 커지고 있다.

이러한 콘텐츠 플랫폼들은 창작자가 부를 창출할 수 있는 공간이기도 했지만, 급속한 성장으로 거대화가 되면서 다시금 그 주도권이 창작자에게서 플랫폼 기업으로 넘어가는 현상을 야기시켰다.

유튜브의 경우 모든 크리에이터가 수익 창출이 가능한 것은 아니다. 보통 '구독자 1,000명에 4,000시간 시청' 목표를 달성해야 수익 창출이 가능하다. 이 경우도 크리에이터가 수익을 다 가져가는 것이 아니라 광고 등을 통해 창출된 수익은 45:55의 비율로 배분된다. 즉 창작자가 가져가는 수익은 전체 수익의 55%이다(유료 구독의 경우는 배분 비율이 3:7). 서태지의 표현을 빌리면 '내가 영상을 만들고 내가 노래 부르고 춤도 추고 정보도 제공하고 웃기기도 울리기도 하는데 왜 돈은 플랫폼들이 다 가져가나요?'라는 생각이 들 만도 하다. 게다가 플랫폼 기업들이 정확히 얼마를 벌어들여 얼마의 수익을 배분했는지, 매출과 가입자와 관련해 그 내역조차 불투명하다.

더 큰 문제는 플랫폼의 콘텐츠에 대한 횡포이다. 2021년 10월, 영국에서 유튜브를 통해 기후변화, 자본주의, 사회정책 등의 이슈를 다뤄온 언론 매체 노바라 미디어Novara Media는 유튜브로부터 "유튜브 채널에서 삭제됐다"는 이메일 통보를 받게 된다. 유튜브가 노바라 미디어에 보낸 이메일에는 노바라가 유튜브의 공동체 가이드 라인을 "반복해서 위반"했다고만 적혀 있을 뿐, 뭐가 문제였는지는 전혀 설명이 없었다. 17만 명 이상의 가입자를 가지고 운영되던 노바라 미디어는 아무런 경고도 받지 못한 채 유튜브에서 사라졌고, 여기서 일하던 사람들은 당장의 생계를 걱정해야 했다. 다행히 노바라 측의 항의를 받은 유튜브는 몇 시간 후 실수였냐면서 노바라 채널을 복원했지만, 개운치 않은 쓸쓸함만을 남겼다

유튜브는 매시간 약 2,000개의 서비스를 삭제하는데 스팸, 잘못된 정보, 사기, 누드, 증오 발언 등 유튜브의 내부 정책에 위배된다는 것이 주된 이유이다. 그러나 삭제 규정이 불분명해 자의적으로 삭제되는 경우도 있고 실수에 의한 것도 상당수 존재한다. 실수든 의도된 것이든 유튜버가 피땀 흘려 만든 콘텐츠를 플랫폼이 맘대로 삭제하고 차단한 것은 크리에이터들에게 그다지 달갑지 않은 일이다. 수백, 수천만의 구독자 수를 보유하고 뛰어난 창작 능력을 가졌다 하더라도 거대 플랫폼 위에서는 언제든 사라질 수 있는 무기력한 존재일 뿐이다.

미디어 플랫폼의 거대화가 가속화되는 상황 속에서 블록체인, NFT, DAO 등을 내세운 웹 3.0의 등장은 크리에이터 산업에 다시 한번 혁명을

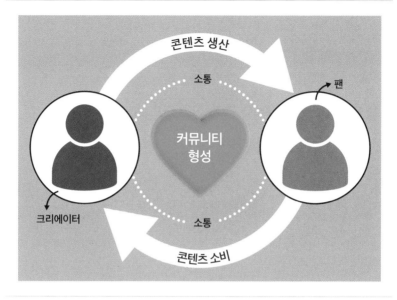

출처: 〈플로, 소통 기능 도입…크리에이터 이코노미 첫발〉, 《전자신문》, 2022. 3. 3.

불러일으킬 것으로 기대를 모으고 있다. 크리에이터 이코노미의 시작이 유튜브였다면, 웹 3.0 시대에서는 반反 유튜브를 표방하는 기업들이 크리에이터 이코노미를 견인하고 있다.

서태지가 거대 음반 제작사에 당당하게 독립 선언을 할 수 있었던 배경에는 〈난 알아요〉라는 혁신적인 음악과 이를 열렬히 지지하는 수많은 팬이 있었다. 지금의 크리에이터들에게 웹 3.0은 거대 플랫폼 기업에 빼앗긴 콘텐츠에 대한 정당한 권리를 되찾게 해줄 혁신적인 기술이다. 그리고 이 웹 3.0을 열렬히 지지하는 벤처캐피털 투자에 힘입어 크리에이터 이코노미 기업들이 속속 등장하고 있다. 피치북Pitchbook에 따르면 2021년 블록체인 기업에 대한 글로벌 벤처캐피털 투자는 300억 달러에 달했다.

또한 앤틀러Antler의 보고서에 따르면 2021년 기준으로 크리에이터 이코노미 생태계 내에서 100여 개의 웹 3.0 스타트업들이 NFT 마켓플레이스, 음악, 유명 인사와 팬의 인터랙션 등을 제공 중이다.

창작자를 직접 후원해 팬과 같이 성장하다

크리에이터 이코노미 스타트업 중 가장 대표적인 것은 창작자의 직접 후원을 돕는 기업이다. 미국의 페트리온Patreon은 멤버십 서비스를 제공하는데, 이용자는 작가, 팟캐스터, 유튜버 등을 페트리온에서 찾아 곧바로 그들에게 후원할 수 있다. 창작자는 페트리온 안에서 직접 후원금을 관리하거나 팬들과 소통한다. 페트리온의 월 사용자 수는 300만 명이 넘으며, 지금까지 1억 달러가 넘는 투자금을 유치했다. 기업 가치는 40억 달러로 평가받고 있다. 페트리온과 유사한 온리팬즈OnlyFans, 서브스택Substack 같은 기업도 멤버십이나 후원 형태로 창작자가 수익을 얻게 지원하고, VSCO나 스프라이스Splice같이 영상 및 사진 제작을 도와주는 소프트웨어 관련 기업들도 등장했다.

작가를 후원하는 플랫폼도 있다. 미러Mirror라는 블로그 플랫폼은 미디엄, 네이버 블로그, 브런치와 유사한데 이더리움을 사용해 콘텐츠가 특정 서버가 아니라 블록체인 위에 저장되고 관리된다. 미러에서 글을 쓰려면 이더리움을 보관하는 지갑 주소만 있으면 되므로 개인정보가 특정 기업에 의해 관리되지 않는다. 가입 정보뿐만 아니라 작가가 올린 글도 조작되거나 삭제되지 않고 영원히 분산 서버에 저장된다. 어떤 글도 미러가 함부로 없애는 것은 불가능하며 오직 작성자만이 글의 게시 및 삭제 여부를 정할 수 있다. 작성자도 글을 수정하거나 비공개 처리는 할 수 있지만 한 번 배포된 데이터 자체는 블록체인상에 영원히 남는다.

또한 미러에 올린 글은 NFT 형태로 공개할 수 있다. NFT로 만들어진 블로그 글은 하나의 디지털 작품으로 인정되고, 외부에 판매하거나 경매에 부칠 수 있어 새롭게 수익을 만들 수 있다. 글을 쓰기 전이나 작성 완료 후에는 독자에게 후원을 요청할 수 있는데, 후원금은 암호화폐로 받을 수 있다. 스마트 컨트랙트에 의해 중간 수수료를 최소화하는 동시에, 후원금을 모으고 지급하는 과정을 자동화하였다. 후원에 대한 대가로 작가는 독자에게 암호화폐나 NFT를 지급할 수 있으며, 이를 통해 독자와 작가 모두 미러 안에선 수익을 얻을 수 있다.

그 누구도 콘텐츠를 지우거나 수정할 수 없도록 원본 추적 및 영구 보존 기능에 더 집중한 웹 3.0 서비스도 있다. 2019년 홍콩 민주화 시위 현장을 목격한 게임 개발자에 의해 만들어진 라이크코인은, 콘텐츠 작성 시 해당 글의 날짜, 지역, 버전, 작성자 정보 등을 담은 메타데이터를 만들 수 있다. 이를 통해 콘텐츠의 수정 여부를 추적할 수 있다. 라이크코인의 주요 이용자는 정부 검열을 피하려 하는 언론사로, 홍콩의 수십 개 독립 언론사들은 사진과 기사 내용을 요약해 라이크코인 상에서 데이터를 보존하고 있다.

웹 3.0계의 유튜브라 불리는 오디시Odysee 동영상 플랫폼은 LBRY(엘비알와이, 블록체인 기반 콘텐츠 공유 플랫폼)라는 블록체인 위에 영상 데이터를 저장한다. 오디시에서 활동하는 크리에이터들은 조회 수에 따라 수익을 지급받거나 시청자의 후원으로 수익을 얻는데, 사용되는 통화는 LBRY

가 발행하는 코인이나 일반 달러이다. 크리에이터는 직접 영상을 삭제할 수 있지만 실제로는 오디시에서만 사라지는 것이지 LBRY에서는 삭제되지 않는다.

오디시는 콘텐츠 삭제나 수정에 대해 최대한 간섭하지 않고 사용자에게 자율권을 주고 있다. 규정을 위반한 영상이나 계정은 임의로 삭제하고 채널에 제재를 가하는 유튜브와는 대조적이다. 이 때문에 오디시에는 폭력적이거나 자극적인 영상도 함께 게재되는가 하면, 유튜브에서 퇴출된 영상들이 오디시로 유입되는 경우가 많아서 가짜 뉴스나 히틀러나 나치를 미화하는 영상을 자주 접할 수 있다. 오디시의 월 활성 사용자 수는 870만 명으로, 지금까지 1,000만 개가 넘는 비디오가 오디시에 업로드될 정도로 급성장세를 보이고 있다.

웹 3.0 기반의 크리에이터 이코노미는 창작자의 정당한 수익을 보장함과 동시에 창작자와 소비자를 보다 밀접하게 연결해준다. 크리에이터 산업은 그 어떤 산업보다 공급자와 수요자 사이의 유대 관계가 강하다. 팬, 회원, 구독자 등이 크리에이터를 지지해줘야 계속 그 생태계가 커질 수 있는데, 그 방법 중 하나가 소셜 토큰의 발행이다.

소셜 토큰Social Token 혹은 커뮤니티 토큰Community Token은 블록체인 위에서 운영되고, 나중에 다른 암호화폐나 달러 등으로 바꿀 수 있다. 창작자가 소셜 토큰을 발행하면 소비자는 토큰을 구매해 유료 콘텐츠나 콘서트 티켓, 팬 사인회, 굿즈 구입 등에 사용한다. 소셜 토큰은 소비자가 직접 토큰을 구매할 수도 있지만, 창작자가 팬들에게 보너스 형태로 줄 수도 있다. 커뮤니티에 따라서는 토큰 보유자에게 의사 결정에 참여할 권한을 주기도 한다. 창작자의 인기가 높아질수록 토큰의 가치는 더 높아지므로 창작자와 팬들 모두 열심히 활동해야 하는 동기부여가 된다.

상상력과 창의력으로 창업하는 미래의 웹 3.0 세상

웹 3.0 시대에서는 졸린 눈을 비비며 허겁지겁 버스나 지하철에 매달려 회사로 출근하지 않아도 될 것이다. 메타버스로 출근하거나 DAO에서 제시한 프로젝트를 수행하면 그걸로 끝이다. 게임 플랫폼에서는 게임 제작자, 콘텐츠 제작 플랫폼에서는 드라마 연출자, 디지털 캐릭터 플랫폼에서는 캐릭터 제작자 등 메타버스상에서는 복수의 직업을 가지며 자신의 역량을 펼칠 수 있다. '크리에이터 이코노미'는 창작자들에게 새로운 일자리와 수익 창출의 기회를 제공한다.

기업이나 프로젝트는 누구나 쉽게 콘텐츠와 캐릭터 IP(지식재산권)를 창작하고 타인과 함께 공유할 수 있는 환경을 마련해 그 안에서 창작자들의 경제활동까지 가능하도록 지원한다.

글로벌 메타버스 플랫폼 '제페토'를 운영하는 네이버제트는 크리에이터들이 자신만의 아이템, 콘텐츠를 자유롭게 창작하고 나눌 수 있는 콘텐츠 제작 플랫폼 '제페토 스튜디오'를 선보였다. 이용자는 제페토 스튜디오가 제공하는 템플릿 에디터를 사용해 손쉽게 3D 아이템을 제작, 이를 판매해 5000잼 이상 수익을 얻으면 현금화도 가능하다. 실제로 제페토 스튜디오에는 약 200만 명의 크리에이터가 가입해 활발한 경제활동을 벌이고 있다.

크리에이터들에게 웹 3.0은 창작의 자유와 정당한 수익을 챙길 기회

출처: 한국의 크리에이터 이코노미 마켓 앱 (https://maily.so)

이다. 플랫폼의 지배에서 벗어나 크리에이터들이 만들어내는 창작물에 더 많은 권한과 수익을 약속하는 웹 3.0 기술이 크리에이터 시장에 많아지고 있다는 것은 그만큼 기존 시장에 여러 문제점과 불편함이 존재한다는 의미이기도 하다. 크리에이터 이코노미의 또 다른 축인 소비자들 역시 콘텐츠 통제나 과도한 요금 인상 등 거대 플랫폼 기업들이 휘두르는 독점적 횡포에 불만을 가지고 있고 이에 대한 개선을 요구하고 있다. 이 때문에 대형 플랫폼들도 웹 3.0을 도입해 고객(창작자와 소비자)의 요구에 대응하려고 하고 있다. 트위터는 2019년부터 블루스카이라는 분산형 소셜 미디어 시스템을 만들어 연구 중이고 유튜브는 사용자가 자신의 영상을 소유하고 판매할 수 있도록 NFT를 도입하겠다고 발표했다. 틱톡은 내부 사용자 데이터를 누구나 광고에 활용할 수 있게 API로 개방했다.

크리에이터 이코노미에서의 웹 3.0 도입은 자연스러운 시대적 흐름이라 할 수 있다. 웹 3.0과의 결합을 통해 기존 사용자들의 불편을 해소하거나 크리에이터들에게 더 많은 수익 기회를 제공하는 등 혁신적인 사업 모델을 갖춘 크리에이터 스타트업들이 늘어난다면, 크리에이터 이코노미도 웹 3.0 성장과 함께 더욱 굳건한 생태계를 만들어나갈 수 있을 것이다.

디앱(DApp)으로 다양해지는
웹 3.0 서비스

웹 3.0에서는 앱도 분산화

인터넷 세상에 살고 있는 우리는 PC와 스마트폰 앱 서비스에 생활의 상당 부분을 의지하고 있다. 크롬이나 사파리 웹 브라우저로 정보를 검색하고, 사진이나 문서들은 클라우드를 이용한 구글 드라이브나 마이드라이브 등의 저장소에 보관한다. 카카오톡이나 라인, 텔레그램으로 전 세계 사람들과 커뮤니케이션하고, 소셜 네트워크에 게시물을 올리고 소통하는 일은 일상이 되었다. 금융, 음악, 동영상, 헬스, 교육 등 모든 분야에서 플랫폼화된 서비스를 이용하며, 또 이를 통해 부를 창출하기도 한다. 그렇다면 웹 3.0 시대에서는 우리가 누려오던 서비스들이 어떻게 변화할까? 그대로 누릴 수는 있을까?

현재 웹 2.0 세상에서도 여전히 일방향성으로 정보만 제공하는 웹 1.0 서비스들은 존재하고, 많은 사람은 자신의 환경에 맞게 웹 1.0과 2.0 서비스를 선택해 사용하고 있다. 웹 3.0 시대에서도 마찬가지이다. 웹 3.0 세상이 되었다고 해서 한순간에 웹 2.0 서비스가 사라지거나 대체되지는 않는다. 사용자들 입장에서는 또 하나의 새로운 웹 서비스가 등장해 선택지가 늘어난 것이고, 웹 1.0에서 웹 3.0까지 다양한 서비스가 공존하는 속에서 대중들의 선택을 많이 받은 서비스가 시대의 주류로 부상할 것이다.

그러한 과도기적 상황 속에서 웹 3.0 서비스들은 기존과는 다른 형태와 플랫폼으로 사용자들에게 접근하게 되는데, 바로 디앱DApp이다. 현재 인터넷상에서 편리하게 쓰고 있는 서비스들은 특정한 기능을 수행하기 위해 개발된 소프트웨어이다. 이것을 응용 소프트웨어application software, 즉 애플리케이션application이라고 한다. 스마트폰 등 모바일 기기에서 작동하는 응용 프로그램은 모바일 앱mobile app이라고 부른다.

디앱DApp 또는 댑은 'Decentralized Application'의 약자로, 이더리움, 이오스 같은 플랫폼 코인 위에서 작동하는 탈중앙화 분산 애플리케이션을 말한다. 간략히 분산 앱이라고도 한다. 플랫폼 위에서 작동하는 디앱의 암호화폐는 코인coin이라고 하지 않고 토큰token으로 구별하여 부르기도 한다. 복수형으로 표현해 디앱스DApps 또는 댑스dApps라고도 한다. 스마트 컨트랙트를 탑재한 이더리움 플랫폼은 디앱DApp 전체에서 약 73%를 차지하고 있다.

디앱은 기존의 애플리케이션과 달리 중앙에서 관리하는 서버가 없고, 블록체인 기술을 활용해 네트워크상에 정보를 분산해 저장하므로 해킹이 어렵다. 블록체인에 기록된 거래 내역은 모두 공개되고, 생성 후 삭제나 변조가 불가능하기 때문이다. 일부 블록이 다운돼도 다른 블록들이 동일한 정보를 보유하고 있기 때문에 영향을 받지 않는다.

디앱을 사용하려면 웹 상에서나 기존의 구글플레이 스토어 및 애플의 앱스토어에서 앱 형태로 다운로드해 이용할 수 있다. 블록체인 기반으로 중앙 처리 시스템 없이 P2P로 데이터 처리가 이루어지지만, 사용자 입장에서 늘 쓰는 기존 앱과 다를 바가 없다.

디앱DApp과 전통적인 앱의 차이점

항목	디앱(DApp)	전통적인 앱
정보 저장/보안	분산된 개인 간 네트워크에 저장으로 해킹의 어려움	중앙화된 데이터베이스 저장 서버나 로컬 컴퓨터를 이용하므로 해킹의 위험성 높음
데이터 삭제 여부	데이터나 거래는 생성된 뒤 삭제가 불가능	데이터베이스에서 삭제 가능
정보 투명성	모두 공개되고 공공 거래 장부에 모두 기록	데이터베이스에 기록되어 접근 권한 필요
가동성	일부 블록이 다운되어도 다른 블록들이 동일한 정보를 보유하고 있기 때문에 영향을 받지 않음	앱을 동작시키는 서버나 컴퓨터가 다운되면 정지
사용자 비용	기능을 사용하기 위해서는 보통 토큰/코인이 필요	앱을 사용하는 것 자체는 일반적으로 무료
유저 친화성	지갑, 토큰, 거래 등 현재까지는 학습하는 데 시간 필요	일반적으로 튜토리얼 없이 사용 가능할 정도로 편리
거래 속도	사용하는 블록체인마다 차이가 있지만 보통 느림	인터넷이나 하드웨어 속도에 따라 차이가 있지만 빠름
구동 방식	스마트 컨트랙트(Smart Contract)를 사용하여 명령을 수행하고 정보를 가져오게 됨	서버와 앱에 포함된 프로그래밍에 따라 서버와 앱 사이 정보 전송

출처: <디앱DApp이란>, 현암 코딩 티스토리

디앱은 스마트 컨트랙트와 이를 실행하기 위한 사용자 인터페이스UI로 구성된다. UI를 이용해 블록체인에 기록된 스마트 컨트랙트를 실행시키는 방식으로 업무를 수행한다. 또한 개발자가 계약의 조건, 내용을 코딩할 수 있어 어떤 종류의 계약에도 활용할 수 있다. 스마트 컨트랙트를 통해 사용자와 제공자는 금융, 보험, 부동산, 소셜 네트워크, 게임 등 다양한 분야의 거래에 디앱을 활용할 수 있다.

2022년 3월 기준으로 등록된 디앱 수는 약 4,000개로, 애플 앱스토어의 앱 개수 220만 개와는 아직 비교할 수준이 아니다. 댑레이더DappRadar 발표에 따르면, 디앱에 참여하는 사람들의 수는 일일 기준 240만 명으로 전년 대비 약 396% 증가했는데, 현재 대부분의 디앱은 게임, 거래소DEX, 디파이Defi 관련 서비스가 차지하고 있다. 특히 거래량의

디앱 상위 랭킹

TOKEN	Dapp	카테고리	블록체인	24시간 이용자
1	Uniswap V3	거래	이더리움	5.89K
2	Alpaca Finance	금융	BNB 체인	402
3	PancakeSwap	거래	BNB 체인	205.60K
4	Aave Protocol	금융	이더리움	360
5	Cuve	거래	이더리움	99
6	SushiSwap	거래	이더리움	1.48K
7	Uniswap V2	거래	이더리움	10.07K
8	Biswap	거래	BNB 체인	4.32K

출처: dapp.com

80% 이상은 게임 형태의 디앱에서 발생하고 있다. 네트워크 부하와 수수료 증가라는 문제도 앞으로 디앱이 해결해야 할 숙제이다.

웹 2.0의 앱을 대체할 웹 3.0의 디앱들

디앱DApp이 실제 문제에 대한 솔루션을 제공하면서 기존의 웹 2.0 앱들 대비 더 높은 수준의 편의성과 효용성을 확보한다면 시장이 열릴 가능성은 충분히 있다. 돈을 벌기 위한 디앱뿐만 아니라, 생활의 편의성과 편리성에 기여할 수 있는 '킬러 디앱Killer DApp'의 등장이 웹 3.0의 성패를 좌우할 것이다. 현재 각 분야에서 웹 2.0과 유사한 서비스를 제공 중인 디앱을 소개하면 다음 그림과 같다.

웹 2.0 앱 서비스를 대체할 웹 3.0 디앱

출처: Messari, 자료 재작성

데이터 저장 스토리지Storj

스토리지Storj는 구글 드라이브, 네이버 마이박스 같은 클라우드 스토리지 서비스다. 다른 점은 블록체인 기반 탈중앙 분산형 클라우드 저장 플랫폼이라는 점이다. 사용자는 다른 사용자 컴퓨터의 남는 하드디스크 공간을 활용해 파일을 저장하고 열람할 수 있다. 자신의 하드디스크를 서버에 빌려준 대가로 코인Storjcoin을 받고, 이용자는 그 하드디스크의 용량을 사용하는 대신 코인을 사용한다. 회원으로 가입하면 150Gb의 무료 스토리지를 제공받는데, 다운받을 수 있는 용량도 한 달에 150Gb로 제한되어 있다(무료 계정 기준). 50Gb짜리 파일을 업로드하면 한 달에 3번까지만 다운로드를 받을 수 있는 구조이다.

특히 스토리지는 언제든 모든 스토리지 노드들이 오프라인 상태가 될 수 있다고 가정해 이중화 전략을 취하고 있다. 주어진 개수만큼의 개별 노드가 오프라인 상태인 경우에도 데이터에 액세스할 수 있도록 데이터를 저장한다.

영상 통화 익스퍼티Experty

익스퍼티Experty는 전문가와 영상 통화로 상담할 수 있도록 연결해주는 디앱DApp이다. 스카이프Skype와 유사하지만, 전문가와 비전문가 간의 지식 교환으로 경제활동이 수반된다. 사용자는 'EXY Coin'으로 지식의 대가를 지불하고, 전문가는 자신이 제공하는 서비스에 대해서 'EXY Coin'을 받아 이를 현금화할 수 있다.

변호사, 컴퓨터 전문가, 의사 등 전문가의 의견이 필요할 때 익스퍼티는 마켓플레이스를 제공하지 않고 연결 수단만을 제공해 사용자와 전문가가 직접 소통할 수 있게 한다. 전문가들은 앱으로 연결할 수 있는 링크를 자신들의 소셜 미디어 또는 기타 홍보 방식으로 제공해 지식을 필요로 하는 사람들이 해당 링크를 통해 연락할 수 있도록 한다. 전문가들은 자신들이 원하는 수수료를 책정해서 올릴 수 있는데, 전문 지식의 희소성이나 시장 내 가치, 해당 전문성의 깊이에 따라 다르게 책정하여 올릴 수 있다. 예를 들어 변호사의 법률 상담이 필요할 경우 기존에는 변호사와 계약을 체결해서 상담 시간을 산정하여 수임료를 지불했는데 그 산출 과정은 불투명하고 잘 설명해주지도 않는다. 반면 익스퍼티는 서비스 제공 시간과 수임료 산출 방식 등을 블록체인의 분산화 환경과 소프트웨어를 통해서 투명하게 제공한다.

메신저 스테이터스Status

스테이터스는 P2P 비밀 메신저, 암호화폐 지갑, 이더리움 브라우저를 하나로 모은 커뮤니케이션 도구이다.

프라이버시와 보안에 특화된 메신저로, 모든 메시지는 암호화되어 사용자와 메시지 수신인 외에는 스테이터스를 포함한 그 누구도 메시지를 볼 수 없다. 또한, 스테이터스 메신저는 암호화폐 지갑과 연동되어, 채팅창을 통해 전 세계 사람들과 암호화폐를 주고받을 수 있다. 스테이터스 암호화폐 지갑은 ETH, SNT, DAI와 같은 스테이블 코인, NFT 등 다양한 이더리움 자산을 안전하게 보관하고 입출금도 가능하다(비트코인은 아직 미지원).

동영상 플랫폼 베뷰Vevue

베뷰Vevue는 블록체인 기반의 동영상 플랫폼 서비스 디앱으로 사용자가 레스토랑, 호텔, 장소, 이벤트 등의 30초짜리 비디오 클립을 찍어 전세계의 다른 사람들과 공유할 수 있다. 어디서나 비디오를 만들고 토큰을 얻을 수 있으며 만들어진 영상은 베뷰Vevue를 통해 시청할 수 있는데, 이때 토큰이 소모된다. 전용 모바일앱도 제공된다.

소셜 네트워크 서비스 이드-트윗Eth-Tweet

이드-트윗Eth-Tweet은 최대 160자의 메시지를 게시하는 탈중앙화 소셜 네트워크 서비스이다. 이더리움 블록체인 기반으로 실행되며, 메시지를 감시하거나 통제하는 중앙 관리자가 존재하지 않는다. 그 어떤 노드도 메시지를 통제할 수 없기 때문에 메시지가 한 번 게시되면 게시자 이외에 누구도 해당 메시지를 삭제할 권한을 갖지 않는다.

P2P 직거래 스웜 시티Swarm City

스웜 시티Swarm City는 P2P 기반의 공유 경제 플랫폼으로 제3자의 도움 없이 개인 간 거래가 가능한 전자 상거래 플랫폼이다. 우버 킬러라 불리며 주목을 받고 있는데, 이더리움의 스마트 컨트랙트와 SWT 토큰을 활용해 중개자나 금융기관 없이 이용자와 서비스 제공자를 연결해줄 수 있다. 우버와 같은 승차 공유는 물론 각종 대행 서비스 및 개인 간 거래에 이르기까지 다양한 곳에서 활용할 수 있다.

출처: 이드랜스 웹 사이트

고용 및 원격 근무 이드랜스EThlance

이드랜스EThlance는 이더리움 스마트 컨트랙트 기반으로 중개자 없이 구직자와 고용주를 연결해주는 데 특화된 탈중앙화된 플랫폼이다. 이더 ETH를 사용해 잠재적 고용주가 채용 공고를 게시하거나 프리랜서가 일자리를 신청할 수 있다. 스마트 컨트랙트 기반으로 서로 간에 계약이 작성되고, 계약에 따라 고용주가 지불한 이더가 구직자에게 전달된다.

웹 3.0으로
투명해지는 사회

많은 국가에서는 부정과 부패를 척결하고 신뢰 있고 투명한 사회를 건설하기 위해 정부 행정, 의료 시스템, 선거 관리 등에 블록체인을 도입하고 있다. 블록체인 기반의 웹 3.0 프로젝트는 투명성을 강화하고 시간과 비용을 절감하며 공공 서비스의 효율성와 질을 향상시키는 의미에서 그 활용도가 높다.

블록체인 기반 토지 대장 프로젝트는 스웨덴, 조지아, 인도 등 많은 국가에서 추진 중이다. 특히 북미나 유럽의 선진국 정부들이 대부분 토지나 부동산에 대한 법적 소유권을 시스템화된 방식으로 관리하는 것과 달리, 많은 수의 개발도상국에서는 자산에 대한 법적 소유권을 부여받지 못하는 경우가 많다. 이러한 문제로 인한 경제적 손실과 부패를 방지하고 상호 신뢰를 증진하기 위하여 블록체인 기술을 도입하는 것이다.

인도의 안드라프라데시Andhra Pradesh주 정부와 코로마웨이ChromaWay는

2017년 10월 블록체인 기반 토지 대장 구축을 위한 파트너십을 체결하였다. 안드라프라데시는 인도 남동부에 위치한 주로, 핀테크 밸리 바이작 Fintech Valley Vizag 이니셔티브를 주도하고 있다. 2016년 12월 출범한 핀테크 밸리 바이작Fintech Valley Vizag은 안드라프라데시주에서 두 번째로 큰 도시이자 중요한 항구 도시인 비사카파트남Visakhapatnam, Vizag을 중심으로 세계적인 규모의 핀테크 생태계를 조성하는 것을 목적으로 한다. 코로마웨이ChromaWay와의 블록체인 기반 토지 대장 구축 프로젝트는 이러한 핀테크 밸리 바이작 이니셔티브의 일부로 기획되었다. 이와 별개로 인도 현지의 블록체인 업체인 제비 데이터Zebi Data와도 파트너십을 맺고 블록체인 기반으로 토지 대장을 기록하는 프로젝트를 진행해 2018년 3월 기준으로 10만 개 이상의 토시 대장을 블록체인에 저장한 상태이다.

안드라프라데시주가 블록체인을 행정에 도입하고자 하는 중심 목적은 공직자 내부의 부패로 인한 공문서의 위조 문제를 해결하기 위함이다. 인도의 뇌물 수수율은 무려 69%로, 2017년 기준 아시아에서 가장 부패한 국가 1위로 기록되었다. 안드라프라데시주가 자체적으로 추산한 바에 따르면, 인도 전역에서 토지 등기와 관련해 발생한 뇌물의 액수는 총 7억 달러에 달한다.

이 때문에 법정 재산 소유권이 제대로 관리되지 못하고 있으며, 이로 인한 분쟁 역시 심각하다. 인도의 씽크탱크 닥쉬Daksh에 따르면, 인도 내 민사 사건의 66%가 자산의 소유권과 관련되어 있으며, 이로 인해 매년 0.5%의 GDP 손실이 발생하고 있다. 인도 남동부에 위치한 안드라프라데시주Andhra Pradesh는 토지 대장 관리에 블록체인을 도입함으로써, 공무원들의 등기 문서 조작 및 관련 뇌물 수수를 방지할 수 있을 것으로 기대하고 있다.

웹 3.0은 선거 관리 시스템에도 영향을 미친다. 만약 선거 시스템에 블록체인을 도입하면 투표 결과가 블록체인에 등록되어 투표 결과를 투명하게 누구나 열람할 수 있게 된다. 이를 통해 선거 결과의 조작을 차단하여 부정을 통해 권력을 얻는 세력을 막을 수 있고, 선거가 종료된 뒤 패배한 진영에서 선거의 결과를 인정하지 않아 발생하는 충돌과 그에 따른 비용을 사전에 차단할 수 있다.

실제로 러시아에서는 2020년 7월, 전 국민이 참여한 개헌 투표에 블록체인 시스템이 활용되었고, 2020년 9월에는 쿠르스크·야로슬라브스

제20대 대통령 선거 사전 투표에 등장한 쇼핑백, 바구니, 종이 상자

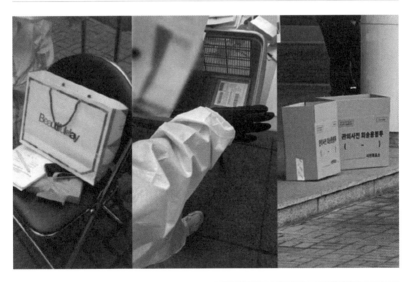

출처: 언론 종합

카야 지역 통합 하원 보궐선거에 블록체인 기술을 적용한 투표가 진행되었다. (다만 개헌 투표 과정에서 개인정보 유출 의혹이 불거졌고, 선거에서 사용된 블록체인 투표 시스템이 정부 서버에서 운영되기 때문에 진정한 탈중앙화 블록체인이라고 보기 어렵다는 의견도 있었다.)

아직 블록체인 투표 시스템이 완벽하지 않기 때문에 해킹의 우려는 있다. 그래서 투표가 아니라 개표 과정에서 블록체인을 활용해 신뢰성을 높이는 방안도 제시되었다. 개표 과정을 블록체인 상에 기록해서 모두가 확인할 수 있도록 해 신뢰도를 높이자는 것이다.

블록체인 기술을 활용하면 선거 결과 확인 시간을 단축할 수도 있다. 인도의 경우, 선거를 치르면 시간이 오래 걸리는 것으로 유명하다. 2019년 인도 총선에는 8억 명이 넘는 유권자 중 6억여 명이 참여했는데, 선거 진행에만 38일이 걸렸고 개표는 투표 마감 이후 6일 만에 이뤄졌다. 이에 인도 선거관리위원장은 투표 시간 단축과 선거의 공정성 수준을 개선하기 위해 블록체인 기술 도입을 검토하겠다고 밝힌 바 있다.

2022년 제20대 대한민국 대통령선거 사전 투표에서는 코로나 격리자들이 기표한 투표용지를 투표 사무원이 바구니나 쇼핑백, 종이 상자에 담아 유권자 대신 투표함에 넣는 웃지 못할 사건이 일어났다. 웹 3.0이 실현되는 미래 한국에서는 부디 이런 해프닝이 두 번 다시 일어나지 않기를 바란다.

불확실한 미래 속에서
웹 3.0을 향해 한 걸음씩 나아가다

웹 3.0에서는 블록체인의 분산원장 기술로 데이터와 인프라를 사용자가 '소유'하고, DAO를 통해 생태계에 직접 참여하고 활동에 따른 '보상'을 받는다고 설명하였다. 투명한 구조와 보상 지급, 자율적으로 운영되는 조직 방식은 이익보다 공동체에 초점을 맞추고 사회적으로 더 의식적인 구조를 만들 수 있다. 물론 아직 이상과 현실 사이의 격차가 크고 해결돼야 할 과제도 많다. 스마트 컨트랙트 코드의 공개로 해킹 가능성도 있고, 책임 있는 참여자를 선별하는 별도 절차가 없어 결과의 신뢰도도 100% 믿기는 어렵다.

주요 의사 결정에 조직의 핵심 구성원이나 특정 집단만 참여하고 있는 것도 문제이다. 수십만 피해자를 만든 '루나 사태'의 핵심 인물인 테라폼랩스 대표는 "새로운 블록체인을 만들어 생태계를 부활시키겠다"라며 '테라 2.0 계획'을 표결에 부쳤다. 테라 커뮤니티 회원들을 대상으로 한

예비 투표에서 90%가 넘는 반대에도 불구하고, 테라폼랩스 대표는 본투표 방식을 '1인 1표'에서 '코인 1개당 1표'로 바꾸고, 루나 코인을 보유하거나 보유했던 투자자만 참여할 수 있게 해 자신의 뜻을 관철시켰다. 결국, 루나를 대규모로 보유하고 있는 거래 검증인 147개가 대부분 찬성하면서 '테라 2.0' 프로젝트는 추진되었다. 컨스트튜션(헌법) DAO의 경우도 참가자 1%가 전체 토큰의 66%의 토큰을 보유했듯이, DAO가 반드시 공평하고 민주적인 조직 방식이라고는 할 수 없다. 참여자들 행동이 토큰의 가격 변화나 이익의 배분 등 금전적 이해관계에 따라 얼마든지 변할 수 있다.

이러한 비판적 우려와 문제점이 존재함에도 웹 3.0은 데이터 독점이 분산되는 혁명이자, 투명하고 효과적으로 함께 성장할 수 있는 사회적 기반이라는 인식이 점차 확산되고 있다.

메타버스, NFT의 뒤를 잇는 웹 3.0은 이제 산업과 사회 모든 분야에서 확장될 가능성을 보여주고 있다. 목적을 같이하고 생태계 내 참여자 모두를 존중하고, 투명성을 보장하는 스마트 컨트랙트를 통해 사회 혁신을 추진할 수 있다. 투명성과 민주성을 내세워 '사회 커뮤니티'나 '기업 운영' 등이 전혀 다른 모습으로 진화할 수도 있다. 정치, 경제, 사회 등 전 분야에서 웹 3.0의 혁신은 상상 이상의 큰 파장을 불러올 것이다.

웹 3.0의 탄생과 진화는 우리 사회와 산업 전반에서의 패러다임 변화를 예고하고 있다. DAO나 디파이Defi 등에서 노출된 기술적 문제와 이를 관리하는 법, 제도적인 장치 등 풀어야 할 과제는 많이 남아 있다. 이를 극복하기 위한 기술 개발과 디앱DApp을 통한 서비스 분야의 확장은 빠르게 진행되고 있다. 웹 3.0은 패러다임 대전환을 통해 앞으로의 미래 사회에서 새로운 부와 가치를 창출하고 기회를 제공할 가장 혁신적인 트렌드임이 틀림없다.

웹 3.0은 '신뢰'다

"암호화폐의 겨울이 오고 있다Crypto winter is coming."

2022년 들어서면서 러시아-우크라이나 전쟁, 급격한 인플레이션, 미국 연준FED의 자이언트스텝 금리 인상 등에 따른 경기 침체 우려로 비트코인은 최고점 대비 70%나 하락하는 등 암호화폐 시장은 그 어느 때보다 추운 겨울을 맞이하고 있다. 게다가 테라-루나 사태가 일어난 후, 웹 3.0과 암호화폐의 미래에 대해 비관적으로 전망하는 기사들이 연일 나오고 있다. 물론 웹 3.0과 암호화폐 기술인 블록체인 자체를 부정하는 것은 아니다. 암호화폐가 지닌 투기적 속성을 지적하며 이를 만들고 투자한 개발자 및 투자자에게 책임감을 가지라는 경고의 메시지다. 하지만 사태의 장본인은 수많은 피해자를 내고도 반성은커녕, "내 발명품(테라, 루나)이 여러분 모두에게 고통을 줘 비통하다"라는 짧은 트윗만 남기고 사태를 무마시켰다. 문구 어디에도 피해자들에 대한 진정성 있는 사과나 책임은 보이지 않았다. 암호화폐 시장을 한순간에 겨울 왕국으로 만든 테라-루나 코인을 발명품이라고 추켜세우며 '비통하다'라는 단어로 본인의 감정만 내세운 문장에, 이번 사태에 대한 진지한 자기 성찰 따위는 전혀 없었다.

게다가 개인 투자자 및 업계 전문가들의 반대에도 불구하고, 심지어는 커뮤니티의 투표 방식까지 바꿔가며 '테라 2.0' 프로젝트를 강행해 제2의 루나 사태를 야기시켰다. (2022년 5월 28일 상장한 '루나2'는 보름 만에 20달러에서 2달러 수준으로 약 90% 폭락했는데, 이에 대해 테라폼랩스 대표는 트위터를 통해 "테라 2.0 프로젝트가 테라폼랩스 주도는 아니다"라며 발을 뺐다.)

오랫동안 개념으로만 머물렀던 웹 3.0이 블록체인을 만나 이제 막 수면 위로 올라와 성장하려는 시점에서, 루나 사태는 웹 3.0 생태계 확장에 제대로 찬물을 끼얹었다. 동시에 웹 3.0이 추구해야 할 핵심 가치가 탈중앙화가 아님을 명백히 보여주었다.

여러 보고서와 기관 등에서 웹 1.0, 2.0, 3.0을 '읽기-쓰기-소유'라는 기술적 관점에서 구분 및 정의하고 있다. 만약 웹을 기능적 측면이 아닌 사용자의 니즈needs 관점에서 정의한다면 어떻게 설명할 수 있을까? 웹이 처음 만들어지게 된 이유는 전 세계에 흩어져 있던 데이터들을 하나로 엮어 '세상의 모든 정보를 볼 수 있게 하기 위해서'였다. 즉 웹 1.0의 니즈는 '정보'였다. 그다음 등장한 웹 2.0에서는 소셜 네트워크를 통한 타인과의 연결이 중요했다. 내가 가진 정보를 공유하고 공감대를 형성해 온라인상에 또 하나의 세상을 만들었다. 웹 2.0의 니즈는 바로 '소통(커뮤니케이션)'

이었다. 그렇다면 웹 3.0에서 필요한 것은 무엇일까? 바로 '신뢰'이다.

플랫폼 기업의 데이터 독점에서 해킹, 정보 유출, 사이버 범죄 등 오늘날 인터넷에서 발생하고 있는 많은 문제는 신뢰가 무너졌기 때문이다. 웹 2.0이 망가진 이유도 플랫폼 기업들의 탐욕으로 신뢰가 붕괴했기 때문이다. 웹 3.0은 무너진 신뢰를 기술적으로 다시 일으켜 세우고자 한 노력의 산물이다. 하지만 테라-루나 사태에서 봤듯이 기술에만 의존하기에는 역부족이다. 모든 문제의 중심은 인간으로 귀결된다. 루나 사태도 결국은 루나의 공급량이 늘어도 루나의 가치가 떨어지지 않으리란 신뢰가 흔들리면서 '뱅크런(대규모 자금 인출)'이 일어났기 때문에 터진 것이다. 또 다른 스테이블 코인인 테더는 담보 자산이 있어 신뢰가 유지되었지만 테라-루나는 신뢰의 보장 장치가 없어 구성원들의 의심과 불안이라는 작은 충격에도 쉽게 깨질 수밖에 없었다.

우리 사회가 안정적으로 돌아가는 것도 '신뢰'가 뒷받침되어 있기 때문이다. 종이에 숫자가 적혀 있을 뿐인 화폐와 플라스틱에 불과한 신용카드를 안심하고 사용하는 것은 그 종이와 카드에 모두가 그만한 가치가 있다고 신뢰하고 있어서이다. 그리고 현실 세계에서는 국가(정부)와 제도화된 금융 시스템이 신뢰를 책임지고 있다. 하지만 웹 3.0에서는 정부나 제도 대신 참여자 모두가 서로를 신뢰하며 생태계를 구성한다. 어느 한 곳에서 작은 균열이라도 생기면 생태계는 바로 무너진다. 이는 마치 잔칫날 포도주 대신 물을 가져와 부은 마을 사람들의 이야기와 같다.

옛날 어느 마을에서 촌장이 잔치를 열겠다며 마을 사람들에게 포도주를 한 병씩 가져오도록 부탁했다. 가져온 포도주는 커다란 항아리에 담아 잔치 때 참석한 사람들에게 제공할 계획이었다. 그런데 마을 사람 중 한 사람이 이런 생각을 했다. '포도주 대신 난 병에 물을 담아가야지. 그 많은 사람이 가져온 포도주에 물 한 병쯤 섞는다고 누가 알겠어.' 잔치가 열리고 마을 사람들은 한 사람도 빠짐없이 참석했다. 그들은 진수성찬이 차려진 탁자에 둘러앉았다. 촌장은 마을 사람들이 가지고 온 포도주가 담긴 항아리를 선보였다. 모두 맛있는 포도주를 마실 생각에 기쁜 표정을 지었다. 유리잔에 포도주를 따르기 위해 항아리 밑부분에 달린 꼭지를 돌린 순간 잔치에 모인 모든 사람은 깜짝 놀랐다. 꼭지에서 흘러나와 유리잔에 담긴 것은 빨간 포도주가 아닌 투명한 맹물이었다. 마을 사람 모두가 '나 하나쯤이야' 하는 생각으로 포도주가 아닌 맹물을 가져와 항아리에 부었던 것이다.

미국의 사회학자 프랜시스 후쿠야마Francis Fukuyama는 저서《트러스트Trust》에서 "선진국과 후진국 차이는 바로 신뢰의 차이이며 신뢰 기반이 없는 나라는 사회적 비용이 급격하게 커져 선진국 문턱에서 좌절할 것"이라고 지적했다. 이 말을 웹 3.0에 대입하면 "성공하고 실패하는 웹 3.0 서비스의 차이는 바로 신뢰의 차이이며 신뢰 기반이 없는 웹 3.0은 신뢰 비용이 급격하게 커져 생태계 문턱에서 좌절"하게 된다.

신뢰 문제는 웹 3.0이 기술적 혁신을 넘어 대중적으로 확산되기 위해 반드시 해결해야 할 관문이자 과제이다. 모든 웹 3.0 생태계는 신뢰의 메커니즘을 도입하고 신뢰 비용을 최소화하면서 구성원들이 어떻게 하면 생태계를 계속해서 신뢰할지에 초점을 맞추어야 한다.

웹 3.0의 성공 여부는 알고리즘이나 기술 개발에만 있지 않다. 아무리 알고리즘이나 인공지능을 잘 만든다 하더라도 오류는 존재하고 예상치 못하게 발생하는 여러 문제들은 기술로만 해결되지 않는다. 어떻게 하면 신뢰를 구축하고 생태계 내에서 안심하고 서로를 신뢰할 수 있는지에 대한 검증된 시스템 구축이 중요하다. 탈중앙화냐 아니냐는 다음 문제다. 개발자와 투자자, 사용자 모두가 책임감을 갖고 웹 3.0 생태계를 지켜야 한다. 항아리에 물이 아닌 포도주를 한 잔씩 넣는 마음이 중요하다. 그렇지 않으면 웹 3.0 생태계 구성원들은 언제까지고 포도주가 아닌 맹물을 마셔야만 한다.

향후 웹 3.0 시장에서 성공하는 암호화폐는 아마도 물 한 방울 섞이지 않은 순도 100%의 포도주로 채워진 항아리와 같이 구성원들의 탄탄한 신뢰를 바탕으로 이루어진 코인 혹은 토큰일 것이다. 맛있는 포도주는 오랜 기간 숙성되어야 한다. 웹 3.0도 여러 번의 시행착오를 겪고 나면 훨씬 더 크고 신뢰 있는 생태계를 구축할 것이다. 계절이 흐르듯 웹 3.0은 겨울을 지나 다시금 봄을 맞이할 것이다.

"신뢰는 유리 거울 같은 것이다.
한 번 금이 가면 원래대로 하나가 될 수는 없다."

-헨리 F. 아미엘

부록

웹 3.0을 이해하기 위해
알아두면 좋은 용어들

용어	설명
블록체인	누구나 열람할 수 있는 디지털 장부에 거래 내역을 투명하게 기록하고, 여러 대의 컴퓨터에 이를 복제해 저장하는 분산형 데이터 저장 기술.
퍼블릭 블록체인 (public blockchain)	특정 조직, 기관의 승인 없이 누구든지 인터넷에 연결된 PC, 노트북, 스마트폰, 서버, 컴퓨터 채굴기 등 다양한 단말을 이용하여 블록체인 네트워크에 참여가 가능한 개방형 블록체인. 비트코인, 이더리움 등이 해당. 퍼블릭 블록체인 참여자들은 컴퓨터 사용에 따른 전기료 등 운영 비용을 감당할 수 있도록, 암호화폐를 발행하여 보상하며 Transaction fee를 받음. 많은 사람들이 함께 참여하기 때문에 투명성 및 보안성이 높지만, 합의가 진행되고 전체 네트워크에 전파하여 동기화해야하기 때문에 속도가 느림.
프라이빗 블록체인 (private blockchain)	미리 정해진 조직이나 개인들만 참여할 수 있는 폐쇄형 블록체인 네트워크. 금융기관, 기업에서 주로 활용. 운영 주체가 명확하고 금융 거래를 하는 것이기에 규제 사항 및 법을 준수. 리플, R3 Corda 등이 해당. 승인된 신뢰 조직이나 사람만 네트워크에 참여하고 네트워크의 설정에 따라 거래를 검증하는 노드 수를 조절할 수 있기 때문에 처리 속도가 빠르지만, 특정 기관에 의존해야 하기 때문에 신뢰성에 한계를 가짐.
암호화폐	Cryptocurrency. '암호화'라는 뜻을 가진 'crypto-'와 통화란 뜻을 가진 'currency'의 합성어로, 분산원장(Distributed Ledger)에서 공개키 암호화를 통해 안전하게 전송하고, 쉽게 소유권을 증명해낼 수 있는 디지털 가상 자산. 비트코인, 이더리움, 이오스, NFT 등 코인과 토큰 모두 암호화폐에 해당. 블록체인을 관리하는 수단으로, 블록체인의 증명 작업 참여자(노드 node, 데이터 접점, 단말)에게 운영 및 검증 보상으로 지급.

비트코인	블록체인 기술을 기반으로 만들어진 최초의 암호화폐.
이더리움	블록체인 기술 기반으로 스마트 컨트랙트 기능을 구현하기 위한 분산 컴퓨팅 플랫폼이자 암호화폐. 프로그램 작성이 가능한 암호화폐.
코인 (coin)	다른 플랫폼에 종속되지 않고 자체 메인넷을 가지고 독립적인 생태계를 구성하고 있는 암호화폐. 이더리움, 이오스 등 모든 플랫폼 코인이 여기에 해당. 플랫폼 코인이 아니더라도, 비트코인이나 리플처럼 다른 플랫폼에 종속되지 않은 독립적인 암호화폐도 코인이라고 부름.
토큰 (token)	다른 플랫폼 코인 위에서 개별적인 목적을 달성하기 위해 사용하는 암호화폐. 토큰은 자체적인 메인넷이 없으며, 다른 플랫폼 기반 위에서 작동. 예를 들어 스테이터스네트워크토큰(SNT)은 이더리움 플랫폼 위에서 작동하는 토큰. 코인이 국가라고 하면 토큰은 거기에 속한 도시의 개념.
알트코인 (altcoin)	비트코인 이외의 나머지 모든 암호화폐. alternative coin의 약자로서, 비트코인의 단점을 해결하기 위한 대안적 코인이라는 뜻. 라이트코인, 이더리움, 이오스 등 수천 종의 알트코인이 존재.
플랫폼 코인 (platform coin)	다양한 서비스와 토큰에서 사용하는 공통된 기능을 모아서 제공하는 플랫폼에 사용되는 암호화폐. 플랫폼 코인 위에 다양한 서비스에서 사용하기 위한 탈중앙 분산형 응용 프로그램인 디앱(DApp). 이더리움이 대표적.
유틸리티 토큰 (utility token)	게임, 콘텐츠, 데이터 등 다양한 서비스를 이용하기 위해 사용하는 암호화폐. 대개 플랫폼 코인 위에서 작동하는 디앱(DApp) 방식으로 개발.
스테이블 코인 (stablecoin)	법정화폐로 표시한 코인의 가격이 거의 변동하지 않고 안정된 암호화폐. '가치 안정 화폐'라고도 함. 테더, 스팀달러, 테라 등.
스마트 컨트랙트 (Smart Contract)	스마트 계약. 계약 당사자가 사전에 협의한 내용을 미리 프로그래밍해 전자 계약서 문서에 넣어놓고, 계약 조건이 충족되면 자동으로 계약 내용이 실행되는 시스템
ERC-20	Ethereum Request for Comments 20의 약자로 이더리움 네트워크 상에서 유통할 수 있는 토큰의 호환성을 보장하기 위한 표준 사양. ERC-20 토큰은 스마트 컨트랙트의 속성을 지원해야 함. ERC-20 기반으로 생성된 토큰은 상호 호환이 가능. 안드로이드 운영체제를 사용하는 프로그램은 상호 공유가 가능한 개념과 비슷.
NFT	이더리움을 기반으로 만들어진 대체 불가능 토큰(Non-Fungible Token)으로 블록체인 기술을 이용해 디지털 자산의 소유주를 증명하는 가상의 토큰. ERC-721 표준에 기반해 발행.
P2E	Play to Earn의 약자로 게임 상의 아이템을 현금화해 게임 플레이를 하면서 돈을 버는 게임 방식. 이 개념을 확장시켜 일련의 행위를 통해 수익을 얻을 수 있는 'Something to Earn', X2E라는 용어도 등장. 예를 들어 글 쓰고 돈 버는 'Content to Earn, C2E'.

메타버스	현실의 나를 대리하는 아바타를 통해 일상 활동과 경제 생활을 영위하는 3D 기반의 가상 세계.
디파이(DeFi)	탈중앙화 금융(Decentralized Finance)의 약자로 블록체인 기반으로 조성되는 금융 서비스.
씨파이(CeFi)	Centralized Finance의 약자로 중앙화된 금융 시스템.
디앱(DApp)	Decentralized Application의 약자로 탈중앙화 어플리케이션.
DAO(다오)	Decentralized Autonomous Organization의 약자로 탈중앙화된 자율 조직.
DEX	Decentralized Exchange의 약자로 서버-클라이언트 방식의 중앙화된 거래소와 달리 P2P 방식으로 운영되는 탈중앙화된 분산형 암호화폐 거래소.
ICO	Initial Coin Offering의 약자로서, 새로운 암호화폐를 만들기 위해 불특정 다수의 투자자들로부터 초기 개발 자금을 모집하고 그 대가로 코인을 나눠주는 행위. ICO는 크라우드펀딩(crowdfunding)의 일종으로서, 초기 코인 공개라고도 함. 주식 공개 모집을 의미하는 IPO에서 나온 말로, ICO를 진행하기 위해 새로운 암호화폐를 만들게 된 동기, 목적, 운영 방식, 전망 등의 내용을 담은 백서(white paper)를 발행하고, 초기 투자자를 모집.
가스	이더리움에서 송금이나 스마트 컨트랙트를 실행할 때 수수료를 책정하기 위해 만든 단위.
프로토콜 (protocol)	표준화된 절차를 서술한 규칙의 체계로, 규약(規約)이라고도 함. 일반적으로 통신 프로토콜을 의미. 통신 프로토콜은 통신 회선을 통해 컴퓨터, 단말기와 같은 시스템 간에 내부적으로 통신, 접속하기 위하여 정보, 자료, 메시지 등을 주고받는 양식과 규칙 체계임.
PoW	작업 증명(Proof of Work)이란 목표값 이하의 해시를 찾는 과정을 무수히 반복함으로써 해당 작업에 참여했음을 증명하는 방식의 합의 알고리즘.
PoS	지분 증명(Proof of Stake)이란 보유한 자산 규모에 따라 차등적인 영향력을 행사하여 거래 검증에 기여하는 합의 알고리즘.
HTTP	HyperText Transfer Protocol의 약자. 웹 상에서 HTML로 작성된 정보, 즉 하이퍼텍스트(hypertext) 문서를 주고받을 수 있는 프로토콜. HTML(HyperText Mark-up Language)은 웹 페이지를 만드는 데 사용하는 언어로, 웹 페이지의 모습을 기술하기 위한 규약. 프로그래밍 언어가 아니라 마크업 언어(태그 등을 이용하여 문서나 데이터의 구조를 명기하는 언어).

IPFS (아이피에프에스)	Inter Planetary File System의 약자로서, 분산형 파일 시스템. Planetary(행성)는 여기서 노드(node, 단말)를 의미. P2P 방식으로 대용량 파일과 데이터를 공유하기 위해 사용. 기존의 HTTP 방식은 데이터가 위치한 곳의 주소를 찾아가서 원하는 콘텐츠를 한꺼번에 가져오는 방식이었지만, IPFS는 전 세계 여러 컴퓨터에 분산 저장되어 있는 콘텐츠를 찾아서 데이터를 조각조각으로 잘게 나눠서 빠른 속도로 가져온 후 하나로 합쳐서 보여주는 방식으로 작동. HTTP 방식에 비해 훨씬 빠른 속도로 데이터를 저장하고 가져올 수 있어, 기존 대역폭 비용을 60% 이상 절감. 파일코인(file coin)의 초기 모델이기도 함.
P2P(피투피)	Peer to Peer(피어 투 피어)의 약자, 인터넷에 연결된 다수의 개별 사용자들이 중개 기관을 거치지 않고 직접 데이터를 주고받는 것. Peer란 '동료'라는 뜻인데, 네트워크에 연결된 모든 컴퓨터들이 서로 대등한 동료의 입장에서 데이터나 주변장치 등을 공유할 수 있다는 의미.
해시 함수 (Hash Function)	임의의 길이의 데이터를 입력받아 일정한 길이의 비트열로 반환시켜주는 함수. 입력값의 길이가 달라도 출력값은 언제나 고정된 길이로 나옴. 해시는 원래 고기, 감자, 야채 등을 잘게 다져서 볶아낸 음식으로, 해시 함수는 임의의 값(감자)을 넣으면 항상 일정한 크기(사각 모양)의 결과 값(해시브라운)이 나온다는 것에서 명칭이 유래.
온체인	온체인 트랜잭션(On-chain Transaction)이라고 함. 체인 위에서 발생하는 트랜잭션. 즉 메인 블록체인 네트워크에 트랜잭션이 기록되는 것. 비트코인, 이더리움 등 자체 네트워크를 구성하고 있는 블록체인 내에서 발생하여 블록에 기록되는 트랜잭션들.
오프체인	메인 블록체인이 아닌 곳에서 발생하는 트랜잭션. 이더리움 입장에서는 비트코인 상에서 주고받는 트랜잭션은 오프체인 트랜잭션. 반대로 비트코인 입장에서는 이더리움에서의 트랜잭션이 오프체인 트랜잭션. 온체인에서 해결하지 못했던 확장성 문제를 해결할 수 있음. 블록체인에 직접 기록하는 방식이 아닌 특정 거래 내역을 블록체인이 아닌 독립된 외부에 기록. 합의 과정이나 검증이 필요 없어서 온체인과는 다르게 빠른 처리가 가능. 핵심 데이터만을 블록체인에 기록하고 빠른 속도가 필요한 데이터는 블록체인이 아니라 디앱(DApp) 중앙 서버에 기록. 온체인과는 다르게 오프체인은 속도도 빠르고 비용도 저렴하지만 오프체인에 기록된 트랜잭션을 신뢰할 수 없다는 단점이 존재.
샤딩 (sharding)	하나의 거대한 데이터베이스나 네트워크 시스템을 여러 개의 작은 조각으로 나누어 분산 저장하여 관리하는 것. 블록체인의 확장성, TPS 문제를 해결하기 위해 등장. 단일의 데이터를 다수의 데이터베이스로 쪼개어 나누는 걸 말하는데, 단일의 데이터베이스에서 저장하기 너무 클 때 사용하여 데이터를 구간별로 쪼개어 나눔으로써 노드에 무겁게 가지고 있던 데이터를 빠르게 검증할 수 있어 빠른 트랜잭션 속도를 향상시킬 수 있음. 샤딩을 통해 나누어진 블록들의 구간(epoch)을 샤드(shard)라고 함. 10만큼의 데이터와 10명의 노드가 참여했다고 가정한다면 기존의 블록체인은 10명의 개개인은 10만큼을 모두 가지고 있으면서 공유하지만, 샤딩은 10을 조각내서 10명의 노드 개개인은 1만큼씩만 보관함으로써 보관 데이터가 가벼워져 거래 처리 속도가 크게 향상.

TPS	Transaction per Second의 약자. 1초당 처리할 수 있는 트랜잭션의 개수를 의미. 100만 TPS는 1초당 100만 건의 트랜잭션을 처리할 수 있는 속도. 비자(VISA)가 2만 4,000TPS를 처리. 반면 비트코인은 평균 7TPS, 이더리움이 20TPS, 이오스가 3,000TPS 수준. 중앙화를 통해 TPS를 높일 수 있으나, 블록체인의 원래 목적인 탈중앙화라는 취지가 훼손. TPS에 탈중앙화 지수(DQ, Decentralization Quotient)를 곱한 DTPS(탈중앙화 TPS) 지수도 있음.
시맨틱 웹 (Semeantic Web)	'의미론적 웹', '개인화된 지능형 웹'을 의미. 컴퓨터가 사람을 대신하여 정보를 읽고, 이해하고 가공하여 새로운 정보를 만들어낼 수 있도록 이해하기 쉬운 의미를 가진 차세대 지능형 웹. 현재의 인터넷과 같은 분산 환경에서 리소스에 대한 정보와 자원 사이의 관계-의미 정보를 기계가 처리할 수 있는 온톨로지 형태로 표현하고, 이를 자동화된 기계가 처리하도록 하는 프레임워크이자 기술.
온톨로지 (Ontology)	사람들이 세상에 대하여 보고 듣고 느끼고 생각하는 것에 대하여 서로 간의 토론을 통하여 합의를 이룬 바를, 개념적이고 컴퓨터에서 다룰 수 있는 형태로 표현한 모델. 개념의 타입이나 사용상의 제약 조건들을 명시적으로 정의한 기술. 신뢰 기반의 데이터 교환을 위한 차세대 멀티 체인 퍼블릭 플랫폼.

참고문헌

KT경제경영연구소,《블록체인 비즈니스의 미래: 한국형 토큰 이코노미가 온다》, 한스미디어, 2018. 12.

가브리엘 르네·댄 메이프스(심주연 옮김),《공간 웹: 웹 3.0 시대의 기술이 삶, 비즈니스, 사회에 미치는 영향》, 에이콘출판, 2021. 02.

고바야시 히로토(전종훈 옮김),《GAFA 이후의 세계: 분산된 세계의 미래 지도》, 시그마북스, 2020. 12.

기태현·김형중·김호진·리재학·박항준,《휴대폰 인류의 블록체인 디파이 혁명: 혁명군과 함께 새로운 경제 세계로 진군하라》, 북스타, 2020. 05.

김기영,《멈추지 않는 진화 블록체인 & 암호화폐 2.0》, 넥서스BIZ, 2020. 01.

김미경·김상균·김세규·김승주·이경전,《세븐 테크: 3년 후 당신의 미래를 바꿀 7가지 기술》, 웅진지식하우스, 2022. 02.

김용태,《웹 3.0 메타버스: NFT와 ARG가 바꾸는 비즈니스 법칙》, 연암사, 2022. 02.

김재윤,《제4차 산업혁명시대, 블록체인에 투자하라: 블록체인 재테크에 지금 당장 동참하라》, 메이트북스, 2018. 05.

김재필,《ESG 혁명이 온다》, 한스미디어, 2021. 04.

김종권,《금융재정학과 블록체인》, 박영사, 2018. 10.

뉴시스, 〈콘텐츠가 자산" 누구나 돈 번다…'크리에이터 이코노미' 주목〉, 2022. 03.

닐 메타·아디티야 아가쉐·파스 디트로자(정미진 옮김),《코인 좀 아는 사람 앞으로 10년 암호화폐의 미래가 여기 있다》, 월북, 2022. 05.

레이 달리오(송이루·조용빈 옮김),《변화하는 세계 질서》, 한빛비즈, 2022. 06.

박세정·안다미,《블록체인 제너레이션: BZ 세대의 반란》, 매경출판, 2022. 06.

박영숙·앤디 리안·숀 함슨,《블록체인혁명 2030: 4차 산업혁명은 블록체인의 토대 위에서 이루어진다》, 교보문고, 2019. 05.

박정렬·최새솔,〈웹 3.0의 재부상: 이슈 및 전망〉,《전자통신동향분석》제37권 제2호, 2022. 04.

백남정·임명수·김형중·박상민·강신범,《디지털 부자가 꼭 알아야 할 NFT》, nobook, 2022. 04.

숀 오·토머스 파워(박재호 옮김),《토크노믹스: 블록체인이 가져올 차세대 비즈니스 경제학》, 한빛미디어, 2019. 07.

스콧 캐리,〈미래의 패러다임? 그저 대박의 기회?… '웹3 개발자', 커리어 관점의 진단〉, 《CIO 코리아》, 2022. 01.

양정훈·양정욱,《블록체인 매니지먼트: 블록체인이 경영에 접목될 때 일어날 창조적 혁신》, 헤리티지, 2018. 02.

예자선,《블록체인과 코인 누가 돈을 버는가: 돈의 흐름을 보면 모든 게 명확하다!》, 지식과감성, 2022. 04.

윌리엄 무가야(박지훈 옮김),《비즈니스 블록체인: 탈중앙화 기술이 앞당긴 인터넷 혁명과 비즈니스 기회》, 한빛미디어, 2017. 05.

유봉석,《게이트 쉐어링: 웹 3.0 시대 뉴 미디어 성장 전략이 바뀐다》, 매경출판, 2014. 01.

윤준탁,《웹 3.0 레볼루션: 부의 지도를 뒤바꿀 디지털 혁명의 시작》, 와이즈맵, 2022. 04.

윤준탁,〈블록체인 기술을 활용한 분산형 웹 'IPFS'가 뜬다!〉, LG CNS 블로그, 2022. 05.

윤창배·오재영,〈디지털자산의 빅픽처, 웹 3.0〉, KB증권, 2022. 03.

이병욱,《비트코인과 블록체인, 가상자산의 실체: 암호화폐의 허상》, 에이콘출판, 2020. 09.

이병화·임희연·손지연 외 2인,〈웹 3.0 튜토리얼〉, 신한금융투자 기업분석부, 2022. 04.

이상기·최병준·신동명·이세윤·조용준,《제4차산업혁명: 블록체인 비즈니스융합》, 휴먼싸이언스, 2019. 01.

이임복,《NFT, 디지털 자산의 미래: 메타버스와 P2E, 돈 버는 방법이 달라졌다》, 천그루숲, 2022. 01.

이지현,〈크리에이터 이코노미, 웹 3.0으로 혁신하다〉,《MIT 테크놀로지 리뷰》, 2022. 04.

이차웅,《블록체인, 플랫폼 혁명을 꿈꾸다》, 나남, 2019. 06.

자이 싱 아룬·제리 쿠오모·니틴 거(김수진 옮김),《블록체인, 기업의 미래를 결정하다: 비즈니스 관점에서 바라본 블록체인 가이드》, 프리렉, 2020. 02.

장세형, 《비트코인의 탄생부터 블록체인의 미래까지 비트코인·블록체인 바이블》, 위키북스, 2021. 09.

전명산, 《블록체인, 정부를 혁신하다: 유럽 블록체인 탐방 보고서》, 클라우드나인, 2019. 05.

전중환·온인선, 《블록체인 사용설명서 101가지 이야기: 알면 부자되는 블록체인 기술》, 제8요일, 2018. 10.

정구태, 《새로운 시대의 부, 디지털 자산이 온다》, 미래의창, 2021. 10.

정희연·최영규, 《블록체인 경제: 블록체인과 암호화폐가 이끄는 새로운 경제 패러다임》, 미래와혁신21, 2021. 11.

최지혜, 《DAO: 디지털 시대에 신뢰를 구현하는 장치》, 헥슬란드, 2021. 10.

커넥팅랩, 《블록체인 트렌드 2020: 5G부터 IoT까지, 초연결 사회를 어떻게 선도할 것인가》, 비즈니스북스, 2019. 06.

커넥팅랩, 《블록체인 트렌드 2022-2023: 기초 개념부터 투자 힌트까지 쉽게 쓰인 블록체인 교과서》, 비즈니스북스, 2021. 08.

코인 트레이너, 《비트코인에 가려진 세상, 이더리움: NFT-디파인-블록체인 게임은 왜 이더리움에서 시작했을까?》, 지식오름, 2022. 01.

코인게코(디파이크루 옮김), 《세상에 없던 금융, 디파이: 입문편: 지금 당장 시작하는 탈중앙화 금융 안내서》, 제이펍, 2022. 02.

코인이지, 〈Web3.0 dApp의 구조, Web3.0 탈중앙이 도대체 무엇인지 기술적으로 간략하게 알아보자〉, 《Medium》, 2019. 01.

팀 웹북, 《웹 3.0: 우리들의 생활을 바꾸는 15개의 새로운 세계》, 라이온북스, 2008. 05.

티타임즈TV, 'x-to-earn'에서 무궁무진한 x가 가능한 세상 온다, 2022. 03. 30.

한경비즈니스 특별취재팀, 〈이것이 블록체인 경제다: 비트코인 암호화폐가 만드는 4차 산업혁명〉, 《한국경제매거진》, 2018. 03.

헨리 아슬라니언·패브리스 피셔(최용호 옮김), 《새로운 금융이 온다: 핀테크, 가상자산, 인공지능이 바꿀 디지털 금융》, 차밍시티, 2021. 11.

Alexander Beasant, 《Crypto and Music: Jamming into Web 3.0》, Messari, 2022. 01.

Arya Ghobadi, 《Everything about web 3.0 A complete Beginner's Guide: (Web 3.0, what is web 3.0, blockchain, NFT, NFTs, DeFi, GameFi, What is web3.0, metaverse... (Everything about cryptocurrencies Book 6)》, Kindle Edition, 2021. 11.

David Lucatch, 〈What's In Store For Web 3.0 In 2022〉, 《Forbes Business

Council》, 2022. 02.

Grayscale Research, 《THE METAVERSE Web 3.0 Virtual Cloud Economies》, Grayscale, 2021. 11.

Hackl·Cathy·Lueth·Dirk·Di Bartolo·Tommaso, 《Navigating the Metaverse: A Guide to Limitless Possibilities in a Web 3.0 World》, Wiley, 2022. 05.

Joel Jackson, 〈Web3.0 The future of the internet: An evolution of the internet into an interactive, decentralized and more secure form of accessing the internet. DApps, NFTs, Blockchains, DeFi, Decentralized〉, 2022. 05.

Messari, 〈Messari Report: Crypto Theses for 2022〉, Messari, 2022.

Nicola Accialini, 〈Web3 Revolution: Blockchain, Cryptocurrency, NFT and Metaverse〉, 2022. 02.

Patrick Ejeke, 《WEB3: What Is Web3? Potential of Web 3.0 (Token Economy, Smart Contracts, DApps, NFTs, Blockchains, GameFi, DeFi, Decentralized Web, Binance, Metaverse Projects, Web3.0 Metaverse Crypto guide, Axie)》, Kindle, 2022. 03.

Ragnedda·Massimo·Destefanis·Giuseppe, 〈Blockchain and Web 3.0: Social, Economic, and Technological Challenges (Routledge Studies in Science, Technology and Society)〉, 《Routledge》, 2021. 03.

Shermin Voshmgir, 〈Token Economy: How the Web3 reinvents the Internet(Token Economy: How the Web3 reinvents the internet), 2020. 06.

Steven Clear, 〈Web3.0 Golden Guide: The Challenges and Opportunities of the New Internet〉, 2022. 05.

TEAM WEBOOOK, 《そろそろWEB3.0 僕らの生活を變える15の新しい世界》, クロスメディア·パブリッシング, 2007. 06.

THANIKASALAM KRISHNASAMY, 《DApps: Web3.0》(Part 1), 2018. 12.

Vlad CryptoGuy, 《A Beginner's Guide to WEB 3.0: A New Phase in the Web's Evolution》, 2022. 01.

Wankel·Charles Ph.d.·Stachowicz-stanusch·Agata, 《Emerging Web 3.0/ Semantic Web Applications in Higher Education: Growing Personalization and Wider Interconnections in Learning(Research in Management Education and Development)》, Information Age Publishing, 2015. 09.

웹 3.0 혁명이 온다

1판 1쇄 발행 | 2022년 7월 12일
1판 2쇄 발행 | 2022년 9월 15일

지은이 김재필
펴낸이 김기옥

경제경영팀장 모민원
기획 편집 변호이, 박지선
마케팅 박진모
경영지원 고광현, 임민진
제작 김형식

표지 디자인 투에스
본문 디자인 푸른나무 디자인(주)
인쇄·제본 민언프린텍

펴낸곳 한스미디어(한즈미디어(주))
주소 121-839 서울특별시 마포구 양화로 11길 13(서교동, 강원빌딩 5층)
전화 02-707-0337 | 팩스 02-707-0198 | 홈페이지 www.hansmedia.com
출판신고번호 제 313-2003-227호 | 신고일자 2003년 6월 25일

ISBN 979-11-6007-827-5 (13320)